DIE LIEBESLEHREN DES

Kama Sutra

Für den

sinnlichen Siggi

mit au(s)thentisch-erotischen

Ekstase-Wünschen

(nicht nur zum Geburtstag)

von

Anke.

Frankfurt, April '91

Krischna beobachtet Radha beim Bad. Aquarell auf Papier.
Garhwal, Pandschab-Bergland, um 1800

DIE LIEBESLEHREN DES

Kama Sutra

Mit Auszügen aus *Koka Schastra, Ananga Ranga* und anderen berühmten indischen Werken

Aus dem Sanskrit übersetzt von Indra Sinha

Deutsch von Hans-Heinrich Wellmann

Inter BOOK

Für meine Frau Vickie

Neuauflage 1988

Ein Nicholas-Enterprises-Buch
Design und Herstellung
Nicholas Enterprises Limited
70 Old Compton Street
London WIV 5PA

Veröffentlicht bei
The Hamlyn Publishing Group, London

ISBN 3-926537-13-2

श्रीगणेशायनमः

Im Namen des Gottes Ganescha

Kama · Oriental Institute, Baroda

INHALT

EINFÜHRUNG

Wahrscheinlich gibt es keine Sanskrit-Worte, die so bekannt sind und dabei so mißverstanden werden wie *Kama Sutra.* Im Westen hält man das Werk gewöhnlich für eine schlüpfrige, anekdotische Beschreibung exotischer Liebespraktiken, aber in Indien wird es oft einer jungen Braut als Lektüre vor der Hochzeit gegeben. Ich selbst lernte es kennen, als ich ein College in Radschasthan besuchte und ein turbantragender Hausangestellter ein schlecht gedrucktes Exemplar der Burton-Übersetzung für einen Freund hereinschmuggelte, der gehört hatte, daß es ein „heißes" Buch sei. Ich erinnere mich noch heute, wie gelangweilt und enttäuscht wir waren.

Das *Kama Sutra* enthält keine Anekdoten und ist alles andere als ein bloßes Sex-Handbuch. Nur einer seiner sieben Teile befaßt sich mit den Techniken der körperlichen Liebe. Der Rest behandelt Gegenstände aus völlig unterschiedlichen Bereichen: Wie man ein Haus möbliert und dekoriert, wie man um eine Braut wirbt, wie Eheleute miteinander umgehen sollen, wie religiöse Feste zu begehen sind, wie eine Küche einzurichten und ein Garten zu bepflanzen ist. Das *Kama Sutra* ist ein Versuch — der erste, den wir kennen —, die Beziehungen zwischen Mann und Frau in ihrer ganzen Bandbreite zu definieren.

Das A und O dieser Beziehungen ist natürlich der Geschlechtsakt. Die Fragen, die das *Kama Sutra* zu beantworten sucht, sind: Mit wem sollte dieser Akt vollzogen werden, unter welchen Umständen sollte er vollzogen werden, und wie sollte er vollzogen werden? Der methodische Ansatz ist also der der Schastras, d. h. eines wissenschaftlichen Texts, weswegen es auch in Sutras, in Aphorismen, geschrieben wurde. Paninis große Grammatik, Kautilyas *Arthaschastra* und Patanjalis Yoga-Lehren wurden ebenfalls in Sutras geschrieben.

Kama, der Name des indischen Liebesgotts, bedeutet „Lust, Vergnügen". Nicht nur die Geschlechtslust, sondern jede Lust, die durch die Sinne erfahren werden kann, z. B. den Duft einer Rose einzuatmen oder einer Musik zu lauschen. Das *Kama Sutra* definiert den Ausdruck folgendermaßen:

> *Kama* ist die Freude des Körpers, des Geistes und der Seele
> an erlesenen Empfindungen:
> Erwecke die Augen, die Nase, die Zungen, die Ohren, die Haut —
> und zwischen Gefühl und Gefühltem
> wird das Wesen des *Kama* erblühen.

In diesem Sinne kann *Kama Sutra* übersetzt werden als „Aphorismen über die Freude".

Das Werk wurde zwischen dem 2. und dem 5. Jahrhundert n. Chr. von Mallanaga Vatsyayana verfaßt. Ich selbst neige dazu, Vatsyayana der Mitte des 4. Jahrhunderts zuzuordnen, der Regierungszeit des Gupta-Herrschers Samudragupta; aber die Frage ist ungeklärt. Wir wissen vom Autor nur das, was er uns selbst mitteilt: daß er ein zölibatär lebender Yogi war, der *samadhi* erlangt hatte, ein Stadium, das grob als „Erleuchtung" übersetzt werden könnte. Zu seiner Zeit war er vielleicht ein ebenso berühmter Lehrer wie beispielsweise Bhagvan Shree Rajneesh oder Maharischi Mahesch Yogi heute (tatsächlich wurde Vatsyayana in Indien jahrhundertelang Maharischi genannt). Er selbst stellt unzweideutig fest, daß das Werk zu keinem anderen Zweck geschrieben wurde als dem, die Menschen zu lehren, ihr *Kama* zu verstehen, um es richtig zu gebrauchen und zu genießen.

Kama ist eines der drei großen Ziele des Hindu-Lebens, aber es darf nur in Einklang mit den beiden anderen, *Dharma* und *Artha,* verfolgt werden. Diese Begriffe haben keine deutschen Entsprechungen, aber sie sind zum Verständnis des *Kama Sutra* unerläßlich. *Dharma,* aus der Sanskrit-Wurzel *dhru,* „halten", abgeleitet, ist die religiöse, moralische und gesellschaftliche Pflicht. Sie verlangt, in Übereinstimmung mit den religiösen Lehren, den Gesetzen der Gesellschaft und dem eigenen Gewissen seinem Wesen gemäß zu handeln. Es ist eine Pflicht, die, wie alles im Leben, durch das Geschlecht, die Kaste und die gesellschaftliche Stellung bestimmt wird und daher nicht für jeden gleich ist. Das *Dharma* des Kriegers ist — wie Krischna in der *Bhagavad Gita* Ardschuna sagte —, zu kämpfen und zu töten; das des Priesters, zu segnen und Opfer darzubringen; das des Arbeiters zu arbeiten und das der Kurtisane, ihren Kunden Vergnügen zu bereiten. Wer sein *Dharma* erfüllt, so glaubt man, wird von den Sünden, die sich in den vergangenen Leben angesammelt haben, und vom Kreislauf von Geburt und Tod erlöst.

Artha ist einfacher — die Pflicht, Reichtum und irdische Güter zum Wohle seiner Familie zu erlangen. Es ist aufschlußreich, daß Gelehrsamkeit und handwerkliche Fertigkeiten als Teil des *Artha* angesehen werden. Die Suche nach *Artha* muß immer mitbestimmt sein vom *Dharma,* sonst ist sie bloßer Opportunismus. Kautilya in seinem *Arthaschastra* („Die Lehre vom Artha") ist oft machiavellistischer als Machiavelli. *Kama, Artha* und *Dharma* sollen miteinander harmonieren, eines darf nicht das andere überschatten. Sie sind unauflöslich miteinander verbunden; wenn jedes in der richtigen Weise praktiziert wird, müssen die anderen davon profitieren. In der *Bhagavad Gita* sagt der Gott Krischna: „Ich bin jenes *Kama,* das im Einklang steht mit *Dharma.*" Es ist das *Dharma* des verheirateten Mannes, seine Frau — auch körperlich — zu lieben; und wenn es ein Verdienst ist, etwas zu tun, ist dieses Verdienst um so größer, wenn es gut getan wird. Es kann daher nicht wundern, daß das *Kama Sutra* und die mittelalterlichen Liebeslehren so detailliert in ihren Ausführungen sind; sie wurden geschrieben, um die Leser zu Kennern der Sinnlichkeit zu machen. Alles dies ist Teil des *Dharma.*

Das ist der Grund, weshalb das Haus mit Blumen geschmückt, von Wohlgerüchen erfüllt, mit den weichsten Teppichen und Kissen und mit Gegenständen ausgestattet sein soll, die dem Auge wohlgefallen. Deshalb sollen begabte Sängerinnen, Tänzerinnen und Musiker zur Unterhaltung beitragen, bei gesellschaftlichen Anlässen nur die köstlichsten Speisen und Getränke aufgetragen, die schönsten Gewänder angelegt werden; deshalb soll die Konversation vor Witz sprühen. Das gleiche gilt für das Liebesspiel. Die beschriebenen Techniken vermitteln Empfindungen, die ausgewählt und genossen werden können wie die Leckerbissen auf der Speisekarte eines Gourmets. Das heißt nicht, daß jeder Schritt im voraus geplant und festgelegt werden soll. Wir können vielmehr diese Techniken als eine Grammatik der Liebe betrachten, die es zu meistern gilt, bevor man sich flüssig und zu gegenseitiger Zufriedenheit darin ausdrücken kann. Oder, mit einem passenderen Vergleich, als Fingerübungen eines Musikers, die er beherrschen muß, bevor er *ragas* und *talas* spielen kann. Ich habe tatsächlich deswegen so viele Stellungen aus den mittelalterlichen Texten hier aufgenommen, um deutlich werden zu lassen, daß das Spiel der Liebe fließen sollte wie ein von einem indischen *ustad* gespielter *raga,* von einer vollendet ausgeführten Passage zur nächsten — improvisiert, aber ohne Mühe.

Auch im Hatha-Yoga und im Tanz gibt es Stellungen *(asanas* genannt), die für wenige Augenblicke eingenommen werden und dann fließend in die nächste übergehen. Wir wissen, daß Bharatas *Natyaschastra,* das Schlüsselwerk über den indischen Tanz, zumindest die mittelalterlichen Autoren über die Liebe zutiefst beeinflußt hat, aber die Verwandtschaft zwischen dem Hatha-Yoga und den Liebeslehren ist noch nicht genügend erforscht worden. Beiden gemein ist, daß sie die Körperübungen *asanas* und *bandhas* nennen. Vatsyayana bezeichnet *Padmasana* (die Lotosstellung), die berühmteste aller Yogastellungen, als seine eigene. Und Dutzende der mittelalterlichen Liebesstellungen sind ohne Frage aus dem Yoga abgeleitet. Aber erst mit der Entwicklung des Tantra wurden schließlich Yogastellungen und aus dem Yoga stammende Atemregulierungstechniken mit sexuellen Praktiken kombiniert, um dem Gläubigen einen Weg zur Meditation zu öffnen und ihn mit der kosmischen Energie, *Schakti,* wie sie von der großen Göttin symbolisiert wird, zu vereinen.

Die ersten tantrischen Texte der Schakta-Lehren sollen etwa im 7. Jahrhundert n. Chr. entstanden sein, aber selbst heute noch werden sie vor allem mündlich überliefert. Zumindest nach einer verläßlichen Quelle waren sie bereits zur Zeit der Guptas — der ich Vatsyayana zuordne — in eine feste Tradition eingefügt. In ihrer frühesten Form gehen sie auf vedische Zeiten zurück. Ein fragmentarisches Werk, das in der *Chandogya Upanischad* (um 800 v. Chr.) zitiert wird, ist das *Vamadevya,* „ein Lied, das sich mit der geschlechtlichen Vereinigung befaßt". Hier wird der Geschlechtsakt mit einem religiösen Opfer verglichen und jedes Stadium mit einem entsprechenden Stadium des Ritus gleichgesetzt. Und die älteste der Upanischaden (frühe Kommentare zu den Veden), die *Brihadaranyaka,* sagt:

> Die Frau ist das Opferfeuer,
> die Lippen ihres *yoni* sind der Brennstoff,
> die Haare rundum der Rauch,
> und die Vagina selbst ist die Flamme.
> Die Vereinigung ist der Blitz,
> die Lustgefühle sind die Funken.
> In diesem Feuer opfern die Götter Samensaat,
> und daraus wird der Mensch geboren.

Der Verkünder dieser Glaubenslehre war der Guru von Svetaketu Auddalaki, den Vatsyayana als einen seiner Vorläufer bezeichnet.

Konnte Vatsyayana die mündliche Überlieferung des Tantra kennen, als er das *Kama Sutra* schrieb? Es gibt eine Stelle, an der ein solcher — verborgener — Hinweis zu erkennen ist. Sie findet sich in einem Sutra gegen Ende des Zweiten Buches, „Die passenden Partner", in dem er eine Reihe von Synonymen und Euphemismen für den Geschlechtsakt aufführt. Die Reihenfolge, in der sie erscheinen, bezieht sich zunächst auf die körperliche Kettenreaktion, die es zu nutzen gilt, und dann auf Techniken, die in einem religiösen Ritual angewendet werden sollen, das Analogien zu den Geheimriten der Tantriker aufweist. Es gibt keinen logischen Grund, warum er diese Synonyme hier — oder überhaupt — aufführt, und er schließt das Kapitel mit der rätselhaften Bemerkung, daß „Menschen von Intelligenz und Einfühlung genügen wird, was über dieses Thema gesagt worden ist". Meine Interpretation des betreffenden Sutra (II 1: 32 im Chaukamba-Text) ist auf Seite 44 zu finden. Was die mittelalterlichen Texte betrifft, so ist besonders das *Ratiratnapradipika* voll von Hinweisen auf das Tantra und beschreibt sogar eine Stellung, die den bei ihren Gottesdiensten rituellen Geschlechtsverkehr ausübenden Kaula-Tantrikern zugeschrieben wird. Diese Spekulationen sollten vielleicht nicht allzu ernst genommen werden. Ich habe mich auf sie eingelassen, weil die Beziehungen zwischen dem *Kama Sutra* einerseits und dem Hatha-Yoga und Tantra andererseits noch so unklar sind. Vielleicht fühlt sich ein Gelehrter bemüßigt, darüber weiter zu forschen. Es war sicherlich nicht Vatsyayanas Absicht, mystischen Gedankengängen nachzugehen, sondern einfach, den Genuß zu erhöhen, den Männer und Frauen durch die körperliche Vereinigung gewinnen können, und die sexuellen Praktiken zu beschreiben, die zu seiner Zeit üblich waren.

Obwohl er sie vor fast zweitausend Jahren schrieb, sind Vatsyayanas Kapitel über die Liebestechniken und die Kunst der Verführung unheimlich modern. Er greift die alte Überzeugung an, die Auddalaki etwa elfhundert Jahre vor ihm vertreten hatte, daß Frauen keinen Orgasmus kennen, und geht sogar soweit, von den Männern zu fordern, zunächst an die Lust der Frauen und dann erst an die eigene zu denken. Die absurde Ansicht, daß die Größe des Penis etwas mit der Fähigkeit zu tun habe, eine Geliebte zu befriedigen, wird in dem sehr erhellenden Abschnitt über die passenden Partner widerlegt: Physische Größenunterschiede und unterschiedliche sexuelle Temperamente lassen sich durch die Anwendung entsprechender Liebestechniken ausgleichen. Es gibt einige irrige Meinungen und logische Ungereimtheiten, die den heutigen Leser vielleicht irritieren, aber da die menschliche Psychologie und Physiologie sich seit der Zeit, da das *Kama Sutra* geschrieben wurde, nicht im mindesten geändert haben, bleibt es als Lehrbuch der Liebe so wertvoll, wie es war, als es entstand.

In Vatsyayanas Werk gelangte eine lange Tradition zum Höhepunkt, die, wie er selbst uns mitteilt, mit Prajapati, dem Schöpfer der Menschheit, begann, der als erster die Liebe lehrte, um Männer und Frauen zu veranlassen, ein befriedigendes moralisches Leben zu führen. Die Lehren wurden weitergegeben von Nandi, dem Stierwächter vor den Palasttoren des Gottes Schiva. Als Schiva und seine Gattin Parvati sich — wie die Legende berichtet — einschlossen, um sich tausend Jahre lang zu lieben, verkündete Nandi die *Kama*-Lehren, die wie Blüten von seinen Lippen fielen. (Ein gelehrter Professor bemerkte mir gegenüber einmal: „Niemand weiß, ob Nandi nicht durchs Schlüsselloch geschaut hat.")

Der erste menschliche Lehrer in dieser geistigen Ahnenreihe ist Svetaketu Auddalaki, der vermutlich zwischen 1000 und 900 v. Chr. lebte. Sein Werk wurde von Babhravya aus Panchala gekürzt, der im 5. vorchristlichen Jahrhundert gestorben sein muß. Wir wissen das, weil zwei seiner sieben Schüler von Kautilya erwähnt werden, dem Staatsminister des mauryischen Herrschers Chandragupta, der von etwa 320 bis 296 v. Chr. regierte. Keines der sieben Bücher dieser Schüler, die alle je einen Abschnitt des Babhravya-Textes bearbeiteten, ist überliefert. Der gewaltige Umfang dieser Werke scheint es mit sich gebracht zu haben, daß die Liebeslehren in Gefahr waren, wie gestrandete Wale von ihrem eigenen Gewicht erdrückt zu werden, und so verfaßte Vatsyayana das *Kama Sutra* als Zusammenfassung alles dessen, was über den Gegenstand bekannt war.

Wie das *Arthaschastra* von Kautilya ist das *Kama Sutra* in Sutras geschrieben, vielleicht weil Vatsyayana die Kunst der Liebe zu einer Wissenschaft erheben wollte. „Prosa ist der Prüfstein für Poeten", sagte er den Literaten seiner Zeit. Und Vatsyayanas Prosa ist fast einmalig in ihrer Kürze und Genauigkeit. „Ein Schriftgelehrter, dem es gelingt, eine Zeile um eine halbe Silbe zu kürzen, ist so glücklich, als habe seine Frau ihm einen Sohn geboren" — eine andere Redensart aus jenen Tagen. Kürze und die Verwendung einprägsamer Rhythmen waren natürlich unabdingbar in einem Zeitalter, in dem Texte vor allem mündlich überliefert wurden. Wie alle Sutras behandelt das *Kama Sutra* seinen Gegenstand in prägnanten, fast abstrakten Sätzen, die ausführliche Kommentare erforderten. Der berühmteste dieser Kommentare, das aus dem 11. Jahrhundert stammende *Jayamangala* von Yaschodhara, wird heute gewöhnlich neben dem eigentlichen Text abgedruckt, der ohne ihn auf weite Strecken unverständlich wäre.

Das *Kama Sutra* war zu seiner Zeit ein großer Erfolg, der alle früheren Werke in den Schatten stellte, und ist seitdem in Indien stets als Meisterwerk anerkannt gewesen. In den sechzehn Jahrhunderten seit seinem Erscheinen hat kein Nachahmer — und es gab viele davon — seine Bedeutung in Frage stellen können. Die am meisten gelesenen mittelalterlichen Texte sind das *Ratirahasya* von Pandit Kokkoka (besser bekannt als *Koka Schastra*, „Kokas Abhandlung") und das *Ananga Ranga* von Kalyana Malla, die etwa im 12. beziehungsweise im 16. Jahrhundert verfaßt wurden. Beide Werke sind in Versen geschrieben. Das von Kokkoka ist das bessere, obwohl Kalyana Malla sich ständig als „Fürst der Dichter" bezeichnet. Beide sind etwa ebenso lang wie das *Kama Sutra*, enthalten aber zusätzlich eine neue Klassifikation von Frauen und viele Liebesstellungen, die bei Vatsyayana nicht vorkommen. Es handelt sich jedoch eindeutig um Nachahmungen. Erstaunlicherweise finden sich bei Kokkoka Informationen wieder, die Vatsyayana über die sexuellen Vorlieben der Frauen von Pataliputra gegeben hat, das bereits vier Jahrhunderte vor seiner eigenen Zeit zerstört worden war. Und Kalyana Malla beschreibt das ideale Schlafzimmer in Ausdrücken, die identisch mit jenen sind, die Vatsyayana über dreizehn Jahrhunderte früher gebraucht hatte.

Die späteren Texte — es gibt Dutzende davon — werden zunehmend hektischer. Die Erfindungsgabe ihrer Autoren scheint sich darauf beschränkt zu haben, immer ausgefallenere Liebesstellungen zu ersinnen. (Diejenigen, die auch nur entfernt nachvollziehbar sind, wurden in das Kapitel über die Liebesstellungen aufgenommen.) Keiner von ihnen besitzt den freien Geist Vatsyayanas — er zögerte zumindest nicht, damals gültigen Ansichten zu widersprechen —; statt dessen folgt einer sklavisch dem anderen.

Die einzige Ausnahme, die ich gefunden habe, ist ein *Kamakalasara* unbestimmbarer Entstehungszeit, das in einem volkstümlichen *bhraj-bhascha* geschrieben wurde und in seiner Verwendung des Rhythmus, der Assonanzen und der Bildersprache an alte englische Balladen erinnert. Der *bharj-bhascha*-Dialekt ist vor allem durch mystische Werke von Dichtern wie Surdas und Kabir bekannt geworden; so ist es erfrischend, hier einem Vatsyayana wiederzubegegnen, der sich in der handfesten Sprache eines Dorfbewohners aus dem 17. oder 18. Jahrhundert ausdrückt. Die Eingangsverse können etwa folgendermaßen übersetzt werden:

> Der König sitzt im alten Patna,
> kriecht demütig vor Kalis Schrein:
> „Wie könnt' ich einen Prinzen zeugen,
> der fortführt meiner Väter Stamm?"

Die anschließenden Anweisungen in der Liebeskunst folgen dem üblichen Schema, sind aber wesentlich unterhaltsamer.

Diese Tradition setzt sich bis auf den heutigen Tag fort. Noch immer erscheinen Werke in Sanskrit, die monoton die alten Ideen wiederkäuen, indem sie sie mit einigen neuen Vorstellungen würzen. Die Verurteilung der Onanie ist beispielsweise eine dieser neuen Obsessionen. Das 1947 veröffentlichte *Ratikelikutuhala* von Pandit Mathura Prasad beschäftigt sich ausführlich mit diesem Thema, und das in Hindi geschriebene *Kokasaravaidyaka* von Narayanaprasad Mishra versteigt sich zu haarsträubenden Anekdoten über einen Mann, der sich selbst befriedigt, und als er dabei ertappt wird, Sanskrit-Verse zitiert, um sein Laster zu entschuldigen.

Die jüngsten Werke sind heute an jeder Straßenecke in Bombay oder Kalkutta zu kaufen. Die in knallig gelbes Cellophan gebundenen Bände sind als „gelbe Bücher" bekannt und tragen Titel wie *Kok Schastra* und *Altes Kam Sutra.* Daß sie nicht das mindeste mit den Texten zu tun haben, die sie zu bieten behaupten, wird durch die überraschende Feststellung im *Alten Kam Sutra* belegt, daß „ein Mann seiner Frau beischlafen sollte, wenn sein linkes Nasenloch blutet".

Wenn der Ruhm des *Kama Sutra* heute in Indien durch Straßenverkäufer verbreitet wird, so hat er im Westen allzu lange auf der 1883 von Sir Richard Burton und F. F. Arbuthnot veröffentlichten Fassung beruht. Burton, ein brillanter Orientalist, aber kein Kenner des Sanskrit, arbeitete nach einer ursprünglichen englischen Vorlage, die von vier *Pandits* durch Kollation mehrerer unvollständiger Manuskripte angefertigt worden war, deren verderbter Text für viele der Fehler ihrer Übersetzung verantwortlich sein mag. Bei Burtons Versuch, das gebrochene Englisch der *Pandits* stilistisch aufzupolieren, gingen viele der Feinheiten Vatsyayanas verloren. Und die viktorianische Unsitte, mehr als zwanzig Sutras in einem Satz zusammenzufassen, der manchmal zweieinhalb Seiten lang ist, läßt die Lehren des *Kama Sutra* zu einer trockenen und oft unverständlichen Lektüre werden. Freilich ist zu berücksichtigen, daß Burton ein Pionier war, der keine früheren Übersetzungen vorfand, auf die er aufbauen konnte, und daß das *Kama Sutra* nur einen kleinen Teil seiner Studien über den alten Orient darstellt, deren bedeutendste, *The Arabian Nights,* seinen Ruf begründete.

Die einzige andere englische Übersetzung, auf die ich gestoßen bin, stammtvon S. C. Upadhyaya, und sie erwies sich als ein nützliches Werk. Der Text wird, mit vielen Querverweisen versehen, Sutra um Sutra vorgelegt, die Kommentare Yaschodharas werden ausgiebig zitiert, und ein gelehrter Aufsatz über die indische erotische Literatur rundet die Lektüre ab.

Die genaueste Übersetzung — und diejenige, die mir am meisten geholfen hat — ist die Hindi-Fassung von Devadutta Shastri in der Chaukamba-Ausgabe des Originaltexts Vatsyayanas. Die vorliegende Arbeit wäre ohne diese Übersetzung vermutlich gar nicht zustande gekommen, und ich habe mich stark auf die ausgezeichneten Kommentare Shastris gestützt.

Das Ziel meiner Übersetzung ist vor allem, Vatsyayanas Ideen wieder zum Leben zu erwecken und ihre Bedeutung für den heutigen Leser herauszustellen. Zugleich wollte ich den Versuch unternehmen, in dieser neuen Version die Sprache seiner knappen, aphoristischen Prosa-Sutras anklingen zu lassen, die in jenem schlanken, elliptischen Stil geschrieben sind, für den das Sanskrit mit seinem Reichtum an Synonymen und seiner elastischen Syntax so gut geeignet war. Ich entschied mich für kurze, fünfzeilige Prosa-Stanzen — in der Hoffnung, etwas von der Aura Vatsyayanas bewahren zu können, und im Vertrauen darauf, mich durch diese selbstauferlegte Disziplin nicht zu weit vom Original zu entfernen.

Ich ging methodisch so vor, daß ich das Original Sutra für Sutra wortgetreu übersetzte, Bemerkungen aus Yaschodharas Kommentar hinzufügte, ironische Spitzen,

Wortspiele und rein prosodische Effekte aufdeckte, alles das in einen vorläufigen Entwurf einfließen ließ und dem Text dann, als ich glaubte, Vatsyayanas Absichten klar erfaßt zu haben, seinen endgültigen Ausdruck gab. An dieser Stelle möchte ich Professor S. A. Upadhyaya, Bharatiya Vidhya Bhavan, Bombay, danken, der viele Wochen seiner kostbaren Zeit opferte, um mit mir den Sanskrit-Text durchzugehen und offene Fragen zu klären. Für jede größere Abweichung vom Original bin ich jedoch selbst verantwortlich.

Alle Übersetzungen des *Kama Sutra,* die vorliegende eingeschlossen, sind notwendigerweise Paraphrasen, die sich, wie Comfort gezeigt hat, zum großen Teil auf den Kommentar Yaschodharas stützen müssen. Eine wörtliche Übertragung der Sutras wäre nur für Gelehrte interessant. Das Sutra, in dem Vatsyayana die *Vadavaka*-Technik beschreibt (S. 60, „*Samputa*-Gruppe") müßte zum Beispiel wörtlich übersetzt heißen: „Wie eine begierig ergreifende Stute. Das ist die Stute, nur durch Übung zu erlernen." Wenn die Philologen, die den Text lange genug vernachlässigt haben, eine wortgetreue Übertragung vermissen, wird sich vielleicht einer aufgerufen fühlen, eine Ausgabe zu veröffentlichen, in der Yaschodharas Kommentar vom eigentlichen Text getrennt ist. Meine eigene Fassung ist für den Laien gedacht, der nicht unbedingt etwas über Indien wissen muß. Sie ist daher diskursiv und eklektisch und beansprucht nicht, von akademischem Interesse zu sein.

Zu den Freiheiten, die ich mir genommen habe, gehören, daß ich den Leser durchgehend in der zweiten Person anrede; so habe ich etwa „der Mann sollte" geändert in „du solltest" und „ihr Gatte" in „dein Gatte". Aus den oben genannten Gründen habe ich auch bestimmte Ideen, Bilder und Bezüge näher erläutert, die für einen indischen Leser von damals, oder selbst von heute, keiner Erklärung bedurften, die aber für ein westliches Publikum eher verwirrend oder unverständlich sind. Ich habe viel von dem weggelassen, was nur von akademischem Interesse ist (besonders im Buch VI), einige Kapitel gekürzt und andere, wo es mir gerechtfertigt erschien, vereinfacht oder umstrukturiert. Etliche Bücher haben mir Material über das Alltagsleben im alten Indien geliefert, aber eine erstaunlich große Anzahl von Lücken konnte einfach durch Beobachtung des Lebens im heutigen Indien gefüllt werden. *Paan* ist immer noch beliebt, und *paan-wallahs* sind immer noch so einflußreich wie zu Vatsyayanas Zeit. Es werden noch immer die gleichen Speisen gegessen, die gleichen Kosmetika verwendet; dieselben Blumen duften in der Nacht; dieselben Feste werden gefeiert; und noch immer wird der Astrologe vor jeder Hochzeit um Rat gebeten. Es erscheint mir wichtig — ein Maßstab für den Rang des Buches —, daß der Text lebendig ist, noch heute seine Relevanz hat. Selbst die Abschnitte über die Kurtisanen und die Haremsdamen haben erst vor wenig mehr als dreißig Jahren ihre Aktualität verloren, als die Fürstentümer in der Republik Indien aufgingen.

Ich habe Passagen aus anderen bedeutenden indischen Werken über die Liebe eingefügt, wo sie das *Kama Sutra* zu ergänzen schienen, um beispielsweise zu zeigen, wie die Liebesstellungen in ihrer fast musikalischen Abfolge ineinander übergehen. Die Beschreibungen dieser Stellungen in den mittelalterlichen Texten sind freilich oft dunkel und mehrdeutig. Ich habe oft nur vermuten können, was der Dichter meinte, als ich seinen Text so klar wie möglich in modernes Englisch übertrug. Soweit ich weiß, ist dies das erste Mal, daß der Versuch unternommen wird, diese Texte zu kollationieren, und das erste Mal, daß einige von ihnen in Englisch erscheinen. Die Charaktere der Lotosdame und der anderen drei Frauentypen waren zu Vatsyayanas Zeit aus dem System Gonikaputras bekannt und tauchen häufig in der Dichtung und dem Drama des klassischen Sanskrit auf. So schildert etwa Kalidasa, wie sich Schakuntala vor Liebe verzehrt, die brennenden Lippen nach zerstoßenem Lotos duftend, und in Jayadevas *Gita Govinda* finden wir eine Beschreibung der liebeskranken Radha.

Die Miniaturen, die diese Übersetzung begleiten — einige von ihnen Illustrationen erotischer Texte, andere Illustrationen von Gedichten wie der *Gita Govinda* — stammen aus wesentlich jüngerer Zeit als das *Kama Sutra* und die mittelalterlichen Texte, doch seltsamerweise wirkt das nicht im mindesten störend. Vielleicht waren die Tempelskulpturen von Khajuraho und Konarak unmittelbar von Vatsyayanas Werk beeinflußt, doch diese Tempelfiguren erscheinen in ihrer wollüstigen Hingabe seltsam entrückt, versunken in einer inneren Schau, die wir nicht mehr nachvollziehen können. Die Miniaturen befassen sich, wie Vatsyayana, mit der Liebe nach menschlichem Maßstab. In vielen ihrer köstlichen Details wird das Leben wieder erweckt, das die Menschen an den Höfen der damaligen Zeit führten. Und obgleich einige dieser Gemälde fünfzehn Jahrhunderte nach dem *Kama Sutra* entstanden, ist es immer wieder überraschend festzustellen, wie wenig sich das Leben in Indien im Laufe dieser Zeit geändert hat. Wie wenig es sich tatsächlich bis auf den heutigen Tag geändert hat. Immer wieder erinnert mich die eine oder andere Miniatur an Einzelheiten — das Kochen am offenen Feuer, die Zubereitung eines *paan* — aus dem Leben meiner Großeltern. Und meine Großmutter verstaut immer noch ihre Gewürze, Zwiebeln und Trockenfrüchte in irgendwelchen Ecken des Hauses, wie es der tugenhaften Gattin im *Kama Sutra* angeraten wird.

Die frühesten überkommenen indischen Bilder, die dem *Kama Sutra* etwa zwei Jahrhunderte vorangingen, sind auf den Höhlenwänden von Ajanta und Bagh zu finden. Vatsyayanas Leser, dem empfohlen wird, in seinem Schlafzimmer Zeichenmaterial und Pinsel bereitzuhalten, hätte auf glatten Steinen, Tuch oder Palmblättern nach den Regeln gemalt, die im *Vischnudharmottara Purana* und *Natyaschastra* niedergelegt waren — beides Werke aus dem zweiten vorchristlichen Jahrhundert. Weise Heilige mußten ausgezehrt sein, mit verfilztem Haar und fahler Haut. Prostituierte mußten auffällig gekleidet und grell geschminkt sein. Götter durften keine Haare, außer Brauen und Wimpern, haben. Verheiratete Frauen mußten elegant sein, zurückhaltend geschminkt und proportional kleiner gezeichnet als ihre Ehemänner. Es gab einen ganzen, aus dem Tanz abgeleiteten Kanon von Stellungen. Man hat gesagt, daß die Regeln der Malerei ohne die Kenntnis des Tanzens unmöglich zu verstehen seien. *Natyaschastra,* die Abhandlung über das Drama, ordnete jeder Stimmung eine Farbe zu. Rot drückte Zorn aus, Gelb das Übernatürliche, und erotische Gefühle wurden am besten durch dunkle Farben wiedergegeben. Die erotische Stimmung wurde verstärkt durch Hinzufügen von Vögeln, Blumen, Musikern, Bienen und Mondstrahlen. Diese alten Lehrwerke beeinflußten die Maler weit über ihre Zeit hinaus. Wie die Dichter des Mittelalters und der späteren Jahrhunderte der Poetik der klassischen Dichtkunst folgten, so arbeiteten die Maler an den Radschasthani- und Pahari-Höfen nach den Regeln der klassischen Texte.

Große Städte unterhielten zu Vatsyayanas Zeit eigene *Chitraschalas* oder Kunstgalerien, die gewöhnlich an Straßenkreuzungen oder gegenüber von Tempeln und Königspalästen lagen und durch zahllose Fenster und Spiegel erleuchtet waren. Die Häuser der wohlhabenden Bürger waren mit Wandgemälden geschmückt. In den Schlafzimmern der Kurtisanen hingen erotische Bilder — frühe Vorläufer einiger der hier reproduzierten Werke.

Die früheste Miniatur in diesem Buch, in der Regierungszeit des Mogul-Herrschers Akbar entstanden, stammt aus dem 16. Jahrhundert, als Papier allgemeine Verwendung zu finden begann. Maler aus Persien und noch weiter entfernten Ländern kamen an die Mogul-Höfe und übten bald einen starken Einfluß auf die ältere hinduistische Tradition aus. Die jainistische und frühe Malwa-Kunst entwikkelte sich unter dem islamischen Einfluß zur höfischen Rajasthani-Malerei, mit eigenen Stilrichtungen, die sich in Udaipur, Dschodhpur, Bundi, Kotah, Dschaipur und anderswo auszuprägen begannen. Die Verschmelzung hinduistischer und islamischer Einflüsse ist auch in den Pandschab-Schulen des Nordens zu beobachten, die sich aus dem einfachen, fast abstrakten Basohli-Stil entwickelten und in den Bildern der Guler- und Kangra-Malerei ihren stärksten Ausdruck fanden. Noch unmittelbarer wirkte sich der Mogul-Einfluß im Dekkan, am Golconda-Hof (später Hayderabad), aus, wo er sich bis ins 19. Jahrhundert in der zunehmend schwächer werdenden Oudh- (Lakhnau)-Schule fortsetzte. Seit Beginn des 19. Jahrhunderts breitete sich der europäische Einfluß von Bengalen bis Lakhnau aus und schuf das, was später als Company-Stil bekannt werden sollte. Die Lakhnau-Tänzerin auf Seite 163 ist ein Beispiel für den etwas kitschigen Postkartengeschmack, der diesem Stil anhaftet.

Die Herstellung der Miniaturen erfolgte nach alten, überlieferten Techniken. Die vorläufige Zeichnung wurde mit Holzkohle oder aus Kuhdung, pulverisierter Schlacke und Wasser modellierten Stiften angefertigt. Das Papier wurde dann mit Zinkoxyd überzogen und die endgültige Zeichnung mit Hilfe der Umrisse ausgeführt, die sich unter der Oxydschicht abzeichneten. Farbe wurde mit leichten Strichen eines Pinsels aufgetragen, der aus den weichen Ohrhärchen von Ochsen und Kälbern oder aus den Schwanzhaaren von Katzen, Bisamratten, Eichhörnchen und

und Ziegen gemacht war. Die Haare waren mit Schellack an den Federkielen von Tauben oder Pfauen befestigt. Um kleine Punkte, beispielsweise Perlen, zu malen, wurde ein spitzer Pinsel benutzt. Noch feinere Details erforderten einen Pinsel mit einem einzigen Haar.

Weiße Farbe erhielt man aus verbrannter Muschelschale oder weißer Erde, schwarze aus Kohle, gelbe aus Arsenblende oder dem Urin einer Kuh, die einige Tage ausschließlich mit Mangoblättern gefüttert worden war. Rote Farbe wurde aus rotem Blei gewonnen und Zinnoberrot aus mit gesüßtem Wasser oder Limonensaft zerstoßenem Zinnober. Blau entstand aus Lapislazuli oder häufiger aus Indigo, das zusammen mit Färbelack und Karmesin eine der Hauptpflanzenfarben war. Daneben wurde Gold- und Silberstaub sowie rote und schwarze Tinte verwendet. Die Farben wurden mit Gummiarabikum oder *dhau*-Gummi fixiert und nach sehr alten und detaillierten Rezepten miteinander vermischt. So entstand die Hautfarbe der niedrigeren Kasten beispielsweise aus Gelb und Lampenruß im Verhältnis von zwei zu eins, während die der höheren Kasten aus gleichen Mengen von Weiß, Zinnoberrot und gelber Myrobalanenfarbe erzeugt wurde. Roter Ocker, mit zerstoßener Muschelschale und Kalk vermischt, ergab genau die richtige Schattierung von Rauch. Die Farben wurden zunächst auf den Vorder- und Hintergrund des Bildes aufgetragen, ehe man die Körper und Gewänder ausmalte und mit goldenen Spitzlichtern versah. Die letzten Pinselstriche dienten dazu, die Perlen auf Schmuckgegenständen zu gestalten, die Hände, Füße und Lippen zu röten und die Augen zu vollenden, die den Gestalten ihr eigentliches Leben gaben.

Die Hindu-Maler liebten es, religiöse und epische Themen — besonders die Geschichten von Radha und Krischna — zu illustrieren. Die Maler an den Mogul-Höfen bevorzugten Porträts, Jagdszenen und die Wiedergabe höfischer Feste — Gegenstände, die häufig in der Radschasthani-Malerei behandelt werden. Der Versuch, die Stimmungen der einzelnen *ragas* (indische Tonleitern) zu beschreiben und die verschiedenen *nayikas* oder Heroinen zu charakterisieren (siehe beispielsweise die *vasakasajja*- und *abhisarika-nayika* auf den Seiten 141 und 167), ist allen Schulen gemein. Daneben finden wir die der Meditation dienende Tantra- und Yoga-Kunst mit ihren abstrakten Formen und Farben, die sich mit den Werken moderner westlicher Meister wie Klee, Kandinsky und Rothko vergleichen lassen. Diese Tradition setzt sich — trotz der sterilen Periode, die der Aufnahme westlicher Einflüsse im 19. Jahrhundert folgte — bis auf den heutigen Tag in der indischen Volkskunst fort.

Eine Schule der Miniaturmalerei blüht noch in Udaipur und im nahe gelegenen Nathadwara. Zwar scheinen einige dieser Künstler eher Bilder des 18. als des 20. Jahrhunderts zu malen, aber die meisten von ihnen beginnen die Welt darzustellen, die sie vor sich sehen. Es bleibt zu hoffen, daß sie — wie die *gharanas* der klassischen Musiker und die verschiedenen Schulen des Tanzes — dazu beitragen, die klassische Tradition in Indien zu bewahren, sie von allzu rigidem Formalismus frei halten und sich ihrer bedienen, um die Gegenwart zu deuten. Und das ist natürlich auch das Ziel dieses Buches.

Bombay/London 1979—80

BUCH I

MEDITATIONEN

ÜBER DIE LIEBESLEHREN

Dharma ist die Wurzel,
aus der Artha wächst
und Kama blüht;
jedes Wort in diesem Kama Sutra feiert
Dharma im Artha im Kama[1].

So grüßt sein Autor auch
die Meister,
deren Denken und deren Lehren
diese heiligen Gegenstände erleuchten:
in ihrem Werk wurzelt dieses Werk.

Als Prajapati[2] Männer und Frauen schuf,
sang er ihnen
einhunderttausend Lieder,
um sie zu lehren, ihr Leben
Dharma, Artha und *Kama* zu weihen.

Manu, unser Ahnherr, bewahrte die *Dharma*-Lehren;
Artha war Brihaspatis Bereich, und Nandi,
gehörnter Wächter vor der Tür des Gottes Schiva,
trug eintausend herrliche Kapitel
über die Kunst des *Kama* vor.

Eine Ewigkeit verging,
bevor diese von Nandis Lippen gefallene Blüten
von Svetaketu, dem Sohn des Uddalaka Aruni,
aufgelesen und geordnet wurden
zu einem *Kama Sutra* von fünfhundert Kapiteln.

Und Svetaketu war ein Name aus vergangenen Zeiten,
als Babhravya aus Panchala[3]
diese weise Lehre zu einem Werk
von einhundertfünfzig Kapiteln zusammenfaßte
und unter sieben Überschriften gliederte.

Das war das berühmte *Babhravyakarika*[4],
in diese sieben Teile unterteilt:
Meditationen, Liebeskunst,
Werbung, Ehe, Die Frauen anderer Männer,
Kurtisanen und Die Aphrodisiaka.

Aber Babhravya erwies sich als zu schulmeisterlich
für die Kurtisanen Pataliputras,
die schließlich den alten Weisen Dattaka dazu verleiteten,
ihnen über „Kurtisanen“, den sechsten Teil des Werks,
monatelang Unterricht zu erteilen.

Babhravyas „Meditationen“
wurde Charayanas Doktorarbeit,
die „Liebeskunst“
Suvarnanabhas Dissertation; und „Werbung“ wurde
die Lebensarbeit Ghotakamukhas.

Gonardiya schrieb Bände über „Ehe“, während Gonikaputra
aufgrund seiner Arbeit über „Die Frauen anderer Männer“
den Ruf eines Sophisten erlangte.
Für Kutschumara blieb nicht viel mehr übrig
als die Zaubersprüche und -tränke der „Aphrodisiaka“.

Babhravyas Meisterwerk
wurde von diesen sieben Autoren in Stücke zerrissen,
und da Dattaka und seine Freunde
nur über ihre Lieblingsthemen sprachen,
verlor die Lehre ihren mittleren Yoga[5].

Babhravya kann nicht mehr zu neuem Leben
erweckt werden: Sein Werk ist zu lang, seine Sprache
zu altertümlich für den heutigen Geschmack.
So hat Vatsyayana diese schlanke Fassung
zusammengestellt — alles, was wir über die Liebe wissen.

---

1 Anstelle der üblichen an eine Gottheit gerichteten Einleitung gibt Vatsyayana seine Verehrung gegenüber den drei großen Zielen des hinduistischen Lebens Ausdruck. Diese Schlüsselbegriffe haben keine deutschen Entsprechungen; aber *Dharma* bezeichnet so etwas wie die geistige und moralische Pflicht, *Artha* den intellektuellen und materiellen Reichtum und *Kama* die Freude der Sinne. Hinsichtlich weiterer Ausführungen siehe Einführung.

2 Brahma als Schöpfer. Hinsichtlich aller Eigennamen, Ortsnamen und Werktitel siehe Glossar.

3, 4 Siehe Glossar.

5 Wenn die Lehre in einzelnen Teilen verkündet wird, geht das mittlere Band, der Yoga, d. h. das Joch, verloren.

Der Gott Schiva als Zerstörer. Das Tierfell weist ihn als Asketen aus, und die fünf Köpfe symbolisieren seine Göttlichkeit und Allwissenheit. Sein drittes Auge ist gewöhnlich geschlossen, da es alles verbrennt, was es erblickt. So verbrannte Schiva einst den Liebesgott Kama, da er seine Meditationen störte. Schiva wird von seinem Diener und Türhüter, dem weißen Stier Nandi, bewacht. Die gedämpfte, zarte Palette ist typisch für die etwas ätherischen Bilder der Kangra-Schule. *Kangra, um 1830 (Ausschnitt)*

ÜBER DAS DREIFACHE STREBEN

Der Mann lebt höchstens einhundert Jahre
und sollte *Dharma, Artha* und *Kama*
auf verschiedenen Wegen zu verschiedenen Zeiten
des Lebens suchen, so sagen die Weisen,
damit er nicht drei Wege auf einmal verfolgt.

In der Knabenzeit sollte er nach *Artha* trachten,
in der Jugend *Kama* mit seinen Sinnen erfassen
und im Alter Geist und Körper vom *Dharma*
durchdringen lassen; so erspart er sich,
diese Welt noch einmal besuchen zu müssen [1].

Aber Schwerter und Krankheiten machen das Leben
ungewiß, so empfiehlt Vatsya, *Dharma, Artha* und *Kama*
zu suchen, wann immer du magst, wann immer du kannst,
doch unter einer Bedingung: In den Jahren
deiner Ausbildung sollst du enthaltsam sein.

Dharma wird gelebt,
indem man äußerlich das Wort der Weden [2] befolgt
und beispielsweise Tiere opfert und dem Fleisch entsagt,
innerlich, indem man die Texte des Yoga [3] praktiziert
und Umgang mit großen Lehrern pflegt.

Artha ist Erziehung, Häuser, Land, Korn, Vieh, Gold,
Gewänder, Edelsteine, Freunde, Künste, Erwerb, Gründung
eines Hausstands und Vermehrung des Reichtums.
Bauern und wohlhabende Kaufleute können *Artha*
lehren, vor allem aber die Steuereintreiber des Königs.

Kama ist die Freude des Körpers, des Geistes und der
Seele an erlesenen Empfindungen: Erwecke die Augen,
die Nase, die Zunge, die Ohren, die Haut —
und zwischen Gefühl und Gefühltem
wird das Wesen des *Kama* erblühen.

Im Atem des Mundes am Munde,
in der Liebkosung von Brüsten, Hüften, Hinterbacken,
Schenkeln, in der wundervollen Umarmung,
aus der ein Kind geboren wird:
Lerne *Kama* aus dem *Kama Sutra* und der Welt.

Da *Dharma* die Wurzel ist,
solltest du grundsätzlich *Dharma* vor *Artha,*
Artha vor *Kama* setzen; aber ein weiser König
sucht *Artha* zum Wohle seines Landes,
eine Kurtisane benutzt *Kama* zum eigenen Wohl.

Die Notwendigkeit der Kama-Lehren

Trugschluß

Einige Lehrer sagen,
Texte über *Dharma* und *Artha* seien notwendig,
da beide schwer zu verstehen sind,
aber da selbst die Tiere im Dschungel sich paaren,
brauche man keine Bücher über *Kama* zu schreiben.

Erwiderung

Kama kann schrecklich sein für jene,
die tiefverwurzelte Ängste
oder Hemmungen haben.
Durch die Liebeslehren lernen Männer und Frauen,
die Gefühle des anderen ohne Furcht zu akzeptieren.

Kama ist mächtig.
Es kann eine Ehe und einen guten Ruf zerstören;
aber die Paare, die seine Künste studieren,
werden so geschickte Liebhaber,
daß ihre Liebe immer bestehen bleibt.

Kama ist blind in Tieren, ein brünstiger Trieb,
wenn die Weibchen empfängnisbereit sind;
aber Männer und Frauen,
die seinen Yoga kennen,
erfahren die Unendlichkeit, wenn sie sich umarmen.

Die Notwendigkeit, Dharma zu praktizieren

Trugschluß

Die Atheisten, die die Veden eingetauscht haben
gegen die Spötteleien Charvakas [4],
sagen gern, daß die Opferfrüchte,
die uns in unserem künftigen Leben nähren sollen,
sich als ungenießbar erweisen könnten.

Lieber heute eine Taube als morgen einen Pfau;
eine Kupfermünze in der Tasche ist besser
als ein Goldstück, das uns versprochen wird:
Wer ist Narr genug, den Schatz, den er berühren kann,
gegen Reichtümer einzutauschen, die es vielleicht nicht gibt?

---

1 Die vier Stadien *(aschrams)* im Leben eines Hindus sind eine zölibatäre Studienzeit *(brahmatscharja)* bis zum Alter von etwa 25 Jahren; die Ehe *(grihasta)* bis zum Alter von 50 Jahren; der Rückzug aus dem öffentlichen Leben *(vanaprastha)* bis zum Alter von 75 Jahren und danach bis zum Tod das Dasein als wandernder Asket *(sannyasin)*. Weil Vatsyayanas Kommentator Jaschodhara das dritte Stadium ausgelassen hat, nimmt man in Indien allgemein an, daß das *Kama Sutra* ein aktives Geschlechtsleben bis zum Alter von mindestens 70 Jahren empfiehlt.

2 Die vier großen religiösen Bücher der frühen Arier. Hinsichtlich der Veden und besonders des *Rigveda* und *Atharvaveda* siehe Glossar.

3 Patanyalis *Yoga-Sutra*, die früheste überlieferte indische Yoga-Lehre, entstand etwa im ersten nachchristlichen Jahrhundert und war Vatsyayana wahrscheinlich bekannt.

4 Siehe Glossar.

Eine Szene aus dem *Ramayana*, dem zweiten der großen Hindu-Epen. Brahmanische Priester rezitieren Texte aus den Veden und bieten dem heiligen Feuer, aus dem der Gott Agni aufsteigt, zeremonielle Reisopfer dar. Solche Riten sind noch heute in Indien verbreitet. Diese *Ramayana*-Illustrationen wurden wahrscheinlich für Rana Dschagat Singh aus Mewar gemalt, der die herrlichen Marmorpaläste von Udaipur baute.
Udaipur, um 1649 (Ausschnitt)

Erwiderung
Die Kenntnis der Veden tötet den Zweifel.
Jeder sieht, daß die dort beschriebenen Riten
der Teufelsaustreibung und der Beschwörung wirken;
vedische Zaubersprüche haben Sonne, Mond, Sterne und
Planeten dem Wohle der Menschheit dienstbar gemacht.

Die Gesellschaft ist gegründet auf den vier Klassen
und den vier Arten des Lebens[5],
die alle in den Veden ihren Ursprung haben;
und ist es wirklich so töricht, Samenkörner
in der Hoffnung auf zukünftige Ernten zu säen?

Die Notwendigkeit, Artha zu praktizieren

Trugschluß
Die Fatalisten glauben, daß es sinnlos sei, sich
abzurackern, um zu Wohlstand zu gelangen — die meisten
Menschen bleiben arm, so sehr sie sich auch mühen,
während andere reich werden, ohne zu arbeiten.
Ihre Philosophie endet mit: *„que sera sera“.*

Sie sagen, daß Gewinn, Verlust, Niederlage, Erfolg,
Schmerz und Freude die Punkte
auf dem elfenbeinernen Würfel des Schicksals sind.
Das Schicksal setzte Bali auf Indras Thron, das Schicksal
stürzte ihn, und es allein kann ihn wieder erheben.

Erwiderung
Erkenne, daß das Schicksal nicht irgendwo wartet,
es ist bei dir, hier und jetzt;
es ist nicht die Straße, auf der du gehst, es ist der Gang[6].
Ob Freund, ob Feind, es antwortet immer
auf deinen Namen — denn du bist das Schicksal.

Bezwinge dich selbst, und das Schicksal
wird tätig in dir, wird Wille in deinem Willen,
öffnet das Universum in dir.
Aber selbst das Schicksal braucht einen Anstoß —
überlaß es den Fatalisten, das Fatum zu beklagen.

Die Notwendigkeit, Kama zu praktizieren

Trugschluß
Einige Anhänger des *Dharma* und des *Artha* meinen,
das *Kama* dürfe nicht beachtet werden,
da Asketen,
deren Lebensweise durch die Veden geheiligt wird,
sich von irdischen Vergnügen abgewandt haben.

Sie sagen, daß Männer, die dem Vergnügen nachjagen,
Wollust und Sünde finden;
sie lassen sich mit Gesindel ein,
das sie zu Verbrechen verleitet,
und enden, von der Gesellschaft ausgespien, in Schande.

Männer, die von geschlechtlichem Verlangen getrieben
werden, stürzen sich und ihre Familien ins Unglück.
König Dandakja aus der Sippe der Bhodschas
vergewaltigte die Tochter eines Brahmanen
und starb, mit seinem Volk, in einem Sandregen.

Indra, der König der Götter, entehrte Ahalya;
Kitschaka beleidigte Draupadi;
der Kriegsherr Ravana entführte Sita[7],
und trotz ihrer Macht und ihres Ruhms
wurden alle völlig vernichtet.

Erwiderung
Das ist völliger Unsinn, denn Sex
ist für den Körper so wichtig wie Essen und Trinken
und sollte mit gleicher Unschuld genossen werden.
Vatsyayana sagt, *Kama* sei die Blüte
und die Frucht von *Dharma* und *Artha.*

Die Angst vor dem Beischlaf sollte uns nicht daran
hindern, ihn auszuüben; schließlich hört niemand auf,
Essen zu kochen, weil ein Bettler an die Tür kommen
könnte, oder Gerste zu säen,
weil Rehe sie auf den Feldern abnagen könnten.

Das dreifache Streben

Artha, Kama, Dharma:
die Männer und Frauen, die alle drei kennen
und mit Körper, Geist und Seele tätig sind,
hier und jetzt und immerdar,
finden ihr Glück in dieser und der nächsten Welt.

Kama, Dharma, Artha:
verfolge zwei oder zumindest eines dieser Ziele,
wenn du nicht alle drei verfolgen kannst —
aber niemals eines
auf Kosten der anderen beiden.

---

5 Die vier Klassen sind die des Priesters (Brahmane), des Kriegers *(kschatriya),* des Kaufmanns *(vaischya)* und des Arbeiters *(schudra).*

6 Die Deutung dieser beiden sehr schwierigen Sutras (Chaukamba I 2: 30 — 31) geht im wesentlichen auf das *Aitareya Brahmana* (VII: 13 — 14), zitiert in Shastris Hindi-Kommentar, und auf Gespräche mit verschiedenen Lehrern zurück.

7 Siehe Glossar.

Die dichten, unheimlich wirkenden Dschungel von Kotah im Süden Radschasthans haben von jeher die Bilder dieser Region beherrscht. Hier jagt ein Kotah-Prinz, möglicherweise Durdschan Sal, einen wilden Eber. Der Höfling mit dem Schwert ist vielleicht derselbe Mann, der einst einen Tiger mit einem einzigen Schwertschlag tötete. Die alptraumhaften, fast psychedelischen Dschungel der frühen Kotah-Gemälde sind hier einem etwas anmutigeren Wald gewichen, in dem Affen und Rudel von Rehen spielen. Bei einem solchen Jagdausflug begegnete Dandakja, 25 Jahrhunderte früher und 500 Kilometer weiter südlich, seinem Schicksal.
Kotah, um 1810? (Ausschnitt)

ÜBER DIE KÜNSTE UND WISSENSCHAFTEN

Junge Männer sollten ihre Studien der Wissenschaften
und Künste, wie sie in den Texten
des *Dharma* und *Artha* vorgeschrieben sind,
vervollständigen durch das *Kama Sutra*
mit all seinen verwandten Künsten und Wissenschaften.

Eine Jungfrau, die im Hause ihres Vaters lebt,
sollte die Lehren des *Kama Sutra* studieren,
bevor sie heiratet,
und mit der Zustimmung ihres Gatten
diese Studien nach der Hochzeit vertiefen.

Einige Graubärte haben gesagt,
daß Frauen jede Art von Wissenschaft
völlig unzugänglich sei;
so sei es reine Zeitvergeudung,
wenn man versucht, sie das *Kama Sutra* zu lehren.

Doch Vatsyayana sagt, es sei absurd,
Frauen das Studium einer Wissenschaft zu verbieten,
die sie doch praktizieren sollen!
Die Praxis einer Wissenschaft wird stark beeinträchtigt,
wenn man ihre Gesetze nicht kennt.

Opferpriester, die der Grammatik nicht kundig sind,
plappern Beschwörungen nach und sind gezwungen,
die heiligen Texte durch Vermutungen zu deuten.
Leuten, die nichts von Astrologie verstehen,
nützt es wenig, wenn sie die Sterne beobachten.

Wie geschickt auch immer einige Reiter,
Wagen- und Elefantenlenker ihre gewaltigen Tiere
durch die Schlacht führen —
einen *sarpa*[1] oder einen *danava*[2] zuzureiten
wäre eine Aufgabe, der sie nicht gewachsen sind.

Die Einwohner ferner Provinzen
befolgen die Gesetze des Königreichs,
weil sie wissen, daß der König ein großes Heer hat,
dessen Waffen locker in der Scheide stecken — aber
das macht aus ihnen noch kein Volk von Rechtsanwälten.

Freilich ist allgemein bekannt,
daß es Prinzessinnen und Hofdamen gibt
— ganz zu schweigen von den Kurtisanen —,
deren Fertigkeiten im Tanz und in der Liebeskunst
selbst das *Kama Sutra* überflüssig erscheinen lassen.

Ein junges Mädchen sollte das *Kama Sutra*
zusammen mit einer älteren Frau studieren,
der sie völlig vertrauen kann,
aber für sich allein
die vierundsechzig Liebestechniken[3] Babhravyas üben.

Ihre Anleiterin sollte eine in der Liebe erfahrene
Freundin aus den Tagen der Kindheit sein,
eine junge Tante oder eine alte Dienerin,
eine weitgereiste Nonne
oder — am besten — eine ältere Lieblingsschwester.

Es gibt neben dem *Kama Sutra*
vierundsechzig Künste und Wissenschaften
(nicht zu verwechseln
mit Babhravyas vierundsechzig),
die für ihre Erziehung wichtig sind:

Gesang.
Das Spielen von Musikinstrumenten.
Tanz.
Malen auf Mauern, Palmblättern und glatten Steinen[4].
Buchstaben in *bhurdscha*-Blätter[5] ritzen.

Mandalas aus Blumen und Reis herstellen[6].
Wände und Fußböden mit Blumen schmücken
Den Körper, das Haar, die Nägel, Zähne
und Kleider färben. Mosaiken auslegen.
Ruhelager, Betten, Kissen und Teppiche herrichten.

Melodien auf mit Wasser gefüllten Glasschalen spielen.
Schwimmen und Wasserspiele.
Meditation mit Hilfe des Mantra- und des Yantra-Yogas[7].
Girlanden, Halsbänder und Rosenkränze flechten.
Kopfschmuck aus Blumen für Hochzeiten herstellen.

Gewänder und Schmuck stilvoll tragen.
Armreifen und Ohrringe aus Muscheln
und Elfenbein anfertigen. Parfüms zubereiten.
Intarsien aus Halbedelsteinen herstellen.
Magische Tricks und Illusionen.

Aphrodisiaka und Zaubermittel aus Kräutern bereiten.
Fingerfertigkeit.
Kochen nach verschiedenen Methoden.
Sorbets, Fruchtsäfte und Cocktails zubereiten.
Nähen und Sticken.

---

1 Der Name eines Pferdes von heftigem Temperament im *Aschvaschastra* (Pferdekunde) von Nakula.

2 Ein Einzelgänger-Elefant. Anweisungen zum Zähmen eines *danava* sind im *Matangalila* (Elefantenjagd) von Nilakantha zu finden.

3 Diese Techniken werden ausführlicher zu Beginn des Zweiten Buches, „Umarmungen", erläutert.

4 Aus Hinweisen in Kalidasas *Meghaduta* wird klar, daß Porträts oft auf kleine glatte Steine gemalt wurden. Die prächtigen Höhlenmalereien von Adjanta wurden zu Lebzeiten Vatsyayanas begonnen und sind die frühesten überlieferten Werke einer Kunst, die vielleicht auf eine wesentlich ältere Tradition zurückzuführen ist.

5 Birkenblätter. Der Dschaipur-Dichter Vyakulji besitzt ein altes Paar — eines mit eingeritzten Vögeln, das zweite mit anderen Tieren —, die einen Liebesbrief in der *Devanagari*-Schrift ergeben, wenn man sie zusammenhält.

6 Kreisförmige Muster auf dem Fußboden, innerhalb derer die Familiengötter verehrt werden. Auch der Zauberkreis eines Magiers.

7 Mantras sind Gebetsformeln, oft der Name eines Gottes (z. B. *Hare Rama Hare Krischna)*, die ständig wiederholt werden. Der Mantra-Yoga ist eine der transzendentalen Meditationstechniken, wie sie von Maharischi Mahesch Yogi gelehrt werden. *Yantras* sind Symbole zur Meditation, meist in einfachen Formen und kräftigen Farben gemalt.

Der Mogul-Herrscher Akbar lauscht seinem Hofmusiker Tansen, der die Sitar spielt. Sein Gefährte begleitet ihn auf der *Tampura,* einem Brumminstrument. Tansen war ein so vollkommener Musiker, daß er die Rehe aus dem Wald und Regen aus dem klaren Himmel gelockt haben soll. Der Regen-*raga,* den er schuf und der nach ihm benannt wurde, *Mia ka Malhar,* ist bei indischen Sängern noch heute beliebt. Dieses Gemälde mit seinem feinen Pinselstrich, den leicht in die Länge gezogenen Figuren und der fast meditativen Ruhe zeigt den Einfluß des Hofes von Akbars Urenkel, Aurangseb. *Kischangarh, spätes 17. Jahrhundert*

Vögel und Blumen in Seiden- und Wollstoffe weben.
Gewandtheit im klassischen *raga* und *tala*[8].
Rätsel lösen.
Das *antjakschari*-Versespiel[9].
Zungenbrecher erfinden.

Aus den heiligen Texten vortragen.
Passende Zitate aus Epen und Dramen finden.
Gedichte improvisieren.
Korbarbeiten aus Schilf- und Bambusrohr.
Liebesamulette aus Gold und Silber herstellen[10].

Holzschnitzen und Schreinern.
Architektur und Baukunst.
Edelsteine und Edelmetalle prüfen.
Erze schmelzen und legieren.
Edelsteine schneiden und färben.

Gartenbau und Pflanzenmedizin.
Ausbildung von Kampfwiddern, -hähnen und -wachteln.
Papageien und Hirtenstaren das Sprechen lehren.
Massage der Kopfhaut und des Körpers.
Entziffern und Verfassen von Geheimschriften.

Eine private Sprache erfinden.
Beherrschung von Dialekten und Fremdsprachen.
Blumenwagen herstellen.
Omen deuten.
Berieselungsanlagen und andere Apparate konstruieren[11].

Gedächtnistraining.
Fehlerloses Wiederholen einmal gehörter Verse.
Beliebige Briefe in Verse setzen.
Blütenblätter arrangieren.
Kenntnis der Wörterbücher und lexikalischen Werke.

Beherrschung der Metrik.
Verkleidungen und die Künste des Muladeva[12].
Die Kunst, Stoff zu drapieren
und Baumwolle wie feine Seide aussehen zu lassen.
Glücksspiel.

Würfelspiele und Schach[13].
Kinderpsychologie und Kinderspiele.
Etikette und gutes Auftreten.
Krieg, Waffen, Heere, Taktik, Staatskunst
Yoga und Gymnastik.

Ein Mädchen, das bescheiden, schön
und in diesen Künsten bewandert ist,
kann Ruhm als Kurtisane gewinnen:
Alle Mitglieder der Gesellschaft, vom König
bis zum Gelehrten, überbieten sich, sie zu ehren.

Eine verwitwete Dame, die in einem fremden Land weilt,
kann durch diese Künste recht angenehm leben.
Eine Prinzessin, die diese Künste beherrscht,
ist immer die Favoritin des Königs —
selbst in einem Harem von tausend Königinnen.

8 Die melodischen und rhythmischen Komponenten der klassischen indischen Musik. Die Tonkunst, die in den heptatonischen Gesängen des *Samaveda* der arischen Zeit gründet, wurde von dem vor-arischen pentatonischen System beträchtlich modifiziert und war vor Vatsyayanas Zeit in Bharatas *Natyaschastra* kodifiziert worden, einem einflußreichen Werk, das sich mit Musik, Drama und dem Tanz befaßte — Künste, die zusammen mit Yoga und den Liebeslehren angeblich vom Gott Schiva stammten.

9 Ein Spieler zitiert eine Gedichtzeile, deren letzter Konsonant oder Vokal der Ausgangspunkt für die Zeile des nächsten Spielers wird. (Z. B. Ein junges Lämmchen, weiß wie Schnee / Errötend folgt er ihren Spuren / Nur wer die Sehnsucht kennt, weiß, was ich leide.)

10 Die Arten und Verwendungen werden in Buch VII erläutert.

11 Kalidasa beschreibt eine *variyantra* (Wassermaschine), die vermutlich eine sich drehende, vom Wasserdruck angetriebene Sprühvorrichtung hatte *(Malavikagnimitra* II 12). Im Palast von Udaipur gibt es einen Sprengwagen, der bei Prozessionen Verwendung fand und durch eine Kurbel in Tätigkeit gesetzt wurde.

12 Zauberkünste und Taschenspielertricks. Hinsichtlich Muladeva siehe Glossar.

13 *Chaturanga* (Vier Korps), die früheste Form des Schachs, war aus einem Würfelspiel hervorgegangen, das auf einem in 64 Quadrate eingeteilten Brett oder Tuch gespielt wurde. Zu Vatsyayanas Zeiten pflegte jeder Spieler eine oder zwei der vier Armeen des Bretts zu kommandieren, wobei jede Armee aus einem König, einem Elefanten, einem Pferd, einem Streitwagen oder Schiff und vier Fußsoldaten bestand. Die Züge wurden durch Würfeln bestimmt. Das Spiel gelangte im 6. Jahrhundert durch die Perser nach Indien, die es *Schatrandsch* nannten. Erst nach den Kreuzzügen fand es in Europa Verbreitung.

Turner, Ringer und Bogenschützen eines Dekkan-Hofes bei der Ausübung ihres Sports. In alten Zeiten waren Turnen und Yoga eng miteinander verwandt, während Boxen und Ringen den Berufskämpfern der niederen Kasten vorbehalten blieben. Im 3. Jahrhundert v. Chr. trugen Gladiatoren am Hofe des Chandragupta Maurya Kämpfe aus. Dieses Gemälde entstand möglicherweise am Hofe Asaf Dschahs I., dessen Nachfolger die Nisams von Haiderabad wurden. *Haiderabad, frühes 18. Jahrhundert*

ÜBER DAS GESELLSCHAFTSLEBEN

Wenn deine Erziehung beendet ist,
verwende das Geld, das du erworben hast
— ob durch Geschenke, Krieg, Handel oder Arbeit [1] —,
um dich in guter Nachbarschaft niederzulassen
und deinen Platz in der Gesellschaft einzunehmen.

Bau dir in einem schattigen Garten am Fluß
ein Haus mit einem Innenhof, einer Küche,
einem Bad, Speisekammern und Arbeitsräumen,
einer hübschen *zenana* für deine Damen [2]
und einem luftigen Herren-Schlafzimmer.

Dein Schlafzimmer sollte nach Wohlgerüchen duften und
mit einem weichen Bett unter einem seidenen Baldachin
ausgestattet sein, dessen saubere weiße Laken
und üppige Polster
übersät sind mit frisch gepflückten Blumen.

Stelle eine Couch ins Zimmer als Liebeslager
mit einem Tisch am Kopfende, auf dem sich
Augenwasser, Bienenwachskerzen, Blumenkränze,
paan [3] zum Parfümieren des Atems und
in Streifen geschnittene Zitronenbaumrinde befinden.

Neben dieser Couch sollte Platz sein
für einen Spucknapf, deine Schmuckschatulle, eine *vina* [4],
die am Stoßzahn eines Elefanten aufgehängt ist,
für Pinsel, Zeichenstifte, einige Lieblingsbücher
und frische Girlanden aus gelben Amaranten.

Vervollständige die Einrichtung durch einen runden
Teppich und ein elfenbeinernes Regal für Würfel und
Schachfiguren. Draußen befinden sich Käfige
für Papageien und Singvögel sowie eine
Werkstatt für Schnitzarbeiten und andere Hobbys.

Errichte in deinem Garten einen Liebessitz,
beschattet von Jasmin, und hänge
eine Schaukel in den Zweigen von Bäumen auf,
die jeden Frühling wie der Monsun
duftende Blüten abregnen.

Nachdem du dich jeden Morgen erleichtert hast,
solltest du deine Zähne mit *neen*-Zweigen [5] reinigen,
reib etwas Sandelöl
auf deine Stirn und deine Schläfen
und streiche Augenwasser auf deine Lider und Wimpern.

Parfümiere dein Haar mit Weihrauch,
bekränze dich mit Amarant oder Jasmin,
röte deine Lippen mit Lack, kaue *paan*
und prüfe dein Aussehen in einem Silberspiegel,
bevor du das Haus verläßt, um deine Freunde zu treffen.

Bade jeden Tag in fließendem Wasser,
laß dich jeden zweiten Tag massieren,
benutze jeden dritten Tag Seife,
laß dein Gesicht jeden vierten Tag rasieren,
enthaare deinen Körper jeden fünften oder zehnten Tag.

Nimm um elf ein leichtes Frühstück ein
und iß bei Sonnenuntergang herzhafter zu Abend
(Charajana schreibt vor, um acht zu Abend zu essen).
Verbringe nach dem Frühstück eine Stunde damit,
deine Stare und Papageien sprechen zu lehren.

Laß dich am frühen Nachmittag
bei Hahnen- und Widderkämpfen sehen
und verbringe die müßigen Stunden vor der Siesta
bei Clowns und Spaßmachern,
um deinen Witz zu schärfen.

Geh jeden Abend, reich gekleidet und geschmückt,
mit deinen Freunden
in eine Schenke oder in ein Freudenhaus,
wo man über Kunst, Philosophie oder Politik spricht
oder wo die Sängerinnen besonders elegant sind.

Während die zarte Musik
dich durch die Nacht verfolgt,
tritt mit einem oder zwei engen Freunden den Heimweg
an und entzünde das Räucherwerk in Erwartung
deiner Geliebten und ihrer Freundinnen.

Schicke ihr jemanden entgegen, wenn sie sich verspätet,
oder gehe selber,
aber begrüße sie herzlich, wenn sie schließlich kommt,
und bewirte ihre Freundinnen mit Wein,
während du scherzend mit ihnen plauderst.

Wenn ein plötzlicher Schauer ihre Wimperntusche
verschmiert hat, hilf ihr, sie wieder aufzutragen,
und wenn ihr Gewand feucht geworden ist,
bestehe darauf,
es auszuziehen und deine Geliebte abzutrocknen.

Das Fest der Sarasvati

Als Bürger steht es dir an, deinen Beitrag
zur Organisation religiöser Feste zu leisten
und mit deinen Freunden an den
vierzehntägigen und monatlichen Schauspiel-Festivals
im Tempel der Sarasvati [6] teilzunehmen.

---

1 Anspielung auf die Beschäftigungen der vier Klassen. Die Priesterkaste der Brahmanen lebte von Geschenken und Stiftungen.

2 Das Frauengemach, zu dem Männer keinen Zugang hatten.

3 Zerstoßene, in ein Betelblatt gewickelte Nüsse und Gewürze.

4 Eine langhalsige indische Laute. In Nordindien ist sie weitgehend von der Sitar verdrängt worden, aber im Süden ist sie noch das beliebteste Saiteninstrument.

5 *Azadirachta indica.* Die bitteren Zweige werden in kleinen Bündeln als Wegwerf-Zahnbürsten verkauft.

6 Siehe Glossar.

Den Rock raffend, trotzt eine Dame den Unbilden der Witterung, um ihren Geliebten zu treffen. Wenn er seinen *Kama Sutra* gelesen hat, wird er Vatsyayanas verschmitztem Rat folgen und ihr anbieten, sie abzutrocknen. Diese besonders schöne Miniatur mit ihren leuchtenden Farben und dem sorgfältig ausgemalten Regenschauer ist ein charakteristisches Beispiel für die frühen Werke, die in Basohli geschaffen wurden — einer Stadt, die wie ein Adlerhorst auf einem der Vorgebirge des Himalaya thront. Die Kleidung des Mannes verrät den Mogul-Einfluß und spiegelt die Mode zur Regierungszeit des Radscha Kripal Pal (1678—94) wider, der als erster eine Künstlerwerkstatt an seinem Hof einrichtete. Der schlichte, fast primitive Stil, der sich hier entwickelte, ist möglicherweise eine Verschmelzung von jainistischen und Mogul-Einflüssen. *Basohli, spätes 17. Jahrhundert*

Am Eröffnungstag sollten die Schauspieler
eine Probe ihrer Kunst geben.
Die eigentliche Aufführung
sollte dem zweiten Tag vorbehalten sein, an dem
die Schauspieler auch ihren Dank und Lohn empfangen.

Während des Festivals tu alles, was du kannst,
um den Priestern der Sarasvati zu helfen
(wenn die Not es gebietet, solltest du selbst
eine Rolle übernehmen), und trage stets
deinen Teil an den entstandenen Unkosten bei.

Du solltest auch ein großzügiger Gastgeber sein —
die Schauspieler und vornehmen Besucher,
die weit gereist sind, um am Festival teilzunehmen,
mit deinen Freunden bekanntmachen
und ihnen gastfreundlich dein Haus öffnen.

Beachte diese Richtlinien gut
bei allen Festivals und Festen
in den Tempeln Schivas,
Krischnas, Ganeschas, Kamas, Lakschmis,
der Yakschas und aller anderen Göttinnen und Götter[7].

Literarische Abendgesellschaften

Unterhaltsame Abendgesellschaften für Freunde
und andere Männer deines Alters und Ranges,
die deine Interessen teilen,
können entweder bei dir
oder im Hause einer angesehenen Kurtisane stattfinden.

Die Konversation sollte sich durch Witz
und Anmut auszeichnen und Themen wie Poesie,
Kunst, Recht, Wissenschaft und Politik berühren.
Erkundigt euch gegenseitig nach den neuesten Büchern
und improvisiert Wettstreite im Versemachen.

Die Gewinner dieser Wettstreite
(in den meisten Fällen werden es Kurtisanen sein)
sollten lustige Preise erhalten,
und anwesende Künstler, Höflinge und Gelehrte
sollten ebenfalls irgendwie geehrt werden.

Hausfeste

Wenn es an dir ist, ein Fest zu geben,
schmücke dein Haus
mit Girlanden duftender Blumen,
stelle überall im Garten Lichter auf
und lade deine Freunde und Lieblingskurtisanen ein.

Trage nur die besten Weine auf:
madhu in einer Mischung, in der der wilde Honig
nicht die Traube übertönt;
nach Lakritz duftenden *maireya;*
wohlriechenden Mango-*sura* und Holzapfel-*asava.*

7 Siehe Glossar.

Trage Speisen auf, die zum Wein passen:
leichte Häppchen in scharfer Sauce,
grüne Salate, frische Früchte,
gebackenes Brot, Chutneys und Gewürze,
Süßigkeiten und gesalzene Nüsse.

Picknicks

Suche für dein Picknick einen schattigen Garten
an einem Waldsee
oder an einem Fluß, der sich, Teiche bildend,
durch dichtes Grün talwärts windet
und zu Pferd in einer Stunde zu erreichen ist.

Reite bei Tagesanbruch los,
in schönen Gewändern,
begleitet von Freunden und jungen Kurtisanen
und gefolgt von Sängerinnen, Musikern
und Dienern, die Speisen und Wein mit sich tragen.

Verbringe einen angenehmen Tag mit Tanzen, Würfeln,
Schachspielen und anderem Zeitvertreib;
laß Widder oder Hähne gegeneinander kämpfen
und auf den Sieger wetten;
lausche der Musik und den Sängerinnen.

Geh mit deinen Damen schwimmen,
wenn es warm genug ist, das Wasser sauber
und keine Krokodile euch gefährden können;
binde Blumen in dein Haar und kehre heim,
wenn die Abendröte den Himmel zu färben beginnt.

Religiöse Feste

In der Nacht der Yakschas[8]
sollte dein Haus hell erleuchtet sein —
mit kleinen irdenen Lampen, die dicht an dicht
an jeder Mauer und auf jedem Fenstersims stehen,
und Freudenfeuern im Garten.

Zur Vollmondnacht im Oktober ist es Zeit,
das Feueropfer an Indra, Paschupati und die Aswinen[9]
darzubringen. Entrolle ihr Banner auf deinem Dach
und streue die fünf Blumen
auf die Schwelle deines Hauses.

In der fünften Nacht des Frühlingsmonds
packe deine Winterkleidung fort und entzünde
die Feuer für Schiva, Sarasvati und Kama[10].
Trage dünne rote Gewänder und rote Blumen und
schmücke die Abbilder der Götter mit frischem roten Pulver.

8 Burton übersetzte *yakscha-ratri* (Nacht der Yakschas) fälschlich als *akscha-ratri* (Würfel-Nacht) und wurde so fehlgeleitet in dem, was folgt: eine Aufzählung religiöser Feste. Hinsichtlich Yakschas siehe Glossar.

9, 10 Siehe Glossar.

Dieses anmutige Gemälde aus einem illustrierten Manuskript des *Madhumalati* — der Geschichte einer Liebesaffäre zwischen einem König und der Dama Malati — zeigt den König beim Picknick mit Malati und ihren Dienerinnen am Ufer des Ramasarovara-Sees. Es ist möglich, daß der Maler Details aus dem *Kama Sutra* verwandte, da er sogar einen Hahnenkampf zeigt. Die relativ grobe, einfache Zeichnung und die Verwendung leuchtender Primärfarben wie Lackrot, Safrangelb und Lapislazuli verraten den Einfluß alter jainistischer Traditionen. Das Manuskript verzeichnet, daß es etwa 100 Kilometer von Udaipur entfernt im Dorf Nai entstand — was vielleicht den Kontrast zum höfischen Udaipur-Stil erklärt. *Udaipur, datiert 1749*

Folge den alten Festesbräuchen
im Kreise deiner Familie und deiner Freunde.
Geh beim Kama-Fest
hinaus in den Wald,
um junge Mangoblüten für dein Haar zu pflücken.

Reite zur Erntezeit in die Felder,
um Weizen und Gerste zu rösten. Wenn die Sommerhitze
die Seen auszutrocknen beginnt,
wate hinaus,
um die köstlich-zarten Lotosstengel zu sammeln.

Wenn die Wälder in Blüte stehen, gehe zum Picknick
in das myriadenfache Grün
und feiere auf den Straßen
die *holi*-Zeit[11]
mit papageienbunten Syringen.

Laß nach neun Nächten des Herbstmondes Ravana
brennen und hole alte Puppen hervor,
reich in alte Pantschala-Kostüme gekleidet,
um die ruhmreichen Taten des *Ramayana*[12]
wiedererstehen zu lassen.

Zur Frühlings-Tagundnachtgleiche spiel Verstecken
unter den im Mondlicht funkelnden Bäumen
der Flamme-des-Waldes. Schließ dich den lachenden
Scharen an, die einander in warmen Mainächten
mit gelben *kadamba*-Blüten[13] bewerfen.

Herren, die weit von der Heimat entfernt
auf Reisen sind, sollten, wenn es möglich ist,
diese Feste allein feiern.
Damen, deren Liebhaber nicht anwesend sind,
sollten sie mit ihren Dienerinnen feiern.

Freunde und Bekannte

Du wirst verschiedene Arten von Freunden haben:
zunächst solche, mit denen du als Kind
auf den staubigen Straßen deines Dorfes gespielt hast,
dann die Kinder deiner Amme
und Leute, die deiner Familie verpflichtet sind.

Sodann gibt es die Freunde, die du in der Schule
oder auf der Universität kennengelernt hast,
Freunde, die in Temperament
und Geschmack dir gleichen, und solche,
mit denen du ein streng gehütetes Geheimnis teilst.

Gib diesen Freunden, was du von ihnen erwartest:
Loyalität ihren Familien gegenüber,
das Gefühl einer engen und innigen Gemeinschaft,
Unterstützung in schweren Zeiten
und eine herzliche Zuneigung zu allen Zeiten.

Kränke niemals einen Freund durch Lügen,
ermuntere ihn, seinen Zielen treu zu bleiben,
und freue dich an seinen Erfolgen.
Verführe ihn nicht zu Lastern oder üblen Gewohnheiten,
brich nie dein Wort und enttäusche nie sein Vertrauen.

Befreunde dich mit *pithamardas*[14],
wandernden Lehrern der Künste und Wissenschaften,
die Jünglinge und Kurtisanen lehren, ihren Unterhalt
zu bestreiten und die nichts besitzen außer ihren
roten Roben, hölzernen Klappstühlen und Seifenriegeln.

Pflege Umgang mit *vitas*, großen Herren,
die ihr Vermögen an Kurtisanen verschwendet haben;
mach Gebrauch von ihren ausgezeichneten Manieren
und ihrem reichen Wissensschatz in sexuellen Dingen,
um zu Ehren zu gelangen und wie sie leben zu können.

Viduschakas sind Kumpane,
Burschen, die nur von ihrem Witz leben,
Spaßvögel, Klatschmäuler, Ratgeber,
deren Geschicklichkeit, zarte Bande zu knüpfen,
sie überdies unentbehrlich macht.

Andere Verpflichtungen

Wenn du auf dem Lande lebst, ist es deine Pflicht,
die Dorfbewohner deiner Kaste
in Fragen der Etikette zu unterweisen,
ihnen zu helfen, wenn sie Probleme haben, und ihnen die
Vorteile deiner städtischen Erziehung zukommen zu lassen.

Behandle einen Dorfbewohner niemals herablassend,
indem du nur in seinem Dialekt zu ihm sprichst, aber
verwirre ihn auch nicht durch hochgestochenes Sanskrit.
Die sorgfältige Mischung zwischen beiden erleichtert
die Verständigung und zeigt deinen guten Willen[15].

Vermeide schlechte Gesellschaft,
heimliche oder gesetzlose Sekten,
sofern sie Praktiken unterstützen,
die schändlich sind und anderen schaden:
Ein kluger Mann sucht unschuldige Vergnügungen.

---

11 Das Frühlingsfest zu Ehren Kamas, des Gottes der Liebe.

12 Hinsichtlich *Ramayana*, des zweiten großen Hindu-Epos, siehe Glossar. Ich bin Shastris Interpretation gefolgt, der *Pantschalakrida* als „Pantschala-Puppenspiel" deutet. Das Fest findet seine Entsprechung im heutigen *Dassera*, wenn Auszüge aus dem *Ramayana* gesungen werden, Schauspieler wichtige Szenen auf der Bühne nachgestalten und riesige, aus Weiden geflochtene Nachbildungen Ravanas vor Scharen begeisterter Anhänger verbrannt werden.

13 *Antheocephalus indicus*. Nach einer Legende blüht der Baum nur während der Stürme, die einem Monsun vorangehen.

14 *Pithamardas* waren zusammen mit *vitas* und *Viduschakas* bekannte Typen des indischen Theaters, deren Rollen etwa denen der komischen Charaktere in Shakespeares Tragödien entsprachen. Im tatsächlichen Leben waren sie Parasiten, die von den Reichen lebten.

15 Sanskrit (wörtlich „vollkommen") war die Sprache der wenigen Gebildeten. Die Masse der bäuerlichen Bevölkerung sprach verschiedene Dialekte oder *prakrits*. Das heutige Hindi leitet sich von dem *prakrit* ab, das zu Vatsyayanas Zeit in einem großen Teil Nordindiens gesprochen wurde. Yaschodhara, Vatsyayanas Kommentator aus dem 11. Jahrhundert, muß frühmittelalterliches Hindi gesprochen haben, da Hindi-Ausdrücke sich oft in seine *Yayamangala*-Glossen schleichen.

Die Damen des Bundi-Palasts feiern das späte Frühlingsfest, während der Maharadscha mit seiner Lieblingsfrau vom Dach zuschaut. In Erwartung des kommenden Sturms stehen die *frangipani*-Bäume in voller Blüte. Der mit Lotosblumen, Vögeln und Fischen gefüllte Teich ist — wie die blühenden Bäume — ein typisches Bundi-Motiv. Die Frauen tragen traditionelle Radschasthani-Gewänder aus jenen bunten, handbedruckten Baumwollstoffen, die auch im Westen so beliebt sind. *Bundi, um 1770*

ÜBER GELIEBTE

Suche dir unter den Jungfrauen deiner Kaste
deine Gattinnen und Mütter deiner Kinder;
nur die Söhne aus solchen Verbindungen
werden von der Gesellschaft und den Schastras[1]
geachtet und als rechtmäßige Erben angesehen.

Wenn du nur sexuelles Vergnügen suchst,
magst du zu Kurtisanen, Witwen, Geschiedenen
und Frauen einer niedrigeren Kaste gehen;
es wird weder empfohlen noch verurteilt,
da die Frage einer Ehe nicht zur Debatte steht.

Die Schastras verbieten dir, auch nur davon zu träumen,
mit einer Frau aus einer höheren Kaste oder einer
verheirateten Frau zu schlafen. (Manu sagt, daß Frauen,
die mit niedrig geborenen Männern verkehren,
von Hunden zerrissen werden sollen[2].)

Gonikaputra freilich gestattet es, eine Ehefrau zu
verführen, selbst wenn sie einer höheren Kaste angehört,
und führt Beispiele an, in denen das Sittengesetz seine
Wirkung verliert, weil sie bereits verdorben ist oder dir
helfen kann, ein hochgestecktes Ziel zu erreichen:

„Die liebliche Malati, obwohl verheiratet
und obendrein Brahmanin,
ist eine solche Nymphomanin,
daß es bestimmt keine größere Sünde ist, mit ihr ins Bett
zu gehen, als mit einer Kurtisane zu flirten[3]."

„Kallolini ist sicherlich keine Jungfrau mehr
und hat ohnehin ihren Mann
mit dem Schauspieler Natyasvami betrogen;
wenn man sie verführt,
setzt man ihrem Mann nur ein paar Hörner mehr auf."

„Niemand kann behaupten, daß Vikarala eine Schönheit
sei, aber ihr einflußreicher Ehemann
ist viel zu freundlich mit meinem Rivalen Bhattadayada;
sie zu verführen heißt
einen Keil zwischen die beiden zu treiben."

„Sundarasena ist so gefährlich,
daß ich mir nicht erlauben kann, sein Feind zu sein;
die Klugheit gebietet es, seiner Frau den Hof zu machen,
denn da sie etwas von einer *rakschasa*[4] an sich hat,
wird sie ihm so zusetzen, daß er mich in Ruhe läßt."

„Der alte Kusukarna, der meine Feinde vernichten und
meine Freunde an die Macht bringen kann, steht unter
dem Pantoffel seiner jungen Frau Mandschari;
ich müßte ein Narr sein, wenn ich nicht die goldene
Gelegenheit zwischen ihren Schenkeln ergreifen würde."

„Da Haralata ihren ständig betrunkenen Mann haßt,
ist es leicht, sie zu verführen,
und wenn er eines Nachts aus den Armen einer Hure
in die Klauen eines Tigers torkelt,
wird der Tiger seinen Reichtum erben."

„Ich sehe gut aus, bin aber mittellos und
nicht imstande, meinen Lebensunterhalt zu verdienen;
Madhuraksi ist häßlich, aber reich,
und ihr Mann ist auf Reisen;
ich werde einen Schatz in seinem leeren Bett finden."

„Kesara ist so toll vor Wollust, daß sie gedroht hat,
mich überall in der Stadt zu verleumden,
wenn ich nicht mit ihr schlafe.
Sie hat gesagt, sie wolle Lügen über mich verbreiten, die
ich nicht widerlegen kann, ohne meine Ehre zu verlieren."

„Überdies hat sie geschworen, ihren Mann
gegen mich aufzuhetzen und ihn
zu einem Komplott mit meinen Feinden anzustiften;
sie wird ihm sagen, daß ich sie vergewaltigt habe,
und ihn ermuntern, eine meiner Frauen zu verführen."

„Seit langem habe ich den Verdacht,
daß Lalitas Ehemann militärische Geheimnisse
an die Schakas[5] verkauft hat;
wenn ich sie benutze, um ihn bloßzustellen,
wird der König mir zu tiefem Dank verpflichtet sein."

„Anangadevi muß verführt werden.
Nur sie kann mir helfen, die schöne,
reiche und arrogante Kamasena zu gewinnen,
ihre beste Freundin,
nach der ich verrückt bin."

„Aus Liebe zu mir
würde Chitralata mit Matta schlafen
— einem Mann, den ich sehr fürchte —
und mir Gelegenheit geben, ihn zu verraten
und der tödlichen Rache ihres Gatten auszuliefern."

---

1 Ein allgemeiner Ausdruck für alle religiösen und wissenschaftlichen Texte.

2 *Manu Smriti* (VIII: 371), um 200 n. Chr. verfaßt. Ich habe diese Bemerkung hier aufgenommen, um zu zeigen, ein wie schweres Verbrechen der Ehebruch mit einem Mann aus einer niedrigeren Kaste war, und um deutlich werden zu lassen, wie ungeheuerlich Gonikaputras Rechtfertigungen sind.

3 Im Original werden diese Rechtfertigungsgründe so unverblümt aufgelistet, daß sie gelegentlich lächerlich wirken. Ich habe jede Situation hier dramatisiert, um sie weniger unglaubwürdig erscheinen zu lassen. Die Namen sind Damodara Guptas *Kuttani Mata* entlehnt, einem Gedicht aus dem 9. Jahrhundert, das die Ratschläge einer alten Prostituierten an eine junge enthält.

4 Einer der Frauentpyen, die in der erschöpfenden und etwas grotesken Klassifikation des *Natyaschastra* von Bharata beschrieben werden. Der Name — und das Temperament dieser Dame — stammt von einer Klasse schrecklicher, blutrünstiger Dämonen.

5 Feinde der Gupta-Herrscher. Siehe Glossar.

Eine mit Schmuck überladene Dame des Dschaipur-Hofs. Sie trägt Rubine, Perlen, Smaragde und einen vielleicht aus Jade geschnittenen Ring. Ist sie möglicherweise die Konkubine Ras Kafur, die von ihrem Zeitgenossen, dem Historiker Tod, als „gemeine Prostituierte, die beliebteste ihrer Zeit" beschrieben wurde und an die Radscha Dschagat Singh die Hälfte seines Vermögens verschwendet haben soll? Die rosarote Stadt Dschaipur ist noch heute berühmt für ihre Schmuckgegenstände, Emailarbeiten und Marmorskulpturen. *Dschaipur, um 1790*

Vatsyayana sagt, Verführungen dieser Art
seien nur gerechtfertigt,
wenn es ein reines, ehrenwertes Motiv gibt,
sowie als letzter verzweifelter Ausweg,
doch nie, wenn du die Frau bloß begehrst.

Einige Gelehrte meinen, daß Haushälterinnen,
Nonnen mit geschorenen Köpfen,
jungfräuliche Töchter von Dienerinnen und Kurtisanen
sowie alleinstehende Mädchen aus guter Familie
vier weitere Klassen von verführbaren Frauen darstellen.

Aber da die meisten jungen Männer, sagt Vatsyayana,
eher den Wunsch haben, mit einem Mädchen ins Bett
zu gehen, als sie zu klassifizieren, sollten wir es dabei
bewenden lassen, denn sonst kämen wir bald dazu,
Eunuchen als weitere Art von Frauen zu klassifizieren.

Vermeide sexuellen Kontakt mit jeder Frau,
die aussätzig oder geisteskrank ist,
die von ihrer Familie oder Kaste verstoßen worden ist,
die kein Geheimnis bewahren kann,
die viele Liebhaber hat oder vom Alter gezeichnet ist.

Geh Frauen aus dem Weg, deren Haut
elfenbeinweiß oder schwarz wie Kohle ist,
oder deren Körper übel riecht.
Meide Blutsverwandte,
Gefährtinnen aus der Kindheit und Bettlerinnen.

Begehre nie die Frau eines Verwandten,
eines Freundes, Hohepriesters oder Königs;
vergiß Babhravyas häufig zitiertes Diktum,
daß du mit diesen Frauen schlafen kannst,
wenn sie fünf oder mehr Liebhaber gehabt haben.

Aus den mittelalterlichen Texten

Die Padmini (Lotosdame) [6]

Ihr Gesicht ist lieblich
wie der Vollmond in einer klaren Nacht,
ihre runden Glieder sind weich wie Walnußblumen,
duftend wie der Lotos,
schön wie die Blütenblätter des *frangipani*[7].

Ihre Augen sind Schlehen
mit spitz zulaufenden, in Rot getauchten Winkeln,
weit wie die eines aufgeschreckten Hirschkalbs.
Ihre Nase ist eine kleine Sesamblume, ihre Lippen
gleichen zitternden Blüten des roten *bandhudschiva*[8].

Ihre schweren Brüste
sind fest wie reife Granatäpfel
und gleichen Krügen aus gehämmertem Gold;
sie sitzen hoch —
Zwillingsbuckel auf der Stirn des Elefanten Kamas.

Ihre schlanke Hüfte
ist umgürtet von drei Falten[9],
ihre *yoni*[10] ist wie eine sich öffnende Lotosknospe,
ihr Liebeswasser duftet
so köstlich wie zerstoßene Lotosstengel.

Sie schreitet mit schwingenden Hüften
anmutig wie ein Schwan
und hat die tiefe, süße Stimme eines schwarzen Schwans.
Sie kleidet sich in reines Weiß
und vergißt nie ihre Pflichten gegenüber den Göttern.

Sie ist bescheiden und intelligent,
äußerst geübt in den vierundsechzig Künsten,
eine gute Sängerin und Musikerin;
sie ißt wenig und hat einen leichten Schlaf —
das ist die Lotosdame.

Die Chitrini (Dame des Tanzes) [11]

Ihre Locken sind Schwärme schwarzer Bienen
rund um ein hübsches Gesicht,
aus dem ein Paar heller, wacher Augen blickt
und ein Lippenpaar sich wölbt
wie ein Paar reifer roter *bimba*-Gurken[12].

Ihr Hals ist geformt
wie ein aus drei Ringen gebildetes Tritonshorn;
ihre schweren Brüste,
die über eine kleine Taille ragen,
biegen ihren schlanken Körper wie einen Bogen.

Sie geht mit schwingenden Hüften,
wollüstig wie ein Elefant in *must*[13];
ihre voll gerundeten Hinterbacken
rollen über festen, schlanken Schenkeln,
die sich verjüngen zu krähenzarten Fesseln.

Ihre *yoni* ist ein sanfter Hügel,
locker in weiches, feines Haar gehüllt,
das Innere nachgiebig,
schnell von Liebessäften überschwemmt,
die intensiv nach wildem Honig duften.

---

6 Die *padmini* oder Lotosdame kehrt in fast allen mittelalterlichen Texten wieder, die sie als Ideal weiblicher Schönheit beschreiben. Die obige Beschreibung enthält Elemente aus dem *Ratirahasya, Ananga Ranga* und *Ratimandschari,* die zahllose Dichter beeinflußten. Einige Details sind der *Gita Govinda, dem Ritusamhara* und *Kuttani Mata* entnommen. Die meisten großen indischen Heroinen, einschließlich Sita, Draupadi und Schakuntala, sollen *padminis* gewesen sein.

7 *Plumeria rubra forma acuminata santapau.* Der Tempelbaum. Er hat samtweiße, gelegentlich rosa getönte Blütenblätter mit einem tiefen, buttergelben Kelch. Die Blumen duften stark.

8 *Ixora coccinea.* In der mittelalterlichen Dichtung wird die Pflanze häufig als Metapher für die Lippen einer schönen Frau verwendet.

9 Die drei Falten oder *trivalli* sind sowohl glückverheißend als auch ein Zeichen großer Schönheit.

10 Die weiblichen Geschlechtsorgane.

11 Wörtlich „Bild-Dame", der zweite mittelalterliche Frauentyp.

12 Eine kleine gerippte Gurke, die *karela* des heutigen Indiens.

13 Das trunkene Benehmen eines brünstigen Elefanten.

Auf diesem zarten Gemälde aus dem Kangra-Tal im nördlichen Pandschab sehnt sich eine einsame Frau nach ihrem abwesenden Geliebten und beneidet das Glück der Vögel, die zu ihren Füßen schnäbeln und gurren. Das alte *Natyaschastra* teilte die Heroinen oder *nayikas* je nach ihrer Stimmung in acht Klassen ein. Dieses Bild zeigt eine *padmini*-Dame in der *utkanthita*-Stimmung. Der lyrische Grundton und die traumhafte Atmosphäre sind typisch für die Kangra-Schule, die sich unter Radscha Sansar Tschand entwickelte. Das Gemälde entstand zu seiner Regierungszeit. *Kangra, um 1790*

Sie zieht Liebkosungen dem Liebesakt vor
und muß mit Lippen und Fingern erregt werden.
Ihre Stimme ist wie die des Pfaus,
doch in ihrer Verwirrung
pflegt sie zu stammeln wie ein mondsüchtiger *Chakora*[14].

Weder sehr klein noch sehr groß,
ist sie eine geübte Tänzerin, Sängerin und Musikerin;
auch zeichnet sie sich in bildnerischen Künsten aus
und stellt gern Gewänder und Schmuckgegenstände her.
Sie hat Geschmack an leicht gesüßten Leckereien.

Die Schankhini (Muscheldame)[15]

Keineswegs zierlich,
ist sie doch viel kleiner, als sie aussieht;
denn ihr schlanker Körper
und ihre glatten, jungenhaften Glieder
lassen sie größer erscheinen, als sie in Wirklichkeit ist.

Ihr kleiner Busen ist fest,
ihre Hüften schlank, doch ohne ausgeprägte Kurven;
sie bewegt sich schnell,
beim Gehen schwingt sie ihre langen Arme und Beine
wie ein junger Mann.

Sie hat ein strenges, spitzes Gesicht
mit schrägen Mandelaugen,
deren Braun von tigergoldenen Fleckchen durchsetzt ist;
sie ist selbstsicher und geht unverschleiert,
wobei sie den Leuten in die Augen schaut.

Ihre *yoni* ist tief,
versteckt unter dichtem krausem Haar.
Es ist schwer, sie feucht zu machen;
ihr Liebessaft ist salzig
und riecht nach leicht angesäuerter Melasse.

Sie ist immer zur Liebe bereit
und sehr leidenschaftlich; während des Aktes
verliert sie die Kontrolle über ihre Glieder,
schlägt mit den Fäusten um sich,
kneift, kratzt und beißt ihren Liebhaber.

Sie ist oft mürrisch und boshaft,
sie liebt rote Gewänder und scharlachfarbene Blumen,
die ihrem ungestümen Wesen entsprechen;
wenn sie wütend ist, klingt ihre klare Altstimme
wie das prächtige Schnauben eines Wildesels.

Die Hastini (Elefantenfrau)[16]

Sie ist überall rundlich, in jedem ihrer Glieder[17],
von dem kurzen Hals,
der auf abfallenden Schultern sitzt,
bis zu ihren Armen, Brüsten, Hüften,
Schenkeln, Füßen, ihrem Bauch, Hintern und *yoni.*

Sie bewegt sich langsam, als ob sie verletzt sei,
ihr Gang ist ungraziös, plattfüßig,
bei jedem Schritt richtet sie die Zehen auf;
ihr rötlich braunes Haar
fällt in einem strähnigen Schopf nach hinten.

Ihre Liebhaber schämen sich, mit ihr gesehen zu werden,
und verlassen sie bald;
schamlos und verkommen, wie sie ist,
sucht sie ständig neue Männer für sich einzunehmen,
und ihre großen Lippen hungern stets nach Küssen.

Ihre *yoni* und ihr ganzer Körper
riechen nach Elefantenschweiß.
Ihre *yoni* ist eine Höhle zwischen den Schenkeln,
von Liebessäften überflutet
und unter einem dichten schwarzen Haarwald verborgen.

Sie gelangt so langsam zum Orgasmus,
daß nur ein Meister der Liebeskunst sie befriedigen kann,
indem er sie an den Haaren reißt
und mit der Hand kräftig ihre *yoni* bearbeitet,
denn sie mag wilde Liebesspiele.

Sie ißt gern scharfe, würzige und saure Speisen,
die sie in riesigen Mengen verzehrt.
Sie spricht stotternd und scheu.
Sie ist übellaunig, aber auch
loyal, herzlich und sehr gütig.

---

14 Das rotbeinige indische Rebhuhn, das einen stotternden Ruf hat und sich nach dichterischer Übereinkunft von Mondstrahlen nährt.

15 Der dritte mittelalterliche Frauentyp.

16 Der vierte mittelalterliche Frauentyp. Die Dichter waren fast immer bissig, wenn sie über sie sprachen. Ich folge dem Tenor des *Ratimanjari,* in dem sie am freundlichsten behandelt wird.

17 In den Texten des *Ananga Ranga* ist das Wort *gaurangi* (schöngliedrig) zweifellos der Fehler eines Kopisten. Es muß heißen *gaurvangi* (schwergliedrig). Burton nimmt diesen Fehler auf und setzt ihn mit der absurden Behauptung fort: „Ihre Haut ist schön, von tödlichem Weiß."

In allen mittelalterlichen Liebeslehren begegnen wir der ungewöhnlichen Vorstellung, daß Kama, der Gott der Liebe, nicht nur in den Körpern der Frauen wohnt, sondern je nach den Phasen des Mondes auch in ihnen von einem Platz zum anderen wandert. Dieses späte, etwas rohe Gemälde aus Udaipur ist fast einzigartig, da es eigens geschaffen wurde, um diese absurde Vorstellung zu illustrieren. Der Künstler hat sorgfältig an der linken Seite die einzelnen Körperpartien bezeichnet und an der rechten Seite dem Gatten Anweisungen gegeben wie „Küsse die Wange“ usw. *Udaipur, 19. Jahrhundert*

BUCH II
LIEBESKUNST

DIE PASSENDEN PARTNER

Obgleich die heiligen Texte
Männer in vier Klassen einteilen,
erkennt Kama nur drei an
und bestimmt die Kaste allein nach der Länge des Penis:
der Hase, der Stier, der Hengst[1].

Ebenso teilt Kama die Frauen ein
in Gazellen, Stuten und Elefantenkühe[2] —
je nach der Tiefe ihrer *yoni.*
Gazelle mit Hase, Stute mit Stier,
Elefantenkuh mit Hengst: das sind die passenden Partner.

Bei Paaren, deren Maße
nicht miteinander korrespondieren,
gibt es sechs Arten ungleicher Partnerschaft:
Elefantenkuh mit Hase oder Stier, Stute mit
Hase oder Hengst, Gazelle mit Stier oder Hengst.

Vereinigungen gleicher Partner sind die besten;
extreme Verbindungen (Elefantenkuh mit Hase,
Gazelle mit Hengst) befriedigen selten.
Bei den übrigen Paaren hängt der Erfolg weitgehend
vom Temperament und der Geschicklichkeit ab.

Es gibt drei geschlechtliche Temperamente:
feurig, mäßig und kühl.
Ein Mann von kühlem Naturell empfindet wenig
Verlangen, sein Samen ergießt sich langsam; er sucht
die Fingernägel und Zähne seiner Geliebten zu meiden.

Feurige Männer können ihre Wollust nicht unterdrücken,
während mäßige Männer sie beherrschen können.
Jeder männliche Typ hat sein weibliches Gegenstück,
so daß die Vereinigungen um neun mögliche
Verbindungen der Temperamente vermehrt werden.

Schließlich wird die Geschicklichkeit der Liebenden
dadurch bestimmt, wie weit er
oder sie die Freuden des Liebesspiels verlängern kann.
Liebende können erfahren, mittelmäßig oder ungeübt
sein — das ergibt neun weitere Arten der Vereinigung.

Trugschluß

Widersprüchlich sind die Meinungen über die Rolle,
die die Frau bei der Vereinigung spielt.
Auddalaki[3] sagt, daß Frauen sich nicht wie Männer
verströmen können, sondern beim Liebesspiel nur das
Glück genießen, ihrem Liebhaber Befriedigung zu schenken.
Gewandtheit im Küssen und Liebkosen, im Wechsel
der Stellungen, um das Liebesspiel zu verlängern,
erhöht ohne Frage den Genuß des Mannes;
aber Frauen brauchen ihn nicht,
da sie auf andere Weise genießen[4].

Kein Mann und keine Frau werden je wissen,
was der andere beim Liebesspiel empfindet;
kein Wort wird es je beschreiben können.
Aber die Lust des Mannes endet mit dem Orgasmus,
während die Lust der Frauen nie zu einem Ende gelangt.

Erwiderung

Warum ist dann unbestreitbar, daß Frauen
den Mann anbeten, der eine Stunde lieben kann,
während sie denjenigen verachten,
der nach zwei schnellen Stößen fertig ist?
Beweist das nicht, daß auch Frauen Orgasmen brauchen?

Trugschluß

Für eine Frau, sagen die Skeptiker,
wäre es unnatürlich,
das Liebesspiel intensiv zu genießen
und nicht zu wünschen, es fortzusetzen. Sie zitieren
sogar Auddalakis Verse in diesem Zusammenhang:

„Selbst beim erfahrenen Manne
ebbt die Lust allmählich ab;
doch keine Küsse, keine Liebesmühen
können das Verlangen einer Frau stillen,
das nur im seligen Bewußtsein seiner selbst sich stillt."

Babhravya fügt hinzu, daß im Gegensatz zum Mann,
dessen Samen sich am Ende der Vereinigung ergießt,
der Samen der Frau von Anfang an fließt
und jedes ihrer Glieder mit Freude erfüllt — so hat sie
nicht das Bedürfnis nach einem langen Liebesspiel.

Erwiderung

Hier verstellt sich Auddalaki.
Wenn sie von Anfang an ein solches Vergnügen empfindet,
warum ist sie dann zunächst so ruhig,
warum gibt ihr Körper erst allmählich der Leidenschaft
nach, die sie am Ende so heftig ergreift?

Könnte es sein, daß die Leidenschaft einer Frau
einer Töpferscheibe oder dem Kreisel eines Kindes gleicht,
der sich zunächst langsam dreht, dann immer schneller wird,
bis er schließlich in der rasenden Freude der Erlösung
seine feste Form verliert?

1, 2 Die Größenordnungen, die in den mittelalterlichen Texten angegeben werden, sind: Hase und Gazelle — sechs Fingerbreit; Stier und Stute — neun Fingerbreit; Hengst und Elefantenkuh — zwölf Fingerbreit. Es gibt keine Verbindung zwischen dieser Elefantenfrau und der *hastini* der mittelalterlichen Texte.

3 Siehe Glossar.

4 Diese recht bäurische Ansicht scheint auch im alten Rom verbreitet gewesen zu sein. In *De Rerum Natura* schreibt Lukrez: „Gewiß haben Frauen nicht das Bedürfnis, sich wollüstig zu bewegen. Eine Frau erschwert die Empfängnis, wenn sie zum Schein Widerstand leistet und Venus mit einem sich windenden Körper empfängt ... Diese Tricks werden von Prostituierten angewendet, damit sie nicht so oft schwanger werden und damit sie zugleich den Verkehr für den Mann reizvoller gestalten können. Aber unsere Ehefrauen haben offensichtlich keine Verwendung dafür."

Ein vollkommen aufeinander eingespieltes Liebespaar hat eine Stellung eingenommen, die sowohl Elemente des *Kaurma* als auch des *Yugmapada* aus dem *Ratirahasya* (siehe S. 66) enthält und die vielleicht ein Zwischenstadium bildet. Ein ausgewogenes Gleichgewicht und darin Ruhe zu finden war ein Hauptanliegen der tantrischen Sexualriten. Das Gemälde ist sorgfältig durchkomponiert und entspricht so in idealer Weise seinem Thema — der beherrschten Leidenschaft. *Udaipur, spätes 18. Jahrhundert*

Babhravya selbst hat geschrieben:
„Sein Orgasmus ist das Ende der Lust,
während ihre Glut kein Erlöschen kennt;
denn im Liebeskampf müssen beide spenden
und ihre Samen vermischen, bevor sie Ruhe findet."

Da Mann und Frau Menschen sind und beide
denselben Liebesakt vollziehen — warum in aller Welt
sollte ihre Lust sich unterscheiden?
So kommt Vatsyayana zu dem Schluß,
daß Frauen einen Orgasmus haben wie Männer.

Trugschluß

Aber Männer und Frauen sind nicht gleich!
Ein Mann ist für eine Frau das,
was ein Mühlstein für die Mühle ist:
Sie sind unterschiedlich gebaut, widersprüchlich
in ihrem Wesen und spielen verschiedene Rollen.

Es ist keineswegs lächerlich,
anzunehmen, daß Männer und Frauen
— obwohl sie sich in Körperbau
und Temperament voneinander unterscheiden —
ihre Lust auf unterschiedliche Weise erleben.

Erwiderung

Es ist selbst Vatsyayana klar,
daß Männer und Frauen unterschiedlich gestaltet sind;
er weiß auch, daß üblicherweise die Männer
beherrschen und die Frauen beherrscht werden — und
natürlich bestimmt das ihr Verhalten, wenn sie sich lieben.

Es hat immer in der Natur des Mannes gelegen
zu krähen: „Ich besitze sie",
während sie gurrt: „Ich gehöre ihm!"
aber wenn es um die Lust geht, kann man nicht sagen,
welche die des Mannes und die der Frau ist.

Wenn Widder in der Brunft mit den Köpfen
gegeneinanderrennen, wenn zwei hölzerne Kugeln
aneinanderprallen, wenn zwei Ringer sich
aufeinanderwerfen, empfinden beide den gleichen Stoß,
und so ist es, wenn ein Mann eine Frau beschläft.

Wende nicht ein, daß Widder Widder sind, Ringer Ringer,
aber Männer keine Frauen. Männer und Frauen haben
dieselben Nerven, dasselbe Blut, dieselben Muskeln,
Knochen, Sehnen, dieselbe Seele: unter der Haut
gibt es keinen Unterschied zwischen ihnen.

Lingam und *Schakti*[5] sind einander entsprechend gestaltet
wie könnte sonst ein neues Leben geboren werden?
Das Verlangen unterjocht Mann und Frau in *einer* Liebe,
einer leidenschaftlichen Vereinigung, um ein Kind
aus dem Zusammenprall der Lüste zu erzeugen.

Vatsyayana sagt, daß jede Frau
die Wonne des Orgasmus kennen sollte.
Jeder Mann sollte die Techniken der Liebe lernen — den
Kuß, die Liebkosung, *asanas*[6], Zähne- und Nägelspiele —
und die Lust der Geliebten vor seiner eigenen suchen.

Da keine zwei Liebenden sich je ganz entsprechen, was
Größe, Temperament und Geschicklichkeit betrifft, kann
es keine festen Regeln über den Vollzug der Liebe geben.
Nur die Erfahrung kann dich lehren, welche Techniken du
anzuwenden hast, um deine Geliebte glücklich zu machen.

Wer klug ist, weiß auch, daß körperliche Lust
nicht das einzige Ziel des Liebesspiels ist.
Es kann wie Musik sein, die die Gefühle erregt,
die Sinne schärft, Gedanken in Rhythmen löst,
bis nur noch der Rhythmus besteht.

Er fließt weiter, während die Herzen rascher schlagen,
die Glieder in einem Trommeltakt erbeben,
der schneller und immer schneller wird,
bis die Musik selbst verschwebt
in einem langen heiligen Ton des Schweigens.

Die Liebe hat viele Yogas: die Berührung
zweier Körper; das Aneinanderpressen der Unterleiber;
das Auseinandergehen bei einer Trennung;
das Beruhigen eines heftigen Atems;
das stille Sich-Lösen von Körper und Geist.

Menschen von Intelligenz und Einfühlung
wird genügen, was über dieses zarte Thema
gesagt worden ist[7]. Für diejenigen,
die weitere Aufklärung brauchen, werden die
Liebeskünste im folgenden detailliert beschrieben.

---

5 Der Penis und die Vulva. Die Symbole Schivas und Parvatis wurden in Form miteinander verbundener, aufrecht stehender Steine verehrt.

6 Stellungen. Der Ausdruck wird gleichermaßen in den Liebeslehren, dem Hatha-Yoga und dem Tanz verwendet, die alle von Schiva stammen.

7 Siehe Einführung, wo diese Sutras näher erläutert werden.

„Die Beruhigung des heftigen Atems". Erotische Szenen sind weit weniger in der Basohli-Kunst zu finden als beispielsweise in der der Radschasthan-Höfe, aber dieses Bild mit seinen erstaunlichen Formen und Farben verwendet in brillanter Weise die stilistischen Elemente der Basohli-Malerei. Die Stellung ist *Vyomapada* aus dem *Ananga Ranga,* aber der Künstler zeigt, wie der Mann die Finger benutzt, um den Atem der Frau zu regulieren, und das illustriert mit großer Wahrscheinlichkeit *Nadi Sodhana Pranayama* (die Nerven reinigende Atemregulierung), eine für tantrische Praktiken adaptierte Stellung. *Basohli, frühes 18. Jahrhundert*

UMARMUNGEN

Die alten Autoren über die Dinge der Liebe lehren,
daß ein erfahrener Liebhaber die vierundsechzig
Techniken sowie die vierundsechzig Künste
und Wissenschaften kennen sollte,
die in früheren Kapiteln beschrieben wurden.

Einige sagen, daß diese vierundsechzig Techniken
zuerst von Babhravya in zehn Kapiteln erörtert wurden,
die er in ehrfürchtiger Anlehnung
an die zehn *mandalas*[1] des *Rigveda*
mit ihren vierundsechzig Hymnen schrieb.

Babhravya beschreibt acht Techniken
zu jedem der acht folgenden Themen:
Umarmungen, Küsse, Nägelmale,
Liebesbisse, Stellungen,
Liebesrufe, Rollentausch und Mundkoitus.

Aber einige der Themen Babhravyas erfordern mehr
und einige weniger als acht Techniken.
Er spricht über Liebesschläge, Bewegungen des Beckens
und die Tempelstellungen[2],
doch nimmt er sie nicht in seine „Vierundsechzig" auf.

Die Bezeichnung „Vierundsechzig", sagt Vatsyayana,
ist zu verstehen wie der „Siebenblattbaum" oder der
„fünffarbige Reis"; wir verwenden diese Ausdrücke
und wissen, daß der Baum nicht wirklich sieben Blätter,
der Reis keine fünf Farben hat.

Die Umarmungen

Männer und Frauen, die nicht sehr gut miteinander
bekannt sind, können einander ihre Gefühle durch die
„Berührung" oder den „Stoß" zu erkennen geben.
Das „Streicheln" und das „Drücken" ist Liebenden
vorbehalten, die die Wünsche des anderen kennen.

Wenn sie sich dir nähert,
indem sie so tut, als kenne sie dich nicht,
und beim Vorübergehen mit ihrer Hand oder
ihrem Körper den deinen streift,
ist es die Umarmung, die die Berührung genannt wird.

Wenn eine Frau dich sieht und beim Näherkommen
ausruft, sie habe etwas fallen lassen, sich bückt,
um es aufzuheben, und dabei ihre harten Brüste
(die du verstohlen streichelst) gegen deinen Körper stößt,
ist es die als Stoß bezeichnete Umarmung.

Wenn ihr am Abend zusammen
über einen belebten Basar
oder eine leere Landstraße schlendert
und eure Körper sich dicht aneinanderschmiegen,
wird dieses sanfte Reiben als Streicheln bezeichnet.

Wenn du sie mit deinem ganzen Gewicht gegen einen
Pfeiler oder eine Mauer in einem Torweg drückst,
ihr dabei den Atem nimmst und jeder von euch mit der
Hand den Körper des anderen erforscht,
ist es die „drückende" Umarmung.

Babhravya gibt vier weitere Umarmungen
für erfahrenere Liebhaber an.
Die Liane und der Baum werden im Stehen vollzogen;
Sesam und Reis sowie Milch und Wasser
gehen oft unvermittelt in ein Liebesspiel über.

Wenn sie ihre Arme um deinen Hals legt,
wie eine Liane sich um einen *sal*-Baum[3] schlingt,
und ihr Gesicht hebt, um geküßt zu werden,
sich dann zurückneigt und ihr Atem
dein Gesicht streift, ist es die Liane.

Wenn sie sich mit den Füßen auf deine stellt
und an dir hochklettert, als wäre sie eine Weinrebe,
deine Hüften mit ihren Schenkeln umklammert, dich bei
den Schultern packt, leise stöhnt und zum Küssen
deinen Kopf herabzieht, ist es die Liane.

Wenn ihr, einander zugewandt, zusammenliegt,
Schenkel um Schenkel geschlungen, ihre Brüste sich an
dich schmiegen, die Hände neue Stellen zum Streicheln
suchen und eure Köpfe sich beim Küssen berühren,
vermischen sich in dieser Umarmung Sesam und Reis.

Wenn sie die Beine um deine Hüften schlingt
und ihren Unterleib so kräftig gegen deine Lenden preßt,
daß eure Körper, unempfänglich für jeden Schmerz,
sich beinahe zu durchdringen scheinen,
ist es die Umarmung von Milch und Wasser.

Das sind die vier Umarmungen Babhravyas.
Suvarnanabha gibt vier weitere an,
bei denen verschiedene Körperteile
erregt werden: die Umarmungen
der Schenkel, des Unterleibes, der Brüste und der Stirn.

---

1 Liederzyklen. Hinsichtlich des *Rigveda* siehe Glossar.

2 *Chitrarata* könnte als „Bilderstellungen" übersetzt werden, aber da diese Stellungen gewöhnlich an Tempelmauern abgebildet sind, z. B. in Khajuraho und Konarak, schien es mir zumindest möglich, daß darin impliziert liegt, wie sie ihre Bezeichnung erhielten.
Die ungewöhnlicheren und exotischeren Stellungen waren auch ein beliebter Gegenstand mittelalterlicher Maler und Palmblattgraveure, und es ist anzunehmen, daß dies auch zu Vatsyayanas Zeiten der Fall war.

3 *Shorea robusta*. Ein hoher, in Gruppen wachsender Baum, der für die Dschungel des nördlichen und zentralen Indien typisch ist. Das aromatische Harz, das aus dem Stamm sickert, ist ein Aphrodisiakum.

Die Liebenden umarmen sich in einer Stellung, die als eine Art umgekehrte Kletterpflanze bezeichnet werden könnte. Doch vor allem hat sich der Künstler bemüht, der Zärtlichkeit Ausdruck zu geben, die die Partner für einander empfinden. Das Gemälde weist den ätherischen, lyrischen Stil auf, der in den Bergstaaten des Pandschab und der Himalaya-Ausläufer entstand. Das Etikett *Pahari* (Berg-Schule) zeigt nur an, daß wir nicht mit Sicherheit wissen, an welchem Hof dieses recht späte Werk geschaffen wurde. *Pahari, 19. Jahrhundert*

Wenn ihr eng umschlungen zusammenliegt
und sie einen deiner Schenkel
mit ihren Schenkeln so fest umklammert,
daß ihre Muskeln vor Lust beben,
ist das die Schenkelumarmung.

Wenn sie ihre schönen Beine öffnet
und deine Lenden gegen ihren Venushügel drückt,
dich kratzt, beißt und — mit wirr ins Gesicht fallendem
Haar — Küsse von deinen Lippen saugt,
ist das die Schamumarmung.

Wenn sie sich auf dich legt
und deine Brust das volle Gewicht
ihres üppigen Busens trägt,
bevor er kreisend über deinen Körper streift,
wird das als Umarmung der Brüste bezeichnet.

Jede dieser Umarmungen kann auch vom Mann
eingeleitet werden. Wenn ihr euch mit den Stirnen
berührt, Auge in Auge, Nase an Nase,
Lippe an Lippe, und einer des anderen
Gesicht liebkost, ist es die Stirnumarmung.

Einige Lehrer zählen auch Massagen zu den Umarmungen,
da sie körperliches Wohlgefühl vermitteln; aber Vatsyayana
sagt, der Sinn der Massage sei nicht, Lust zu erwecken,
sondern die Müdigkeit zu vertreiben, daher können sie
nicht zu den Umarmungen gerechnet werden.

Selbst diejenigen, die nur von diesen Umarmungen
hören oder über sie sprechen, werden erfahren,
daß sich bei richtiger Beschreibung
Wollust in ihren Körpern regt.
Doch sie auszuüben ist von größerer Lust begleitet.

Es gibt noch viele weitere Liebestechniken,
die in diesen Texten nicht erwähnt sind.
Du solltest sie zusammen mit deiner Geliebten entdecken
und sie getrost anwenden, wenn ihr findet,
daß sie das Verlangen schärfen und die Lust erhöhen.

Die Texte über die Liebe sind nur von Nutzen,
wenn das Verlangen ruht; doch hat sich einmal das
Töpferrad zu drehen begonnen, könnt ihr das
Kama Sutra beiseite legen, meine Lieben, denn dann gilt
kein Gesetz, keine Regel, keine Wissenschaft mehr.

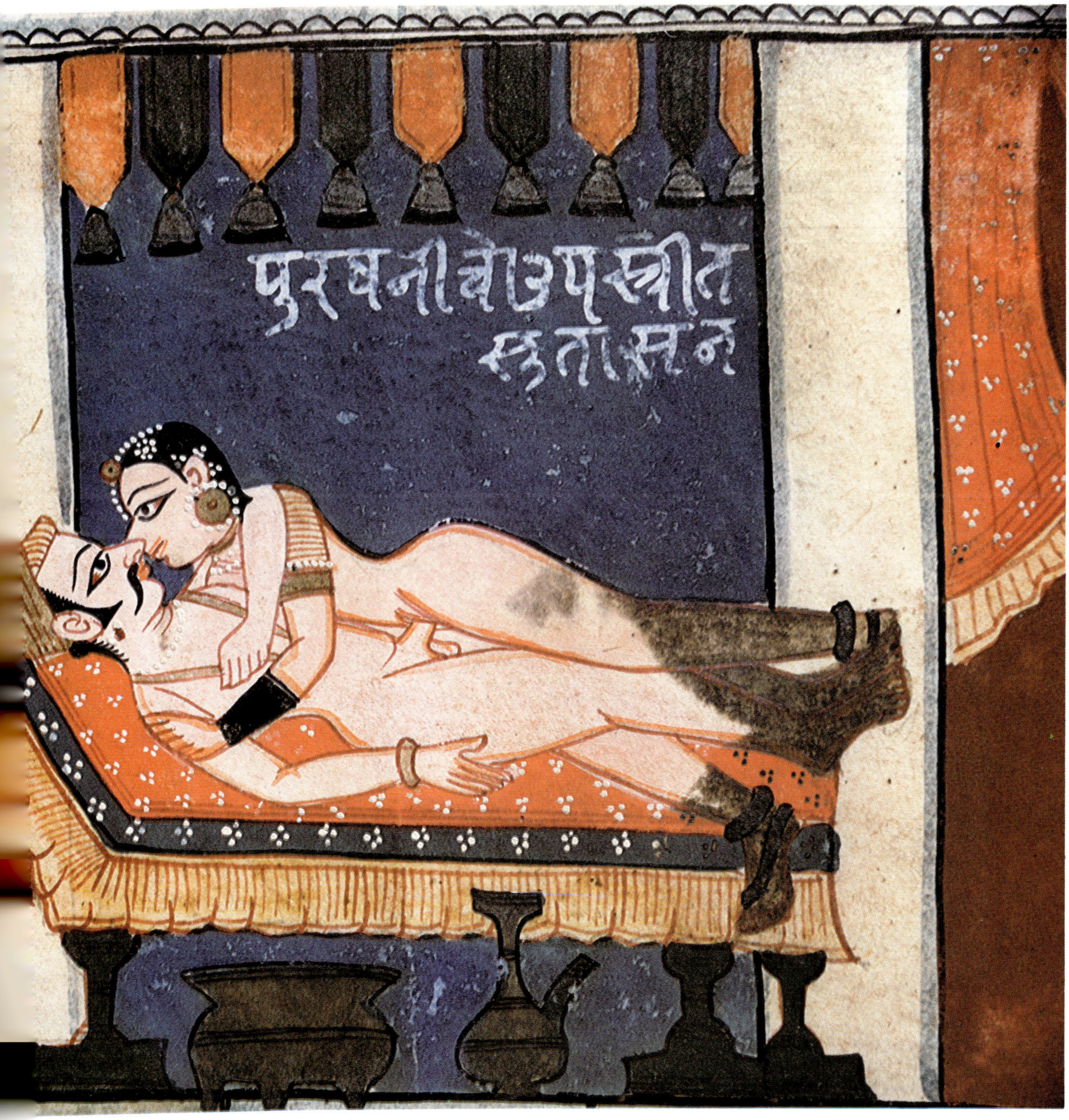

Eine enge und leidenschaftliche Umarmung, sagt Vatsyayana, kann unvermittelt in ein Liebesspiel übergehen. Diese Liebenden umschlingen einander in einer Stellung, die an jene erinnert, die im *Kama Sutra* Sesam und Reis genannt wird. Die Dienerin, eine Fackel in der Hand, schaut diskret weg. Es scheint den hochmütigen Radschputen-Aristokraten und ihren Damen nichts ausgemacht zu haben, sich vor den Augen ihrer Dienerschaft zu lieben. Diese Miniatur mit ihren kräftigen, erdhaften Farben war Teil einer Bilderreihe, die an einem der kleineren Höfe von Sirohi entstand.
Sirohi, 18. Jahrhundert

KÜSSE

Küsse, Nägelmale anbringen
und Liebesbisse sollten, wie manche sagen,
der Vereinigung vorangehen, während die
Liebesschläge und -schreie dazu dienen sollten,
den Orgasmus deiner Geliebten zu beschleunigen.

Doch Vatsyayana sagt, wenn die Leidenschaft einmal
geweckt ist, gibt es keine vom Protokoll vorgeschriebene
Zeiten. Tu, was dir gefällt, wann immer du magst,
da Kama keine Rücksicht auf Konventionen nimmt
und nicht reglementiert werden kann.

Wenn du zum ersten Mal mit einem Mädchen schläfst,
übertreib es nicht mit Küssen, Fingernägeln und Zähnen —
eines zur Zeit ist am besten. Aber wenn du ihr Vertrauen
gewonnen hast, wende alles an, was du in diesem Buch
gelernt hast, um ihre Lust zu wecken.

Die Küsse

Küsse sie auf die Stirn,
küsse ihre Locken, Augen, Wangen und Lippen,
ihren Hals und ihre Brüste
und schicke deine Zunge auf eine Pilgerfahrt
durch alle heiligen Plätze ihres süßen Mundes.

Ein Mann aus Lat[1] würde auch die Haare ihrer
Achselhöhle, ihren Nabel, ihre Schenkel und verborgenen
Lippen küssen. Die Männer seiner Region
lieben diesen Ausdruck wilder Leidenschaft,
der freilich nicht nach jedermanns Geschmack ist.

Drei Küsse sind besonders reizend,
wenn junge Mädchen sie dir schenken.
Es sind dies der Fast-überhaupt-kein-Kuß,
der zuckende Kuß
und der köstliche Zunge-an-Zunge-Kuß.

Der erste ist, wenn deine junge Braut,
inständig um einen Kuß gebeten,
es zögernd zuläßt, von dir umarmt zu werden,
und die Huldigungen deiner Lippen empfängt —
die ihren jedoch fest verschlossen hält.

Nachdem du ihr Vertrauen gewonnen hast, verwehrt sie
ihren Lippen vielleicht nicht mehr, sich zu öffnen.
Wenn du dann zart an ihrer Unterlippe nagst,
sie zucken fühlst, während Lust die Furcht besiegt,
hast du den zweiten Kuß gewonnen.

Eines Tages werden ihre Augen sich schließen;
du wirst spüren, wie sich ihre Hand auf deine Augen legt
und wie eine Zunge scheu zu erkunden beginnt,
ob sie gewagtere Dinge riskieren darf —
dieser dritte Kuß beendet ihre Lehrzeit.

Die Liebestexte kennen noch vier weitere Küsse.
Wenn Lippen sich frontal begegnen, ist es der „gerade“
Kuß, bei einer Begegnung im Winkel der „schräge“ Kuß.
Wenn du ihr Kinn hebst, ist es der „erhobene“ Kuß,
wenn du sie feurig küßt, der „gedrückte“ Kuß.

Einige Autoren nennen es „Weinpressen“,
wenn du sie am Kinn faßt,
ihren Mund zu einem „O“ zusammendrückst
und sie hungrig und heftig küßt — doch achte darauf,
sie nicht mit den Zähnen zu verletzen.

Kußspiele

Erkläre bei einer Wette denjenigen als Sieger,
der zuerst die Unterlippe des anderen
mit seinen Lippen festhalten kann.
Wenn sie verliert, sollte sie weinen und darauf bestehen,
es noch einmal zu probieren, da du gemogelt habest.

Wenn du es mit Recht verweigerst,
sollte sie dir in die Nase beißen und schmollen,
bis du dich ihren Forderungen gebeugt hast.
Und wenn du abermals gewinnst,
sollte sie sich noch unglücklicher gebärden als zuvor.

Wenn du nicht auf der Hut bist, sollte sie schnell
deine Lippe zwischen ihre Zähne nehmen,
lachend behaupten, einen großen Sieg
errungen zu haben, und dir drohen, dich zu beißen,
falls du versuchen solltest zu entkommen.

Sie muß ihren Sieg laut verkünden, dich verspotten
und mit ausgesuchten Schmähungen überhäufen, wobei sie
ihre schönen Augen rollt und drohend ihre Brauen hebt,
um dich dann stolz aufzufordern,
das Spiel noch einmal zu beginnen.

Du solltest weitere Kußspiele erfinden und Wettkämpfe,
bei denen Nägel und Zähne eingesetzt werden; doch immer
verhalte der Verlierer sich in der beschriebenen Art.
Solche Spiele schärfen das Verlangen
und verlängern die Wonnen der Liebe um Stunden.

---

1 Siehe Glossar.

Zwischen dem 13. nachchristlichen Jahrhundert, als die Bildhauer von Konarak Dutzende sich hingebungsvoll küssender Paare in die Mauern des Sonnentempels meißelten, und 1978, als Zeenat Aman die indischen Filmkritiker dadurch entsetzte, daß er Shashi Kapoor in *Satyam Shivam* leidenschaftlich auf den Mund küßte, scheint der Kuß aus dem öffentlichen Leben Indiens verschwunden gewesen zu sein. Der Mann auf diesem Gemälde mag sich vielleicht dazu verstehen, seine Partnerin beim Liebesspiel zu küssen, während er die *Paravrittaka*-Stellung (siehe S. 66) einnimmt — und wenn er es tut, dann wahrscheinlich auf die sanfte *Mridu*-Art. *Mewar, frühes 18. Jahrhundert?*

Wenn sie deine Oberlippe küßt, während du
an ihrer Unterlippe saugst, ist es der Obere Kuß.
Wenn du ihre beiden Lippen mit den deinen
zusammenpreßt, ist es der Klammerkuß. (Sie kann
diesen Kuß nur erwidern, wenn du glattrasiert bist.)

Wenn bei diesem Kuß die Zungen tätig sind, um Zähne
und Gaumen des anderen zu erforschen, und in einer
heftigen Begegnung aufeinanderstoßen, wird das als
Kampf der Zungen bezeichnet. Andere Kämpfe
können mit Lippen und Zähnen ausgefochten werden.

Bei vier Küssen sind Lippen, Zähne und Zunge
zusammen tätig. *Sama*[2] ist für den Busen, die
empfindlichen Knie- und Ellenbogenbeugen und die
Verbindung zwischen Schenkeln und Rumpf. Benage
diese Stellen zärtlich und kitzle sie mit deiner Zunge.

Pidita[3] ist für die Wangen,
die Brüste, den Bauch, die Hüften und Hinterbacken,
wo deine Zähne sich tief in ihr Fleisch senken,
ohne es zu verletzen,
während Lippen und Zunge die Haut massieren.

Anchita[4] ist ein Zungenkuß,
der die Kurven unter ihren Brüsten verfolgt,
ihren Nabel erkundet
und an den geheimen Plätzen des Lotos verweilt,
um Wollust zu erregen, ohne sie zu befriedigen.

Mridu[5] wird angewendet, um mit den Lippen das
Kribbeln auf ihrem Rücken, ihren Hüften, Brüsten,
Armen und dem Inneren ihrer Schenkel zu besänftigen,
nachdem deine Fingernägel darübergefahren sind und
kleine Körperhärchen zum Aufrichten gebracht haben.

Wenn sie dein schlafendes Gesicht betrachtet
und deinen Mund küßt,
um dich aufzuwecken und dein Verlangen zu erregen,
wird dieser lange, leidenschaftliche Kuß als *Ragadipa*
bezeichnet — das Entfachen-der-Liebe-zur-Flamme.

Wenn du sie nicht beachtest, weil du
Musik hörst, ein Bild malst, ein Gespräch führst
oder dich mit ihr gestritten hast, und sie dich
mit einem sehr liebevollen Kuß überrascht,
ist das *Chalita,* der Ablenkungskuß.

Wenn du nach Hause kommst und sie schlafend findest,
wecke sie zärtlich
mit *Pratibodha,* dem Kuß-der-wach-macht.
Sie selbst sollte auch dann so tun, als schlafe sie,
wenn sie deine Stimme an der Tür gehört hat.

Wenn du einer Dame deine Liebe erklären willst,
mit der du nicht zu sprechen wagst,
und ihr Abbild in einem See oder einem Spiegel
oder ihren Schatten auf einer Mauer küßt,
ist das *Chhaya-Chumbana,* der Schattenkuß.

Wenn du aus dem gleichen Grund ein Kind,
ein Blattporträt oder eine Marmorstatue so küßt,
daß deine Gefühle für die Dame, die dich beobachtet,
unmißverständlich sind,
ist es *Samkranta,* der Gleichnishafte Kuß.

Wenn deine Geliebte bei einer Theateraufführung
oder in einer Gesellschaft neben dir sitzt
und du zuerst deine Fingerspitzen küßt,
um mit ihnen dann ihre Finger oder Zehen zu berühren,
ist es der „Verstohlene Kuß".

Eine Masseuse pflegt ihr Verlangen dadurch zu zeigen,
daß sie den Kopf fallen läßt
und dich schnell auf die Hüfte oder die Zehen küßt,
um so bei den Anwesenden den Anschein zu erwecken,
sie sei aus Erschöpfung zusammengesunken.

Ein Mann, der die Küsse seiner Dame empfängt,
ohne sie zu erwidern, ist so begehrenswert
wie eine kalte Steinsäule. Um Leidenschaften
zu entzünden, muß jeder Kuß mit einem Kuß,
jede Liebkosung mit einer Liebkosung vergolten werden.

---

2 Gleichmäßig, flach.

3 Gedrückt.

4 Kurvend oder kreisend.

5 Sanft, zart.

Eine ungewöhnliche Art, das zu stehlen, was Vatsyayana den „erhobenen" Kuß nennt. Das Gemälde weist eine außerordentliche Ähnlichkeit mit einer Skulpturengruppe am Vischvanath-Tempel in Khajuraho auf, bei der die langen, blattförmigen Augen der Liebenden in Erwartung der Begegnung ihrer Lippen geschlossen zu sein scheinen. Vielleicht hatte der Maler den Tempel auf einer Reise nach Khajuraho gesehen. *Mewar, spätes 18. Jahrhundert*

NÄGELMALE UND LIEBESBISSE

Wenn die Leidenschaft einmal geweckt ist,
sollten Liebende ihre Nägel ins Spiel bringen.
Die Wirkung ist elektrisierend: Unter den Nägeln
seiner Dame fühlt selbst der scheueste Mann
ein unwiderstehliches Verlangen.

Das Nägelspiel ist besonders erregend,
wenn Liebende zum ersten Mal miteinander schlafen;
in den Nächten vor und nach einer langen Trennung;
nach einem heftigen Streit
und wenn sie etwas zuviel getrunken hat.

Gute Nägel sind lang und wohlgeformt,
ebenmäßig, sauber, seidig schimmernd,
nicht gebrochen oder rissig,
die wenigen hellen Pünktchen unter ihrer Oberfläche
gesund und rosig wie das Nagelbett.

Leidenschaftliche Männer und Frauen lassen die Nägel
ihrer linken Hand wachsen, bis sie lang und scharf sind.
Einige feilen sie zu zwei oder drei Spitzen,
wie ein Sägeblatt, andere feilen sie zu Halbmonden
und Papageienschnäbeln.

Die Texte über die Liebe sagen, daß du nur die
Achselhöhlen, die Brüste, den Hals, das Gesäß und die
Schamgegend deiner Geliebten mit den Nägeln zeichnen
solltest. Aber wie Suvarnanabha bemerkt, denkt in der
Hitze des Liebeskampfes niemand mehr an solche Dinge.

Die Nägelmale

Acht Techniken sollten beherrscht werden:
das Zerreißen von Seide, der Halbmond,
der Kreis, die Furche und die Tigerkralle,
der Pfauenfuß,
der Hasensprung und das Blaue Lotosblatt.

Ziehe deine scharfen Fingernägel so leicht
über ihre Wangen, ihre Brüste und ihre Unterlippe,
daß keine Spur davon zu sehen ist; aber bei der
Berührung richten sich ihre Körperhärchen auf,
und du hörst ein Geräusch, als ob Seide zerreißt.

Streichle sie auf diese verführerische Weise,
wenn sie dich bittet, ihren Körper oder ihre Kopfhaut
zu massieren, ihren Rücken zu kratzen
oder ein häßliches Pickelchen zu beseitigen, und wenn du
den Wunsch hast, sie hilflos vor Verlangen zu machen.

Der Halbmond wird mit einem Fingernagel
auf den Hals und die Brüste gezeichnet.
Ein Paar von Halbmonden (wie diese Klammerzeichen),
tief in den Bauch, die Hüften, das Gesäß
und die Schamgegend geritzt, bildet den Kreis.

Die Furche ist ein schmaler roter Streifen,
der mit scharfem Nagel fast überall auf dem Körper
durch die Haut gezogen wird.
Als geschwungene Kurve ist die Furche
eine Tigerkralle, die Busen oder Hals ziert.

Wenn ihre Brustwarze von fünf scharfen Fingernägeln
zusammengedrückt wird, die zarte rote Streifen
wie Sonnenstrahlen auf der Haut hinterlassen,
ist es der berühmte Pfauenfuß — schwer zu
bewerkstelligen und von Frauen hoch gepriesen.

Wenn sie dich schamlos bittet,
den Pfauenfuß auf ihre Brust zu setzen, und du mit
fünf Fingernägeln zunächst die eine, dann die andere
Brust mit diesem Mal versiehst,
ist es der meisterhafte Hasensprung.

Das Blaue Lotosblatt
wird auf den Brüsten und den Hüften angebracht
und ist geformt, wie sein Name sagt.
Dieses Mal ist ein Kompliment von gleichem Wert
wie die Juwelen, die man einer Dame schenkt.

Es ist höchst unritterlich,
eine lange Reise anzutreten,
ohne die Brüste und Hüften deines Weibes
nicht wenigstens mit drei oder vier Malen zu versehen —
kleine Linien als Unterpfand deiner Liebe.

Liebende sollten ständig neue Male ersinnen.
Sie können wie Vögel, Blumen, Wasserkrüge,
Blätter oder Kletterpflanzen geformt sein —
aber es gibt viel zu viele Möglichkeiten,
um alle hier aufzuführen.

So ist es, wie die Weisen sagen, reine Zeitvergeudung,
die unendliche Vielzahl möglicher Formen und Techniken
(ganz zu schweigen von den bizarren Malen,
die feurige Liebhaber aus dem Stegreif erfinden)
in einem Katalog zusammenzufassen.

Auf diesem leuchtenden, stark stilisierten Gemälde liebt sich ein königliches Paar in der *Indranika*-Stellung (siehe S. 58) — benannt nach Indrani, der Gattin des Gottes Indra. Auf der Wange des Mannes befindet sich ein deutlich sichtbares Mal, vielleicht ein von ihren Fingernägeln gezeichneter Halbmond oder die Spuren des „schwellenden" Bisses, der oft auf die linke Wange gesetzt wurde. Das durchsichtige *jama* des Prinzen ist mit besonderer Sorgfalt behandelt. Vergleiche das Gesicht und den Schmuck der Dame mit denen des Mädchens auf Seite 35. *Dschaipur, spätes 18. Jahrhundert*

Aber Vatsyayana möchte darauf hinweisen,
wie wichtig die Abwechslung im Liebesspiel ist.
Jeder Tor weiß, daß Abwechslung die Würze des Lebens
ist, aber anscheinend wissen nur erfolgreiche Kurtisanen,
daß sie auch das A und O der Liebe ist.

Beherzige zum Schluß den Rat, nie die Frau
eines anderen Mannes durch Nägelmale zu versehren.
Begnüge dich mit verborgenen Halbmonden —
dort, wo nur sie diese Erinnerungen
an eure heimlichen Liebesstunden finden kann.

Liebesbisse

Jeder Teil ihres Körpers, den du gerne küßt
— bis auf die Oberlippe, die Zunge und die Augen —,
sind für Liebsbisse geeignet.
Selbst die Stellen, die die Latas zu küssen pflegen,
bieten ein Ziel für die Zähne eines erfahrenen Mannes.

Gute Zähne sind sauber, blank, ebenmäßig,
scharf, wohlgeformt und leicht durch *paan*[1] verfärbt.
Schartige, stumpfe, rauhe, ungleiche, schmutzige,
über- und vorstehende Zähne
bleiben am besten verborgen; sie beleidigen die Geliebte.

Acht berühmte Liebesbisse können angewendet werden:
der „heimliche" und der „schwellende" Biß,
der Punkt und die Punktreihe,
die Koralle und die Korallenkette,
die Sturmwolke und der Eberbiß.

Wenn du ihre Unterlippe beißt, sie rötest,
ohne sie zu verletzen, ist es der „heimliche" Biß.
Wenn du beißt, bis ihre Lippe wund wird (die Schwellung
kommt erst später), ist es der „schwellende" Biß,
der oft die linke Wange ziert.

Wenn du ihre Haut nur mit zwei Zähnen beißt,
so daß das Mal nicht größer als ein Sesamsamen ist,
hast du einen Punkt gemacht; eine Punktreihe
sieht wunderschön aus auf der weichen Haut
des Halses, des Busens und des Schenkelinneren.

Die unterbrochene rote Kurve der Koralle
entsteht durch einen Biß der oberen Schneidezähne.
Wenn man bei den Brüsten oder Schenkeln beginnt,
kann man eine Korallenkette anfertigen,
die sich in Schleifen um ihren Körper windet.

Die Sturmwolke ist ein Kreis von einzelnen Malen,
die sanft auf den Busen gedrückt werden.
Ein Kreis von tiefen, in der Mitte
violett gefärbten Malen ist der Eberbiß,
den freilich nur leidenschaftliche Frauen genießen.

Nägel- und Zahnmale über den *bhurdscha*-Blättern[2]
oder den blauen Lotosblüten,
die Mädchen hinter dem Ohr tragen,
gelten als verliebte Einladungen und sollten
so sorgfältig komponiert werden wie Liebesbriefe.

Wenn ein Mann die Klagen seiner Geliebten überhört,
daß seine Nägel und Zähne ihr Schmerz bereiten,
sollte sie gleiches mit gleichem vergelten,
die Tigerkralle durch eine Furche erwidern,
die Sturmwolke mit einem Eberbiß vertreiben.

Wenn eine Frau erregt ist, sollte sie ihren Liebhaber
an den Haaren packen, seine Lippe
wie den Rand einer Schale mit den Zähnen ergreifen
und trinken, bis die Wollust sie trunken macht, um dann
seinen Körper an hundert Stellen mit Bissen zu zeichnen.

Wenn er am nächsten Morgen seinen Freunden
stolz die wunden Stellen zeigt, die ihre Nägel und Zähne
auf seiner Haut hinterlassen haben,
sollte sie ihn mit unbewegtem Gesicht ansehen und
erst zu lachen anfangen, wenn sie sich abgewendet hat.

Als Erwiderung kann sie ihn ausschelten
und auf ihre eigenen wunden Stellen weisen.
Wenn Liebende sich auf solche Weise necken
und einander Gutes tun,
wird ihre Liebe auch nach hundert Jahren nicht welken.

---

1 Siehe S. 28, Anm. 3

2 Birkenblätter. Siehe S. 24, Anm. 5.

Im alten Indien war es für einen Mann so ungewöhnlich, die Rolle des Unterlegenen anzunehmen, daß die *puruschayita*-Stellungen, bei denen die Frau oben liegt — und die von Vatsyayana im Kapitel über den Rollentausch erläutert werden —, als äußerst kühn galten und entsprechend selten eingenommen wurden. Die Falten, die sich an beiden Seiten der Nase zum Kinn der Frau ziehen, sind scharf gezeichnet — ein Merkmal, das gelegentlich, in weniger ausgeprägter Form, auf Guler-Bildern erscheint. *Pahari, Sikh-Schule, 19. Jahrhundert*

LIEBESSTELLUNGEN

Wenn deine Geliebte kleiner ausgestattet ist als du,
wählt Liebesstellungen,
die weit ihre Schenkel spreizen.
Wenn sie etwas zu geräumig ist,
nehmt solche ein, die ihre *yoni* eng zusammenpressen.

Wenn du im Vergleich zu ihr zwergenhaft ausgerüstet
bist, befriedige sie mit einem Phallus aus Gold oder Silber.
Aber wenn ihr als Paar gut zusammenpaßt,
könnt ihr jede Stellung genießen, die in diesem
herrlichen Yoga der beiden Körper zu finden ist.

Stellungen im Liegen

Utphullaka-Gruppe: Kama Sutra

Die Gazellenfrau findet die höchste Lust
in den geöffneten Stellungen der *Utphullaka*-Gruppe:
Utphallaka (Die Erblühende Blume),
Vidschrimbhitaka (Die Weit-Gähnende)
und *Indranika,* die Stellung der Göttin Indrani.

Bei *Utphallaka* benutzt sie ein Kissen,
um die Hüften hochzulagern,
und spreizt die Schenkel so weit sie kann.
Dring sanft in sie ein, damit du sie nicht verletzt
und dir nicht selber Schmerz bereitest.

Bei *Vidschrimbhitaka* sind ihre Schenkel gespreizt
und ihre Beine hochgestreckt,
während ihre Hüften fest auf dem Bett liegen.
So wird ihre *yoni* erweitert, doch zugleich gesenkt;
deshalb dringe vorsichtig in sie ein.

Indrani zieht beide Knie hoch,
bis sie sich an die Rundungen ihrer Brüste schmiegen;
ihre Füße suchen die Achselhöhlen des Geliebten.
Junge Mädchen lieben diese Stellung, doch bedarf es
langer Übung, um zu einer Göttin zu werden.

Utphullaka-Gruppe: Mittelalterliche Texte[1]

Sie umfaßt und hebt ihr Gesäß mit beiden Händen,
spreizt weit ihre Schenkel
und legt ihre Fersen an ihre Hüften,
während du ihre Brüste streichelst:
Das ist *Utphallaka* (Die Erblühende Blume).

(Ratirahasya)

Während du die Fußknöchel
der rundhüftigen Frau ergreifst, deren Gesäßbacken
wie zwei reife Kürbisse sind,
hebe ihre schönen Schenkel
und spreize sie weit.
Nähere dich ihr, steif wie eine Fahnenstange,
voller Verlangen, süße Worte flüsternd,
und dringe in sie ein, durchbohre ihren Lotos
und verschlinge deine mit ihren Gliedern:
Kenner nennen es *Madandhvaja* (Das Banner Amors).

(Panchasayaka)

Heb ihre beiden Füße hoch
und drücke sie auf ihre Brüste,
so daß ihre Beine einen Kreis bilden.
Umklammere ihren Hals und liebe sie:
Das ist *Ratisundara* (Aphrodites Wonne).

(Smaradipika)

Heb die Füße der Dame, bis ihre Sohlen
vollkommen gerade
an jeder Seite ihres schlanken Halses ruhen;
umfasse ihre Brüste und vereinige dich mit ihr:
Die Technik wird *Uthkanta* (Hals-hoch) genannt.

(Ratimanjari)

Dein schönes Weib umfaßt, auf dem Bett liegend,
ihre beiden Füße und zieht sie hoch,
bis sie ihr Haar berühren;
du nimmst ihre Brüste und vollziehst den Koitus:
Das ist *Vyomapada* (Himmelsfuß).

(Ananga Ranga)

Während dein Weib, auf dem Bett liegend,
ihre Knie umklammert und die Beine streckt,
um die Füße zu heben,
drückst du ihre Brüste zusammen:
Das ist *Vyomapada* (Himmelsfuß).

(Panchasayaka)

Die rundhüftige Frau auf dem Bett
umfaßt ihre Fesseln und streckt ihre Lotosfüße hoch;
du bearbeitest ihren Körper mit Hieben, küßt sie
und schlägst mit der offenen Hand zwischen ihre Brüste:
Das ist *Markata* (Der Affe).

(Srngararasaprabandhadipika)

Sie liegt flach auf dem Rücken;
du sitzt zwischen ihren Knien, hebst sie,
legst ihre Füße um deine Hüften,
umfaßt ihre Brüste und vereinigst dich mit ihr:
Das ist *Manmathpriya* (Amors Freude).

(Smaradipika)

Setz dich zwischen die Schenkel deines Weibes,
leg deine Hände auf das Bett neben ihren Hüften
und laß dein Becken beim Koitus langsam kreisen:
Das ist *Smaratschakra* (Das Liebesrad),
eine Stellung, die feurige Frauen besonders lieben.

(Ananga Ranga)

1 Hinsichtlich der verschiedenen mittelalterlichen Texte, die in diesem Kapitel zitiert werden, siehe Glossar.

Ein Prinz oder ein Adliger des Kotah-Hofes liebt seine Gattin in der *Manmathpriya*-Stellung. Wenn sie ihre Füße auf seine Schultern legen würde, ginge diese Stellung über in *Dschrimbhitaka*, aus dem sich eine weitere Folge von Positionen ergeben könnte. Das aufgelöste Haar der Dame — ein Zeichen der Leidenschaft — ist mit penibler Sorgfalt gestaltet. Gelegentlich wurde eine einzelne Borste des Pinsels benutzt, um derartige Details zu malen. Man beachte die wohlgefüllte *paan*-Dose neben dem Bett. *Kotah, um 1760*

Sie liegt mit ausgestreckten Armen und Beinen,
wie ein Seestern, auf dem Liebesbett;
du legst dich mit deinem ganzen Gewicht auf ihren
Körper und drückst ihre beiden Brüste zusammen:
Das ist *Ratimarga* (Die Straße der Liebe).
(Srngararasaprabandhadipika)

Samputa-Gruppe: Kama Sutra
Wenn dein Penis zu klein für eine Frau ist, sollte die
Samputa-Gruppe der Stellungen angewendet werden:
Samputa (das Schmuckkästchen),
Pidita (das Drücken), *Veschtita* (das Umschlingen)
und *Vadavaka* (die Stutenbegattung).

Bei *Samputa* liegen deine Beine neben ihren
und berühren sie von den Zehen bis zu den Schenkeln.
Deine Geliebte kann unter dir liegen,
aber ihr könnt auch beide auf der Seite liegen,
wobei du freilich stets auf der linken liegen solltest.

Bei *Pidita* sind die Schenkel der Liebenden ineinander
verschlungen und drücken einander rhythmisch.
Bei *Veschtita* kreuzt sie ihre Schenkel
oder dreht einen nach innen,
so daß der Griff ihrer *yoni* sich beträchtlich verstärkt.

Wenn deine Geliebte dich wie ein Stute,
die begierig einen Hengst empfängt,
mit der Vagina umschließt und deinen Penis melkt,
ist das *Vadavaka,* die Stutenbegattung,
die nur nach langer Übung zur Vollkommenheit gelangt.

Bei dieser Stellung sollte eine Frau darauf verzichten,
ihren Liebhaber zu küssen oder zu streicheln,
und nur den Griff fest schließen.
Kurtisanen sind geübt in *Vadavaka,*
auch ist es eine Spezialität der Damen aus Andhra.

Samputa-Gruppe: Mittelalterliche Texte
Wenn Liebende, den Wünschen ihres Herzens folgend,
miteinander schlafen, die Beine gerade ausgestreckt,
und ein Fuß den anderen streichelnd berührt, nennen das
die Gelehrten des Tantra *Samapada* (Gleiche Füße) und
stimmen darin überein, daß es ein Weg zur Seligkeit sei.
(Ratikallolini)

Bei der Liebe liegt sie steif wie eine Stange
in der Mitte des Betts,
gurrend und trällernd wie eine Ringeltaube —
ihre Klitoris ein polierter Edelstein:
Das ist *Mausala* (der Stößel).
(Srngararasaprabandhadipika)

Wenn sie auf dem Rücken liegt,
die Schenkel fest zusammengepreßt,
und du sie besteigst, während deine Schenkel
die ihren von außen umklammern,
ist das *Gramya* (der Bauer).
(Ratirahasya)

Wenn sie mit ihren Schenkeln deine ergreift und in die
Klammer nimmt, während du sie so fest packst,
daß sie vor Schmerz aufschreit,
ist es *Ratipascha* (die Liebesschlinge) —
eine Stellung, die die Damen entzückt.
(Smaradipika)

Ihre Glieder, verschlungen mit deinen
wie die Kletterranken des duftenden Jasmins,
ziehen sich zusammen und entspannen sich langsam
im sanften Rhythmus von *lingam* und *yoni:*
Das ist *Lataveschta* (die Kletterpflanze).
(Ratimanjari/Ananga Ranga)

Sie zieht die Glieder zusammen,
drückt die Knie fest an die Brüste
und bietet ihre *yoni,* wie eine sich öffnende Knospe,
deiner Lust dar:
Das nennen die Kundigen *Mukula* (die Knospe).
(Srngararasaprabandhadipika)

Wenn sie die Knie hochzieht
und du mit deinen Knien ihre angehobenen Hüften
in einem festen Knoten umklammerst,
während du auf ihren Hinterbacken reitest
und ihren Mund küßt, ist es *Schankha* (die Muschel).
(Srngararasaprabandhadipika)

Bhugnaka-Gruppe: Kama Sutra
Suvarnanabha hat eine Reihe von Stellungen
aus *Bhugnaka* (Aufrichten) abgeleitet,
bei der die Dame, auf dem Rücken liegend,
beide Schenkel anhebt
und sie leicht zusammenpreßt.

Wenn sie ihre erhobenen Schenkel übereinanderlegt,
wechselt die Stellung zu *Piditaka* (das Drücken).
Wenn sie hingegen ihre Füße
auf deine Schultern legt,
wird daraus *Jrimbhitaka* (das Gähnen).

Wenn sie beide Füße gegen deine Brust stemmt
und du ihre Knie auf ihre Brüste drückst,
ist es *Utpiditaka* (das Hohe Drücken).
Wenn sie hingegen jetzt ein Bein ausstreckt,
ist es *Ardhapiditaka* (das Halbe Drücken).

Wenn sie bei *Jrimbhitaka* einen Fuß löst
und langsam ein Bein ganz ausstreckt,
es wieder anzieht und das andere Bein
so weit wie möglich auf dem Bett ausstreckt,
ist es *Venudaritaka* (das Spalten des Bambus).

Wenn sie den rechten Fuß auf deinen Kopf legt,
das linke Bein ausstreckt, dann den linken Fuß hebt
und das rechte Bein streckt,
wird das *Schulachita* (der Bratenspieß) genannt:
Sie ist der Spieß, und du bist der Braten.

Lataveschta, die Kletterpflanze, die in zwei mittelalterlichen Texten erwähnt wird, ist eine Fortsetzung der *Pidita-Veschtita*-Sequenz, die im *Kama Sutra* beschrieben wird. Obgleich das Gemälde einige Kaschmiri-Merkmale aufweist, ist es wahrscheinlich ein Produkt der Basare von Delhi. Derartige Bilder wurden noch gemalt, als Burton und Arbuthnot sich mit ihren indischen Gelehrten zusammensetzten, um Vatsyayanas Text zu übersetzen. *Delhi, Basar-Stil, 19. Jahrhundert*

Bhugnaka-Gruppe: Mittelalterliche Texte

Wenn du ihre Füße in die Höhe hebst,
zwischen ihren geöffneten Schenkeln kniest,
in sie eindringst und kräftig
ihre beiden Brüste steichelst und knetest,
ist es *Ardhasamputa* (das Halbe Schatzkästchen).
(Ratimanjari)

Wenn deine geschickte Dame ihre Unterschenkel kreuzt
und beide Fersen auf eine deiner Schultern legt,
wobei ihre Hinterbacken feurig
von deinem schnell stoßenden Penis bearbeitet werden,
ist es *Nagara* (die Städtische Art).
(Panchasayaka)

Wenn die reizende Frau, auf dem Rücken liegend,
ihre Füße auf deine Schultern legt
und sie im Rhythmus deines schnellen Stoßens
von links nach rechts, von rechts nach links kreuzt,
ist es *Vanschadaraka* (die Bambusstäbe).
(Smaradipika)

Wenn sie auf dem Rücken liegt,
die Beine um deine Hüften geschlungen,
und du vor ihr sitzt, um sie zu begatten,
ist es *Nagara* (die Städtische Art) —
eine Lieblingsstellung der *chitrini*[2].
(Ananga Ranga)

Wenn du die beiden Füße
der Lotosäugigen in deinen Schoß legst
und sie beschläfst,
während du ihren Nacken umfaßt,
ist es *Ratilila* (Aphrodites Spiel).
(Ratikallolini)

Drücke ihre zusammengelegten Füße
fest gegen dein Herz, während deine andere Hand
die Täler und Gipfel
der Landschaft ihres Busens durchstreift —
das ist *Prijatoschana* (die Wonne der Liebenden).
(Smaradipika)

Wenn sie sich jetzt wiegend vor- und zurückbewegt,
die Füße gegen deine Brust gestemmt,
und mit ihren Händen deine Hände ergreift,
während du kräftig auf ihre *yoni* schlägst,
ist es *Prenkha* (die Schaukel).
(Ratirahasya/Ratimanjari)

Wenn sie, auf dem Rücken liegend,
einen Fuß auf deine Schulter legt
und du ihren anderen Fuß fest in eine Hand nimmst,
während deine freie Hand ihre Brüste streichelt,
ist es *Ekapada* (Ein Fuß).
(Smaradipika)

Während sie das linke Bein ausstreckt,
hebt sie das rechte Bein und zieht es zurück,
bis ihre Zehen das Polster hinter ihrem Kopf berühren.
Besteige sie, ohne dich mit deinem vollen Gewicht
auf sie zu legen: Das ist *Traivikrama* (der Schritt).
(Ananga Ranga)

Wenn ihr nebeneinander im Bett liegt,
drücke einen ihrer Füße gegen dein Herz,
während ihr anderes Bein ausgestreckt bleibt:
Das ist *Vinasana* (die Laute),
eine von erfahrenen Frauen geschätzte Stellung.
(Ananga Ranga)

Seite an Seite liegend, liebkost ein Körper
den anderen von den Lippen bis zu den Zehen.
Lege einen Fuß auf das Herz
der schönäugigen Frau und durchbohre ihre *yoni:*
Das ist *Ratibana* (der Liebespfeil).
(Ratikallolini)

Karkata-Yoga-Gruppe: Kama Sutra

Wenn deine Geliebte wie eine Krabbe,
die die Beine über dem Bauch kreuzt,
ihre Füße auf deinen Nabel legt,
die Sohlen fest zusammengepreßt,
wird die Stellung *Karkata* (die Krabbe) genannt.

Karkata-Yoga-Gruppe: Mittelalterliche Texte

Wenn sie auf dem Rücken liegt,
die Glieder ausgestreckt wie eine Krabbe,
und dich mit Armen und Beinen umschlingt,
um deinen Körper unter sanftem Druck an sich zu ziehen,
wird das als *Karkata* (die Krabbe) bezeichnet.

Ergreife jetzt ihre Handgelenke und öffne ihre Glieder,
während deine Zunge ihre Brustwarzen
und die Stelle zwischen den Schenkeln liebkost;
umarme sie und drücke ihren Busen
gegen deine Brust: Das ist *Ghattita* (das Liebkosen).
(Srngararasaprabandhadipika)

Wenn sie auf dem Rücken liegt
und du deine Knie
über deine Arme legst,
um die Geliebte kräftig zu bearbeiten,
ist es *Nagapascha* (der Kobraknoten).
(Smaradipika)

Wenn deine Geliebte ihre Arme
unter die geöffneten Schenkel legt
und ihre Finger hinter deinem Hals verschränkt,
um deinen Kopf zum Kuß zu sich herabzuziehen,
ist es *Phanabhritpascha* (der Knoten der Kapuzenfrau).
(Ratiratnapradipika)

---

2 Siehe S. 36.

Eine Inschrift auf dieser reich mit Ornamenten versehenen Miniatur weist darauf hin, daß die Liebenden die *Mudita*-Stellung eingenommen haben, die großen Genuß verspricht. Die Stellung kann übergehen in *Schulachita* oder *Jrimbhitaka.* Wenn die Dame ihre Beine nacheinander an sich zieht und wieder ausstreckt, wird daraus die berühmteste Stellung des *Kama Sutra — Venudaritaka,* das Spalten des Bambus. *Dschaipur, Mitte des 19. Jahrhunderts*

Deine Lippen auf ihren Lippen,
deine Arme in ihren Armen,
deine Schenkel an ihren Schenkeln,
deine Brust fest auf ihren Brüsten:
Das ist *Kanakakchaya* (der Zerstörer des Wohlstands).
(Smaradipika)

Jeder von euch, Arme und Beine ausgestreckt,
in der Stellung des *kaurmasana*[3],
sie unten, du oben, Lippen,
Arme und Schenkel vereint, die Hände verschränkt:
Das ist *Kaurma* (die Schildkröte).
(Ratiratnapradipika)

Sie liegt auf dem Rücken, die Füße
oben auf den Schenkeln gekreuzt; streiche mit der Hand
über ihren Körper, dringe plötzlich in sie ein
und erfreue sie mit harten Schlägen:
Das ist *Padmasana* (die Lotosstellung).
(Ratimanjari)

Wenn Liebende in der Mitte des Bettes
auf dem Rücken liegen,
die schönen Glieder im Blumenjoch
(jeder die Füße nach Lotosart gekreuzt),
wird das als *Vrikscha* (der Baum) bezeichnet.
(Srngararasaprapandhadipika)

Auf dem Rücken liegend, hebt sie die Beine,
um ihre beiden großen Zehen zu ergreifen
und festzuhalten,
während du zwischen ihren geöffneten Schenkeln sitzt,
sie umarmst und begattest.

Das ist das berühmte *Sanyama*
(das Beherrschte),
sehr im *Kama Sutra* von Mallanaga Vatsyayana
und anderen empfohlen,
die Kenner in der Kunst der Liebe waren.
(Ratiratnapradipika)

Auf dem Rücken liegend, legt deine Geliebte
beide Knie an ihre Schläfen,
wobei die Füße auf dem Bett ruhen,
und spreizt das stolze Dreieck ihrer *yoni:*
Das ist *Schulanka* (Schivas Dreizack).
(Ratiratnapradipika)

Stellungen im Sitzen

Padmasana-Gruppe: Kama Sutra
Wenn der linke Fuß
oben auf den rechten Schenkel
und der rechte Fuß
oben auf den linken Schenkel gelegt wird, heißt diese
Liebesstellung *Padmasana* (die Lotosstellung)[4].

Padmasana-Gruppe: Mittelalterliche Texte
Wenn dein Weib den linken Fuß
auf ihren rechten Schenkel legt
und umgekehrt, um sodann ihre gekreuzten Beine
an den Bauch zu drücken,
ist es *Padmasana* (die Lotosstellung).

Aber wenn nur ein Fuß
in dieser Weise
auf dem anderen Schenkel ruht,
während ein Bein ausgestreckt bleibt,
ist es *Ardhapadmasana* (der Halbe Lotos)
(Ananga Ranga)

Wenn du aufrecht in der Lotosstellung sitzt und mit
den Händen deine Füße ergreifst, während deine Geliebte
ihre Füße auf deine Schenkel legt und ihre Brüste
sich beim Koitus gegen deine Brust drängen,
ist es *Matsya* (der Fisch).

Wenn sie dann, ohne daß du ihr *yoni* verläßt,
einen Fuß auf das Bett stellt
und sich langsam umdreht,
so daß sie dir den Rücken zukehrt,
ist es *Dschvalamukhi* (die Errötende).
(Srngararasaprabandhadipika)

Wenn sie, aufrecht auf dem Bett sitzend,
die Füße im Gebet vor ihrem Nabel kreuzt
und sich lieben läßt, während deine starken Schenkel
ihre Hüfte umklammern,
ist es *Kauliraka* (Kauli-Tantra-Yoga)[5].

Und wenn du in dieser Stellung deine Füße
gegen das Bett stemmst und deine junge Braut
sanft wiegend vor- und zurückbeugst,
ist es *Prenkhi* (die Schaukel) — eine Art, durch das
Liebesspiel zu vollkommenem Frieden zu gelangen.
(Ratiratnapradipika)

---

3 Eine Yogastellung, die ihren Namen der Ähnlichkeit mit einer Schildkröte verdankt, die Kopf und Glieder eingezogen hat. Sie ist auf Platte 363 in Iyengars *Light on Yoga* (S. 288—291) dargestellt. Tantriker haben sie vielleicht benutzt, um die in der *Bhagavad Gita* beschriebene Wirkung zu erzielen: „Wenn er — wie eine Schildkröte, die ihre Glieder einzieht — seine Sinne von den Gegenständen der Sinne löst, öffnet sich sein Verstehen" (II: 58). Nach Iyengar entspannt diese Stellung auch das Rückgrat und die Organe des Unterleibs.

4 Die berühmteste aller Yogastellungen, die sich am besten zur Meditation eignet. *Hatha Yoga Pradipika* sagt: „Nimm die *Padmasana*-Stellung ein, nachdem du die Handflächen aneinandergelegt hast, drücke das Kinn fest auf die Brust, ziehe, während du über das Brahman meditierst, mehrmals den Anus zusammen und laß das *apana* aufsteigen; zwinge durch ähnliche Zusammenziehungen der Kehle das *prana* hinab. So erlangt der Yogi unvergleichliches Wissen durch die Gunst *Kundalinis.*"

5 Die Kaulis oder Kaulas (siehe Glossar) waren eine tantrische Sekte, die das linke Schakta-Ritual, d. h. den rituellen Beischlaf, praktizierten. Mit Cannabis versetzte Getränke wurden zusammen mit Fisch, Schweinefleisch, Wein und Zerealien aufgetragen. Im *Kaulavalinimaya* heißt es: „Alle Männer werden Schiva und alle Frauen die Göttin. Das Schweinefleisch wird Schiva und der Wein Schakti. Sie nehmen die fünf Nahrungsmittel, weihen die zwölf Becher Wein, indem sie Beschwörungsformeln sprechen, und verkehren geschlechtlich miteinander." Das Ritual diente dazu, die seligen Tantriker mit dem universalen Schakti, der Lebenskraft, zu vereinen.

Diese recht kompliziert aussehende Stellung scheint schwer nachvollziehbar zu sein — ein Eindruck, der vielleicht auf die seltsame Behandlung der Perspektive zurückzuführen ist, die der Maler dem Bild angedeihen ließ. Die Stellung ist eine Variante des *Schulanka* aus dem *Ratiratnapradipika*, das seinen Namen erhielt, weil der steife Körper des Mannes und die erhobenen Beine der Frau, von oben gesehen, an die Zinken eines Dreizacks erinnern. *Mewar, um 1760*

Kaurma-Gruppe: Kama Sutra

Wenn sie sich im Sitzen
während der Umarmung umdreht,
ohne den Rhythmus eures Liebesspiels zu unterbrechen,
um dich von hinten zu umarmen,
ist es das virtuose *Paravrittaka* (das Sich-Umdrehen).

Paravrittaka ist auch bei einigen
der Stellungen von hinten möglich,
aber es ist ebenso schwer zu meistern
und erfordert die gleiche Übung
wie die Stellung im Sitzen.

Kaurma-Gruppe: Mittelalterliche Texte

Sitzend, Mund an Mund,
Arme in Armen, Schenkel an Schenkel gedrückt:
Das ist *Kaurma* (die Schildkröte). Wenn die — noch
ineinander verschlungenen - Schenkel der Liebenden
sich heben, ist es *Paravartita* (Drehen).

(Ananga Ranga)

Wenn du in der Höhle ihrer Schenkel sitzt
und deine Hüften wie eine schwarze Biene[6] kreisen läßt,
ist es *Markata* (der Affe).
Und wenn du dich in dieser Stellung von ihr abwendest,
ist es *Marditaka* (Gewürze-Zerstoßen).

(Ratiratnapradipika)

Sie sitzt da mit erhobenen Schenkeln,
die Füße links und rechts neben deinen Hüften;
lingam stößt in *yoni;*
du überschüttest sie mit einem Hagel von Schlägen:
Das ist *Kschudgara* (Schlagen).

(Ratimanjari)

Wenn dein Weib vor dir sitzt,
beide Knie fest an den Körper gezogen,
und du diese Stellung nachahmst,
nennen die Kundigen in der Kunst der Liebe
es *Yugmapada* (das Fußjoch).

(Ananga Ranga)

Aufrecht sitzend, legt das schöne Mädchen
einen Fuß an ihren Körper
und streckt den anderen auf dem Bett aus,
während du ihre Stellung spiegelbildlich wiederholst:
Das ist *Yugmapada* (das Fußjoch).

(Ratirahasya)

Wenn sie, das linke Bein ausgestreckt,
deine Hüften mit dem rechten Bein umschließt
und den rechten Fuß auf den linken Schenkel legt,
während du das gleiche tust,
ist es die *Svastika*[7].

(Srngararasaprabandhadipika)

Während ihr euch im Bett gegenübersitzt und ihre Brüste
sich fest gegen deine Brust drücken, verschränken sich
eurer beide Füße hinter der Taille des anderen,
ehe ihr euch zurücklehnt
und einer des anderen Handgelenk umfaßt.

Nun setz die Schaukel sanft in Bewegung, wobei deine
Geliebte sich mit ihren makellosen Gliedern in
vorgetäuschter Furcht fest an deinen Körper klammert,
girrend und stöhnend vor Lust:
Das ist *Dolita* (die Schaukel).

(Srngararasaprabandhadipika)

Wenn ihr euch gegenübersitzt und deine Zehen
die Brustwarzen der schönen Frau streicheln,
ihre Füße sich gegen deine Brust stemmen und ihr,
einander bei den Händen haltend, den Liebesakt
vollzieht, ist es *Kaurma* (die Schildkröte).

(Srngararasaprabandhadipika)

Wenn du, ihr gegenübersitzend,
ihre Fesseln ergreifst und sie dir wie eine Kette
um den Hals legst, während sie
deine Zehen beim Liebesspiel festhält,
ist es das köstliche *Padma* (der Lotos).

(Srngararasaprabandhadipika)

Im Sitzen hebt die Dame
einen Fuß senkrecht über ihren Kopf
und stützt ihn mit den Händen,
so daß ihre *yoni* sich weit zur Liebe öffnet:
Das ist *Mayura* (der Pfau).

(Srngararasaprabandhadipika)

Aufrecht sitzend, ergreifst du die Hüften deiner Geliebten
und ziehst sie an dich, so daß eure Lenden
ständig aneinanderschlagen und ein Geräusch erzeugen
wie das Klatschen von Elefantenohren:
Das ist *Kirtibandha* (der Knoten des Ruhms)

(Panchasayaka)

---

6 Die Biene *(bhramara)* läßt ihren Unterleib kreisen, wenn sie mit dem Kopf voran in eine Blüte taucht, um Pollen zu sammeln — daher der Vergleich. Das Wort für Rad geht auf dieselbe Wurzel zurück (*bhram*, kreisen), und die als „die Biene" bekannte Stellung (siehe S. 76) wird oft als „das Rad" übersetzt.

7 Das Hakenkreuz, ein altes indisches Glückssymbol. Während die indische Svastika sich wie die Sonne von links nach rechts dreht, rotierte das von den Nationalsozialisten übernommene Hakenkreuz jedoch in umgekehrter Richtung, von rechts nach links. Die indischen Weisen haben von jeher behauptet, daß ein solcher Frevel Unglück bringen würde.

Ein Prinz von Dschodhpur und seine Gattin in einer schwierigen Variante des *Bandhura,* des Runden Knotens. Hatte die Dame je Freude an den absurden Schmucksachen aus Dschodhpur, wie den aus Diamanten gefertigten Augenbrauen, die wie Brillenbügel über ihren Ohren hängen? Oder war sie eine der Frauen, die ihren Handabdruck am Loha-Tor des Dschodhpur-Forts hinterließen, bevor sie sich auf dem Scheiterhaufen mit ihrem verstorbenen Gatten, dem Maharadscha, verbrennen ließen?
Dschodhpur, frühes 18. Jahrhundert

Zwischen ihren Schenkeln kniend,
kitzelst du ihren Busen und ihre Achselhöhlen,
nennst sie: „Meine Schöne, mein Liebling"
und drückst tiefe Nägelmale um ihre Brustwarzen:
So wird *Jaya* (der Sieg) errungen.
(Srngararasaprabandhadipika)

Bandha-Gruppe: Mittelalterliche Texte

Wenn du, vor ihr sitzend, die Arme
um den Hals der schönen Frau schlingst
und sie ihre beiden Handflächen
auf dein pochendes Herz legt,
ist es *Nagara* (die Städtische Art).
(Smaradipika)

Einer den anderen umarmend,
süße Küsse von den
knospengleichen Unterlippen des anderen trinkend,
die Schenkel ineinander verschlungen
beim Liebesspiel: Das ist *Pallava* (das Neue Blatt).
(Srngararasaprabandhadipika)

Wenn du im Sitzen deine Arme
unter ihre geöffneten Schenkel schiebst und deine Hände
fest hinter ihrem Hals verschränkst,
während du sie liebst,
ist es *Sanyama* (das Beherrschte).
(Ananga Ranga)

Wenn jeder die Arme
unter die eigenen Knie legt
und während der Paarung mit den Händen
fest die Schultern des anderen ergreift,
ist es als *Bandhura* (der Runde Knoten) bekannt.
(Ratikallolini)

Wenn deine Geliebte, dir gegenübersitzend,
die Arme unter ihre Schenkel zwängt,
um ihre Hände hinter deinem Hals zu falten,
und du das gleiche tust,
ist es *Bandhura* (der Runde Knoten).
(Ananga Ranga)

Wenn du sie liebst, während sie deinen Nacken umfaßt
und deine Arme zwischen ihren Armen hindurch
ihren Hals umschlingen, ist es,
wie Kalyana Malla, der Fürst der Dichter[8], sagt,
Phanipascha (der Kobraknoten).
(Ananga Ranga)

Stellungen im Stehen

Aus dem Kama Sutra

Und jetzt zu den Liebesstellungen, mit denen
die Bildhauer unsere Tempelmauern schmücken[9].
Wenn ein Paar sich im Stehen liebt
oder sich gegen eine Mauer oder eine Säule lehnt,
wird das als *Sthita* (Gestützt) bezeichnet.

Wenn die Frau in den gefalteten Händen
ihres Geliebten sitzt, die Hände um seinen Nacken,
die Schenkel um seine Hüften geschlungen,
die Füße gegen eine Mauer gestemmt,
ist es *Avalambitaka* (Hängend).

Aus den mittelalterlichen Texten

Wenn du deine Geliebte im Käfig
deiner Arme fest gefangen hältst,
ihre Knie mit deinen auseinanderdrückst
und langsam in sie eindringst,
ist es *Dadhyayataka* (Quark-Rühren).
(Panchasayaka)

Wenn sie sich gegen eine Mauer lehnt,
die Füße so weit wie möglich auseinander,
und du voller Verlangen in die Höhle
zwischen ihren Schenkeln vorstößt,
ist es *Sammukha* (Auge-in-Auge).
(Ratiratnapradipika)

Wenn du dich gegen eine Mauer lehnst
und deine Dame ihre Schenkel um deine schlingt,
während ihre Füße Halt an deinen Knien finden,
sie dann deinen Nacken umklammert und dich
feurig liebt, ist es *Dola* (die Schaukel).
(Smaradipika)

Wenn deine Geliebte ein Bein hochzieht,
die Ferse
hinter deinem Knie ruhen läßt
und du sie beim Liebesspiel stürmisch umarmst,
ist es *Traivikrama* (der Schritt)[10].
(Ratiratnapradipika)

Wenn du eines ihrer Knie
fest in die Hand nimmst
und sie im Stehen liebst, während ihre Hände
deinen Körper erkunden und liebkosen,
ist es *Tripadam* (der Dreifuß).
(Panchasayaka)

---

8 Siehe Glossar.

9 Siehe S. 46, Anm. 2.

10 Der Name bezieht sich auf die drei Schritte, mit denen Vischnu die Welt durchquerte (siehe Glossar unter Bali). Die Stellung wird oft als *Harivikrama* (Vischnus Schritt) bezeichnet. Auf Bildern ist der schreitende Vischnu oft mit einem senkrecht über dem Kopf erhobenen Bein dargestellt; das gibt eine Vorstellung von dem, was es mit der verwandten *Traivikrama*-Stellung (siehe *Bhugnaka*-Gruppe) auf sich hat.

Nepalesische Tantriker in einer stehenden Stellung. Sie tragen geweihte Amulette, und der Mann hat einen Gurkha-Hut auf dem Kopf. Nepal war eine der Hochburgen der tantrischen Tradition, und viele nepalesische Tempel — wie die von Khajuraho — sind mit bunt bemalten Holzschnitzereien kopulierender Paare ausgeschmückt. Das Paar auf diesem Gemälde sieht sich nicht als Mann und Frau, sondern als Verkörperung Parvatis und Schivas. Die Lieblingsstellungen der Tantriker leiten sich von Yogapraktiken ab, und sie wenden Mantras und Atemtechniken an, um zu verhindern, daß sie zum Orgasmus gelangen und damit die *kundalini*-Energie vergeuden, mit der ihre Körper geladen sind. *Nepal, um 1700*

Wenn sie ein Bein hebt
und du ihren kleinen Fuß hältst,
während du ihre Brüste streichelst,
und ihr sagst, wie sehr du sie liebst,
ist es *Ekapada* (Ein Fuß).

(Srngararasaprabandhadipika)

Während ihr Fuß auf deinem Herzen liegt
und deine Arme sie umfangen und stützen,
lehne dich gegen eine Mauer
und genieße das reizende Mädchen:
Das ist *Veschta* (das Umfangen).

(Smaradipika)

Sie steht an der Mauer,
die Lotoshände auf den Hüften,
die langen, schlanken Finger bis zum Nabel ausgestreckt.
Nimm ihren Fuß in die flache Hand
und streichle mit der freien Hand die engelhaften Glieder.

Leg deine Arme um ihren Nacken
und genieße sie, während sie sich bequem zurücklehnt.
Vatsyayana und andere, die in glorreichen Tagen
die Kunst der Liebe kannten,
nannten diese Stellung *Tala* (die Handfläche).

(Ratiratnapradipika)

Wenn du dich gegen eine Mauer lehnst
und deine Geliebte, an deinem Nacken hängend,
beide Füße in deine Hände stellt
und sich so von dir nehmen läßt,
ist es *Dvitala* (Zwei Handflächen).

(Ratirahasya)

Wenn du deine Geliebte hochhebst,
indem du deine Ellbogen unter ihre Knie legst
und ihr Gesäß ergreifst,
während sie ängstlich an deinem Hals hängt,
ist es *Dschanukurpara* (Knie-Ellbogen).

(Ratiratnapradipika)

Dein Weib umklammert deinen Nacken
und schlingt die Beine um deine Taille:
Das ist *Kirti* (Ruhm) — eine Stellung,
die weder im *Kama Sutra* noch *Ratirahasya* beschrieben ist
und sich nicht für schwergewichtige Mädchen eignet.

(Ananga Ranga)

Stellungen von hinten

Aus dem Kama Sutra

Wenn sie vierfüßig vor dir steht,
mit beiden Händen flach auf dem Teppich,
und du sie wie ein Stier besteigst,
ihren Rücken statt des Busens streichelnd,
ist es *Dhenuka* (die Milchkuh).

Es ist auch lustig, Tiere
— wie Hunde, Rehe und Ziegen — nachzuahmen
und ihre Bewegungen und Schreie zu imitieren:
Plötzlich anzugreifen wie ein Esel
und zu buckeln wie ein geiler Kater.

Spring sie wie ein Tiger an; zieh dich langsam
an ihrem Rücken hoch wie ein schwerfälliger
Elefantenbulle; grunze wie ein Eber;
besteige sie stolz wie ein Hengst:
Diese Spiele sind selbst für Kundige lehrreich.

Aus den mittelalterlichen Texten

Sie beugt sich nach vorn, ergreift
das Bettgestell und hebt das Gesäß.
Nimm ihre birnenförmigen Brüste
in die hohle Hand und drücke sie zusammen:
Das ist *Dhenuka* (die Milchkuh).

(Srngararasaprabandhadipika)

Wenn du sie wie ein Hund besteigst
und ihre Hüften umfaßt, während sie sich umdreht,
um dir ins Gesicht zu blicken,
nennen die Kundigen in der Kunst der Liebe
das *Svanaka* (der Hund).

(Srngararasaprabandhadipika)

Wenn die Dame, zur Liebe bereit,
sich auf alle viere niederläßt
und den Rücken reckt wie ein Reh,
während du sie von hinten nimmst, brünstig wie ein Tier,
ist es *Harina* (das Reh).

(Panchasayaka)

Wenn sie sich, die Lotosfüße
in gutem Abstand voneinander auf dem Boden,
nach vorne beugt, eine Hand auf jeder Hüfte,
und du sie dann von hinten nimmst,
ist es *Gardabha* (der Esel).

(Srngararasaprabandhadipika)

Eine anstrengende Variation des *Dschanukurpara*, der Knie-Ellbogen-Stellung. Ein Arm des Mädchens ist nicht um den Hals des Mannes geschlungen, sondern klammert sich an seiner Taille fest. Die Liebe der Kotahs für Pflanzen findet ihren Ausdruck in den Bananenblättern über der Gartenmauer. Man beachte die chinesischen Vasen in einer jener Nischen, die alle alten indischen Häuser in ihren Wänden haben. *Kotah, spätes 18. Jahrhundert*

Wenn sie auf dem Bauch liegt
und du mit deiner Hand ihre Fesseln ergreifst,
sie in die Höhe hebst
und mit der anderen Hand ihr Kinn zurückbeugst,
ist es *Marjara* (die Katze).
(Srngararasaprabandhadipika)

Sie liegt auf dem Bauch,
ergreift mit eigenen Händen ihre Fesseln
und zieht sie hinter sich empor:
Diese schwierige Stellung ist Kundigen
als *Mallaka* (der Ringer) bekannt.
(Panchasayaka)

Wenn deine Geliebte Brüste,
Arme und Stirn auf den Teppich legt,
das Gesäß hochgereckt,
und du den Penis in ihre *yoni* führst,
ist es *Aibha* (der Elefant).
(Ratirahasya)

Du hebst ihre Fesseln hoch;
sie richtet sich auf
und streckt ihre Glieder aus,
als wolle sie durch die Luft kriechen:
Das ist *Hastika* (der Elefant).
(Srngararasaprabandhadipika)

Sie steht auf Händen und Füßen;
du stehst hinter ihr
und legst einen ihrer Füße auf deine Schulter,
ehe du dich des reizenden Mädchens erfreust:
Das ist *Traivikrama* (der Schritt).
(Panchasayaka)

Nimm ihre Füße und hebe sie hoch
(wie eine Schubkarre),
stoß den Penis in ihre *yoni*
und beglücke sie mit kräftigen Stößen:
Das ist *Kulischa* (der Blitz).
(Smaradipika)

Du kniest, wie beim Bogenschießen,
nimmst sie auf den Schoß
und beugst ihren Körper nach vorn,
bis ihre Brüste die Schenkel berühren:
Das ist *Ekabandha* (ein Knoten).
(Smaradipika)

Auf der Seite liegend, von dir abgewandt,
bietet das gazellenäugige Mädchen
dir ihr Gesäß dar;
dein Penis dringt in das Haus der Liebe ein:
Das ist *Nagabandha* (der Elefant).
(Panchasayaka)

11 Heilige Texte.

12 Siehe Glossar unter Ahalya.

13 Siehe Glossar.

Außergewöhnliche Liebesspiele: Kama Sutra

Suvarnanabha sagt, nichts sei so köstlich
wie Liebesspiele in tiefem Wasser;
die kompliziertesten Knoten, Drehungen und
Wendungen, Yoga und die Tempelstellungen
seien dabei leicht zu bewerkstelligen.

Aber der Rat taugt nichts, sagt Vatsyayana:
Er widerspricht den Lehren der heiligen Weisen
und der *smritis*[11] sowie dem Gebot Gautamas,
der sagt: „Ein Paar, das sich im Wasser liebt,
fällt der Verdammnis anheim.“ [12]

Wenn du mit zwei Frauen,
die sich mögen, ins Bett gehst,
ist es *Sanghataka* (das Paar).
Wenn du dich mit mehreren Damen zugleich vergnügst,
ist es *Goyuthika* (die Herde).

Wenn du mit mehreren Frauen
— einer Herde wilder Elefanten gleich,
die der Hitze des Sommers zu entgehen trachten — einen
schattigen Teich aufsuchst, um mit ihnen zu tändeln,
nennen Kenner es *Varikriditaka* (das Wasserspiel).

Oder vielleicht spielst du die Rolle
eines Widders oder Hirsches,
der seine Herde von Konkubinen zusammentreibt.
Dieses Spiel ist auch für Frauen geeignet,
die gern mit zwei oder mehreren Liebhabern schlafen.

Im Bergland der Nagas
sowie in Balkh und Strirajya [13]
schmuggeln die frustrierten Damen des Königshofs
oft junge Männer in ihren Harem
und halten sie dort versteckt.

In diesen Ländern pflegt eine Königin auf dem Schoß
eines Mannes zu sitzen, während ein anderer
in sie eindringt und abermals andere ihren Körper
mit Küssen, Nägelmalen und Liebesbissen traktieren,
wobei sie einander ablösen, bis sie befriedigt ist.

Aber in den meisten zivilisierten Ländern
sind solche Orgien das Vorrecht
von Kurtisanen und Prostituierten.
Nur sehr selten hört man von Prinzessinnen,
die den *sirdars*[14] des Hofes zu Diensten sind.

Die Bewohner der südlichen Länder
haben eine Vorliebe für den Analverkehr
und üben ihn sowohl mit Männern wie mit Frauen aus.
Oralpraktiken und vertauschte Rollen
werden in späteren Kapiteln behandelt.

14 Die höherrangigen Höflinge. Divan Jarmani Das, der frühere Premierminister von Kapurthala, hat zwei Bücher über die Orgien geschrieben, die an verschiedenen indischen Höfen vor der Unabhängigkeit gang und gäbe waren.

Nach den Berichten zu urteilen, die ehemalige Minister der indischen Höfe vor der Unabhängigkeit des Landes veröffentlicht haben, ist es bei den Fürsten seit Vatsyayanas Zeit stets üblich gewesen, mehrere Frauen auf einmal zu genießen. Der König auf diesem Gemälde ist Maharadscha Ram Singh von Kotah (1827—65); aber die Absicht, die der Maler mit seinem Bild verfolgte, war vermutlich, dem Herrscher zu schmeicheln. Vatsyayana nennt diese Situation *Goyuthika,* die Herde. *Kotah, um 1840—50*

ROLLENTAUSCH

Zunächst die Methoden, eine spröde Geliebte
zur Liebe zu bewegen und zu befriedigen:
Beginne damit, sie in dein Bett zu locken,
und lenke sie mit süßen Worten ab,
bevor du verstohlen die Knoten ihres Gewandes löst.

Wenn sie versucht, dich daran zu hindern,
küsse sie zärtlich, bis ihr Verlangen geweckt ist.
Wenn dein Penis steif wird und wächst,
sorge dafür, daß sie ihn spürt,
indem du ihn sanft an ihre Glieder drückst.

Bei eurem ersten Zusammensein
wird sie wahrscheinlich protestieren, wenn du versuchst,
die Hand zwischen ihre Schenkel zu legen,
die sie ängstlich zusammenpreßt:
Deine Liebkosungen werden sie wieder öffnen.

Nun beschwichtige ihre Ängste, indem du dich mehr an
ihrem Hals, ihren Brüsten, Armen und Hüften interessiert
zeigst, die deine wandernden Hände erkunden.
Das ist besonders bei Jungfrauen angezeigt,
die viel Zärtlichkeit brauchen.

Wenn sie eine erfahrene Frau ist,
wird sie diese List bald durchschaut haben;
aber du solltest ihre Haare ergreifen und sie
an dich ziehen, um ihren Mund zu küssen und
ihre Wangen mit frischen Liebesbissen zu schmücken.

Wenn deine Geliebte eine Jungfrau ist, wird sie
inzwischen verschämt die Augen geschlossen haben,
so daß du blind vorgehen mußt; denn in den schönen
Augen der Frauen sind die großen Geheimnisse der Liebe
eingeschrieben — falls man sie zu lesen vermag.

Wenn eine Liebkosung besonders erregend ist,
werden ihre Augen verzückt nach oben rollen,
so jedenfalls meint Suvarnanabha.
Laß ihre Augen die Art der Liebkosung bestimmen,
und deine Dame wird bald Feuer gefangen haben.

Wenn sie zur Liebe bereit ist,
werden ihre Glieder schwer,
ihre Bewegungen langsam und träge;
ihre Augen schließen sich, und sie drückt
ihren Venushügel schamlos gegen deine Lenden.

Sie nähert sich dem Orgasmus,
wenn ihre Arme zu zittern beginnen
und ihr Körper sich mit glitzerndem Schweiß bedeckt;
sie beißt und kratzt,
und ihre Beine zucken und stoßen unbeherrscht.

Wenn du den Höhepunkt erreichst,
während sie noch kurz davor ist,
klammert sie sich an dich, will dich nicht gehen lassen
und fährt fort, sich konvulsivisch zu bewegen,
nachdem du ruhig geworden bist.

Um das nicht geschehen zu lassen,
solltest du sie vor dem Liebesspiel entsprechend
einstimmen, indem du deine Finger zu einem
Elefantenrüssel formst und in ihrer *yoni* spielst,
bis sie durch und durch naß ist.

Während des Liebesspiels können zehn Arten von
Schlägen mit dem Penis ausgeführt werden,
von denen aber nur *Upasripta* (Natürlich) —
eine selbst ungebildeten Kuhhirten vertraute Technik —
die Klitoris genügend stimuliert.

Es ist ein sanfter, gerader Schlag, der hinsichtlich
seiner Tiefe und Kraft variiert werden kann
und eine Subtilität, einen Rhythmus
und eine Spontaneität gestattet, die den anderen neun
nicht in diesem Maße eigen ist.

Wenn du deinen Penis nimmst
und ihn in ihrer *yoni* kreisen läßt,
ist es *Manthana* (das Rühren).
Wenn du ihn unvermittelt und scharf in die *yoni* treibst,
ist es *Hula* (das Messer mit doppelter Klinge).

Wenn sie mit dem Gesäß auf einem Kissen liegt
und du von unten nach oben stößt,
ist es *Avamardana* (das Reiben).
Wenn du den Penis fest an ihren Schoß preßt,
ist es *Piditaka* (das Drücken).

Wenn du dich von ihr löst,
um dann plötzlich auf ihren Schoß zu schlagen,
ist es *Nirghata* (der Stoß).
Ständiger Druck auf eine Seite ihrer *yoni*
ist *Varahaghata* (der Eberschlag).

Wenn du wild in jede Richtung stößt,
wie ein Stier, der den Kopf hin- und herwirft,
ist es *Vrischaghata* (der Stierschlag).
Eine flatternde Bewegung in der *yoni* ist *Chatakavilasa*
(die Spatzenjagd) — oft eine Ankündigung des Orgasmus.

Das unwillkürliche Zittern beim Orgasmus
wird *Samputa* (das Schmuckkästchen) genannt.
Aber keine zwei Frauen sind beim Liebesspiel gleich,
so passe deine Rhythmen den Stimmungen
und Klangfarben des *raga*[1] jeder einzelnen an.

---

1 Empfindungen. Die verschiedenen Tonleitern der indischen Musik werden ebenfalls als *ragas* bezeichnet. Die musikalische Metapher deutet die fließende, improvisierte Art des Liebesspiels an, wie sie hier gelehrt wird.

Dieses Gemälde, auf dem der Maharadscha von Dschodhpur zwei seiner Damen zugleich beglückt, zeigt die Vorliebe der Inder für rundgliedrige, wohlproportionierte Mädchen. *Trivalli,* drei Bauchfalten, galten als äußerstes Zeichen von Schönheit. Der König und die Dame, die gegenwärtig seine Aufmerksamkeit beansprucht, nehmen die *Kschudgara*-Stellung (siehe S. 66) ein, die stürmische Aktionen — wie die Anwendung des gegenüber beschriebenen *Hula*-Schlages — verlangt. *Dschodhpur, frühes 19. Jahrhundert*

Wenn ein langes Liebesspiel dich erschöpft,
bevor deine Geliebte zum Orgasmus gelangt ist,
solltest du ihr erlauben, dich auf den Rücken zu drehen,
damit sie sich auf dich setzen
und die Initiative ergreifen kann.

Wenn diese Stellung ihr Lust bereitet
und du das Neue daran genießt,
kann sie die Rolle weiterspielen,
doch sollte sie sorgfältig darauf achten, das *lingam*
nicht aus dem Tempel der Liebe zu vertreiben.

Eine geschickte Geliebte kann solcherart die Rollen
tauschen, ohne den Rhythmus der Liebe zu unterbrechen.
Wenn ihr schon einen Liebeskampf ausgetragen habt,
kann sie dich leicht dadurch zu einem zweiten ermuntern,
daß sie von Anfang an die Rolle des Mannes übernimmt.

Bedenke: Sie besteigt dich;
Blumen fallen aus ihrem Haar;
ihr Kichern wird zum Keuchen;
wenn sie sich niederbeugt, um dich zu küssen,
streifen ihre Brustwarzen deine Brust.

Ihr Becken beginnt zu kreisen; ihr zurückgeworfener Kopf
bewegt sich immer schneller auf und ab;
sie kratzt dich, trommelt mit kleinen Fäusten
auf dich ein, verbeißt sich in deinen Hals
und macht mit dir, was du so oft mit ihr gemacht hast.

Sie ruft, trunken vor Siegeslust:
„Du hast mich zermalmt, jetzt bist du am Boden!“
Aber dann überkommt sie der Orgasmus,
so daß sich ihre schönen Augen schließen.
Sie schmiegt sich an dich — wieder eine Frau.

Wenn sie die Rolle des Mannes übernimmt,
hat deine Dame die Wahl
zwischen drei berühmten Liebestechniken:
Samdamscha (die Zange),
Bhramara (die Biene) und *Prenkholita* (die Schaukel).

Wenn sie die Stutenbegattung[2] wählt
und deinen Penis in die Klammer ihres *yoni* nimmt,
um ihn zu drücken und zu streichen
und hundert Herzschläge lang in sich zu halten,
ist es *Samdamscha* (die Zange).

Wenn sie, die Füße angezogen, ihr Becken kreisen läßt,
so daß dein Penis tief in ihre *yoni* stößt,
und du deinen Körper bogenförmig spannst,
um sie zu unterstützen, ist es *Bhramara* (die Biene)
— eine Stellung, die der Übung bedarf.

Wenn sie jetzt ihr Becken
so kreisen läßt, daß es eine Acht beschreibt,
und auf deinem Körper schwingt,
als säße sie auf einer Wippe,
ist es *Prenkholita* (die Schaukel).

Wenn ihre Leidenschaft verebbt,
sollte sie ausruhen und sich vorbeugen,
um ihre Stirn an deine zu legen,
ohne die Bindung eurer Körper zu lösen:
Schon bald wird das Verlangen sich erneut regen.

Aus den mittelalterlichen Texten

Die Dame mit dunklen Augen wie aufgerichtete
Lotosblüten nimmt deinen Penis und führt ihn
in ihre *yoni,* klammert sich an dich
und läßt ihre Hinterbacken zittern: Das ist
Charunarikschita (Schöne Dame als Herrscherin).

(Ratikallolini)

Auf dem Thron deines Penis sitzend,
legt sie beide Hände auf das Bett
und liebt dich, während du
deine beiden Hände auf ihr pochendes Herz drückst:
Das ist *Lilasana* (der Jagdsitz).

(Smaradipika)

Sie sitzt aufrecht auf dir, den Kopf
zurückgeworfen wie eine sich aufbäumende Stute,
und läßt ihre zusammengelegten Füße
neben deinem Körper auf dem Bett ruhen:
Das ist *Hansabandha* (der Schwan).

(Srngararasaprabandhadipika)

---

2 Siehe S. 60.

Das Paar auf dieser eindrucksvollen Miniatur liebt sich in einer Stellung, die im *Ratikallolini* als *Charunarikschita* bezeichnet wird. Der Kontrast zwischen dem bleichen Gesicht der Frau und dem tiefen Rot des Teppichs ist ebenso ungewöhnlich wie wirkungsvoll. Auch hier spiegelt die Zeichnung des Gesichts gewisse Merkmale des frühen Guler-Stils wider.
Pahari, Sikh-Schule, Mitte des 19. Jahrhunderts

Die junge Frau legt einen Fuß auf dein Herz
und setzt den anderen auf das Bett.
Kühne, kecke Frauen lieben diese Stellung,
die der Welt
als *Upavitika* (das Heilige Band)[3] bekannt ist.

(Panchasayaka)

Wenn deine junge Dame
dich genießt,
einen ihrer Füße in deiner Hand
und den anderen auf deiner Schulter,
ist es *Viparitaka* (Umgekehrt).

(Samaradipika)

Wenn deine Geliebte — über dir sitzend,
die Füße nach Lotosart gekreuzt,
und den Körper gerade aufgerichtet —
den Liebesakt mit dir vollzieht,
ist es als *Yugmapada* (das Fußjoch) bekannt.

(Ratiratnapradipika)

Auf dir sitzend und die Füße
in der Lotosstellung gekreuzt,
steckt sie die Arme durch die verschränkten Beine
und legt die Hände flach auf den Boden:
Das ist *Kukkuta* (der Junge Hahn).

(Srngararasaprabandhadipika)

Wenn sie sich, rittlings auf dir sitzend, halb umdreht,
um einen Fuß auf deinen Schenkel zu stellen,
und den anderen Fuß hochzieht,
um ihn auf deine Brust zu setzen,
wird es *Viparitaka* (Umgekehrt) genannt.

(Ratimanjari)

Wenn sie, mit dem Rücken zu deinem Gesicht,
auf dir sitzt,
beide Füße auf deine Schenkel setzt
und wild ihr Becken kreisen läßt,
ist es *Hansa-lila* (die Schwanenjagd).

(Smaradipika)

Deine Geliebte setzt einen Fuß
auf deinen Unterschenkel und den anderen
über das Knie auf deinen Oberschenkel,
während sie auf dir reitet und das Becken kreisen läßt:
Das ist *Garuda*[4].

(Srngararasaprabandhadipika)

Wenn du, die Beine ausgestreckt,
flach auf dem Rücken liegst
und deine Geliebte mit dem Rücken zu dir
auf dir sitzt und deine Füße ergreift,
ist es als *Vrischa* (der Stier) bekannt.

(Srngararasaprabandhadipika)

Wenn das reizende Mädchen,
ihre Glieder mit deinen verschlungen,
deine angestammte Rolle übernimmt,
dich küßt und hundert köstliche Liebesspiele erfindet,
ist es *Valli* (die Kletterpflanze).

(Srngararasaprabandhadipika)

Einander bei den Händen fassend, liegt ihr,
Schenkel an Schenkel, wie zwei Seesterne ausgestreckt,
um euch zu lieben,
während ihre Brüste gegen deine Brust stoßen:
Das ist *Dvabandha* (der Koitus der Götter).

(Srngararasaprabandhadipika)

Auf dir liegend, dreht sich
deine Geliebte wie ein Rad, drückt erst die eine,
dann die andere Hand auf das Bett
und küßt deinen Körper, während sie sich dreht:
Kundige nennen es *Chakrabandha* (das Rad).

(Srngararasaprabandhadipika)

Wenn deine Geliebte mittels einer sinnreichen
Vorrichtung über dir schwebt,
dein *lingam* in ihre *yoni* einführt
und sich darauf auf und ab bewegt,
ist es *Utkalita* (die Orissa-Art)[5].

(Ananga Ranga)

Abschließende Bemerkungen: Kama Sutra

Selbst schüchterne, zurückhaltende Frauen,
die gewohnt sind, ihre Gefühle zu verbergen,
und vorgeben, kein Verlangen zu kennen,
sind außerstande, ihre Leidenschaft zu beherrschen,
wenn sie rittlings auf einem Mann sitzen.

Aber diese Spiele sind nicht geeignet
für Frauen, die menstruieren
oder gerade entbunden haben,
für Gazellenfrauen,
Schwangere und Mädchen von schwerem Körperbau.

3 Das Baumwollband aus neun Fäden, das junge Brahmanen bei ihrer Priesterweihe empfangen.

4 Der mythische Vogel, der dem Gott Vischnu als Reittier diente.

5 *Utkalita.* In Burtons *Ananga Ranga* heißt es *utthita* (stehend), was keinen Sinn ergibt. Hinsichtlich Orissa siehe Glossar.

Die phantastische Hängevorrichtung ist offensichtlich eine künstlerische Interpretation jener Stellung, die im *Ananga Ranga* als *Utkalita* bezeichnet wird. Die Tatsache, daß Kalyana Malla seine Informationen aus einer Quelle in Orissa bezog, ist höchst aufschlußreich, da es die Lieblingsbeschäftigung der in Orissa ansässigen Maler und Graveure war, das *Kama Sutra* zu illustrieren. So ist es durchaus möglich, daß die im *Ananga Ranga* beschriebene Stellung auf Vatsyayanas *Prenkholita* zurückgeht. *Dschaipur, 19. Jahrhundert*

LIEBESSCHLÄGE UND LIEBESRUFE

Da der Liebeskampf seinem Wesen nach
so etwas wie ein Streit zwischen den Geschlechtern ist,
müssen auch die verschiedenen Liebesschläge,
die die Lust beträchtlich steigern können,
in Texten über die Liebe behandelt werden.

Vier Schläge — *Apahasta* (der Handrücken),
Prasritaka (die hohle Hand), *Muschti* (die Faust) und
Samatala (die Handfläche) — können angewendet werden,
und zwar auf ihren Kopf, ihre Schultern, ihren Rücken
ihre Flanken und den Raum zwischen ihren Brüsten.

Deine Geliebte wird natürlich Schmerz empfinden,
wenn du sie schlägst, aber die Schreie,
die sie schluchzend ausstößt, werden dir bald verraten
— falls du sie voneinander unterscheiden kannst —,
wie weit sie durch den Schmerz erregt wird.

Hinkara ist ein scharfes Luftschnappen,
wie ein plötzliches Erschrecken.
Stanita ist ein tieferer, vollerer Laut
aus den Tiefen ihrer Lungen.
Kudschita ist ein sanftes Gurren wie das von Tauben.

Rudita ist das kehlige Stöhnen einer Frau,
die zum Orgasmus kommt.
Sutkrita ist ein hartes Keuchen.
Dutkrita ist ein Rasseln, wie splitternder Bambus.
Phutkrita ist wie eine Beere, die ins Wasser fällt.

Sitkrita sind die Worte und Laute,
die deine Schläge ihr entlocken — Äußerungen eines
Schmerzes, der sich mit Lust vermischt.
Ihre Abfolge ist zu üben und wechselt
von Lust zu Schmerz zu tieferer Lust.

Zuerst wird sie etwas stöhnen: „Mutter!",
„Aufhören!", „Laß mich los!", „Genug!",
„Nein!", „Oh, ich sterbe!"
Aber bald wird ihr Atem heftiger, und das Stöhnen
geht über in wortlose Schreie.

Ihre ersten scheuen Schreie klingen vielleicht
wie das Schluchzen der Lerche,
der durch die Blätter dringende Ruf des Kuckucks,
das schläfrige Seufzen der Ringeltauben,
das schrille Kreischen des Papageis in seinem Käfig.

Aber bald stöhnt deine Dame wie eine Biene,
pfeift wie ein aufgeschrecktes Moorhuhn,
stößt tiefe, harte Schreie aus,
wie Wildgänse und Wildenten auf ihrem Flug,
und jammert schließlich schamlos wie eine Wachtel [1].

Wenn sie unter dir auf dem Bett liegt, solltest du
mit dem Handrücken zwischen ihre Beine schlagen —
zunächst sanft, dann, wenn die Leidenschaft
euch übermannt, schneller und härter:
Das ist *Apahasta*.

Geschickt angewendet, entlockt ihr dieser Schlag
einen *raga* trommelnder,
gurrender und schluchzender Schreie.
Wenn du ihr weh tust, sollte sie dich beschimpfen
und dir jeden Schlag mit einem gleichen vergelten.

Die Liebeslaute brauchen nicht
in einer bestimmten Reihenfolge ausgestoßen zu werden,
sondern sollten der Improvisation überlassen bleiben.
Aber auf jeden deiner Schläge
sollte sie mit einem Lustschrei reagieren.

Wenn sie durch die Schläge deines Handrückens
keine Befriedigung erlangt
und dich bittet, sie auf andere Weise zu bedenken,
mußt du ihren Kopf mit deinen zu einer Schlangenhaube
geformten Fingern schlagen: Das ist *Prasritika*.

Dein Ziel ist es, sie derart zu erregen,
daß Rufe wie *„Hare Rama"*[2]
ihr in der Kehle steckenbleiben, übergehen
in einen Lauf unartikulierter Laute
und in einem erstickten Schluchzen enden.

Du solltest sie damit necken,
daß du ihre possierlichsten Schreie nachahmst,
sie so zum Lachen bringen und sie dann
mit deinen Nägeln und Zähnen
zu noch ungewöhnlicheren Lauten anspornen.

Wenn du spürst, daß du zum Höhepunkt gelangst,
bearbeite ihre Schenkel und Flanken
mit den flachen, gleichmäßigen Schlägen des *Samatala*.
Wenn das zur rechten Zeit geschieht, wirst du hören,
wie Wildgans und Wachtel ihren Orgasmus verkünden.

---

1 Das Sanskrit zeichnet sich durch eine meisterhafte Beherrschung des Rhythmus und der Assonanz aus — hier verwendet, um die sich steigernde Erregung der Frau zum Ausdruck zu bringen: *ambārthāha-schabdāha-vāranārtha-mōkschanārthāschalamārtha-stē-tē-tschārtha-yōgāt-pārāvat-parabhrit-hārīt-schuk-madhukara-dāt-jūha-hansa-kārandava-lāvaka-virutāni-sītkrita-bhūjischtāni-vikalpa-schaha-prajundschit* — die Konsonanten stoßen einander an wie Dominosteine in einer Reihe.

2 Ein üblicher Ausruf. Entspricht etwa dem deutschen „mein Gott!"

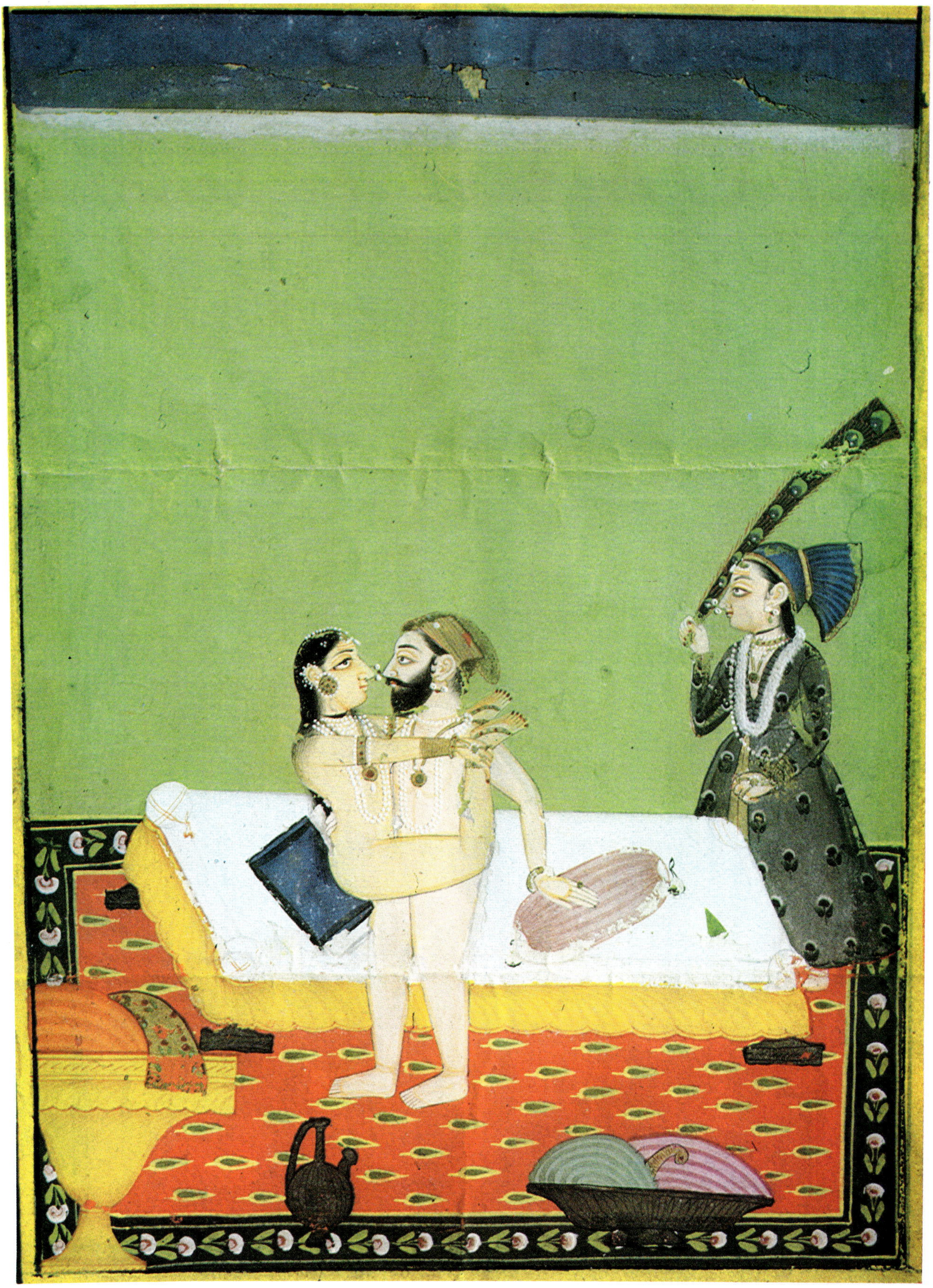

Das Paar umarmt sich in einer Stellung, die Vatsyayana als *Sthita* (siehe S. 68) bezeichnet. Die linke Hand des Mannes holt zu einem Schlag nach *Apahasta*-Art aus. Andere Bilder dieser Serie zeigen einen Mann, der sich von einer Dienerin den Turban binden läßt, während er eine Dame liebt, und ein Liebespaar auf dem Lande, das von einem Bogenschützen gestört wird, der Jagd auf Wildenten macht. *Mewar, spätes 18. Jahrhundert*

Männer sind ihrer Natur nach rauher,
ungestümer und heftiger als Frauen,
die eher zart und scheu sind.
So ist es gewöhnlich der Mann, der schlägt,
und die Frau, die Schläge empfängt.

Aber wenn die Leidenschaft euch überwältigt,
die Landessitte es verlangt
oder die Frau durch eine Liebesstellung erregt wird,
ist sie es, die den Mann mit Schlägen überschüttet.
Doch das geschieht sehr selten.

Vier andere Schläge werden manchmal angewendet:
Kila (Keil) auf den Busen,
Kartari (Schere) auf den Kopf,
Vidvam (Spieß) auf die Wangen
und *Samdanschikam* (Zange) auf die Brüste[3].

Diese gefährlichen Schläge sind besonders
in südlichen Ländern beliebt.
Oft sieht man auf den Brüsten
der Frauen aus dem Süden Male,
die von schweren Schlägen nach *Kila*-Art herrühren.

Aber die Sitten des Südens sollen nicht von
neugierigen Bewohnern des Westens nachgeäfft werden.
Vatsyayana sagt, daß diese Schläge
nicht arischer Art entsprechen; Männer von Welt
sollten derartige Gewalttätigkeiten verachten.

In der Tat steht außer Frage,
daß Praktiken, die zu gebrochenen Gliedern,
Entstellungen und zum Tod führen können,
kaum zu dulden sind — selbst nicht an Orten,
an denen sie nicht als barbarisch angesehen werden.

Es ist kein Geheimnis, daß der Tschola-König
kürzlich eine Kurtisane namens Tschitrasena tötete,
indem er sie nach *Kila*-Art schlug.
König Schatkarni von den Kuntalas tötete Maljavati,
seine große Königin, mit der Schere.

Naradeva, der Oberbefehlshaber
der Pandya-Heere,
dessen linke Hand verunstaltet war,
schlug einst ein Tanzmädchen nach *Vidvam*-Art,
und da er sein Ziel verfehlte, verlor sie ein Auge.

Aber wenn Männer vom Feuer der Leidenschaft
entfacht sind, achten sie weder
auf die Schastras noch auf die Folgen
ihrer Gewalttätigkeiten:
Allein die Leidenschaft ist schuld an diesen Unfällen.

Nichts verwirrt den Verstand mehr als der
Geschlechtstrieb: Die Begierden und Phantasien,
die ungebeten in die Vorstellungswelt eines liebestollen
Mannes Einlaß finden, sind bei weitem unheimlicher
als die grotesken Bilder seiner Träume.

So wie ein Pferd in vollem Galopp
nicht auf die Gräben, Löcher und Mauern achtet,
die seinen Weg säumen, so macht das Feuer
der Leidenschaft Liebende blind gegenüber dem,
was Nägel, Zähne und Fäuste anrichten können.

Versuche daher immer daran zu denken,
daß deine Geliebte viel schwächer ist als du
und daß die Leidenschaft viel stärker ist.
Da überdies nicht alle Mädchen gern geschlagen werden,
überleg es dir zweimal, bevor du die Liebe durch Schläge würzt.

---

3 Burton hat sie für eiserne Instrumente gehalten, aber es ist ganz klar, daß es sich um Stellungen der Faust und der Finger handelt, die vielleicht von bestimmten Tanzgesten abgeleitet waren. Siehe S. 102, Anm. 5. Yaschodhara beschreibt sie im Detail.

Das Paar lehnt sich zurück in einer Stellung, die an das *Yugmapada* des *Ratirahasya* erinnert, und er scheint einen Schlag nach *Samatala*-Art auszuführen. Yaschodhara kommentiert Vatsyayanas Bemerkungen über gefährlichere Schläge und berichtet, daß Schatkarni beim Anblick Maljavatis, die nach einer langen Krankheit ihr schönstes Gewand angelegt hatte, von einer so heftigen Begierde ergriffen wurde, daß er ihren Zustand als Rekonvaleszentin vergaß und sie beim Liebesspiel schlug. *Pahari, Sikh-Schule, Mitte des 19. Jahrhunderts.*

DER MUNDVERKEHR

Die Weisen haben den Mundkoitus verurteilt;
sie sagen, er sei barbarisch
und widerspreche den Lehren der Schastras [1].
Männer holen sich häßliche Krankheiten, sagen sie, wenn
sie Frauen und Eunuchen küssen, die sie fellationiert haben.

Aber Vatsyayana sagt, die Schastras verlören ihre
Gültigkeit im Falle von Eunuchen (die durch Mundkoitus
ihren Lebensunterhalt verdienen) und in Ländern,
deren Sitten sich von unseren unterscheiden. Was
Krankheiten beträfe, so ließen sie sich leicht vermeiden.

Außerdem sagen die Schastras, daß vier Münder rein seien:
Der Mund eines saugenden Kalbs,
der Mund eines Jagdhunds, der seine Beute faßt,
der Schnabel eines Vogels, der Früchte vom Baum pickt,
und der Mund einer Frau beim Beischlaf.

Aber da die Schastras in dieser heiklen Frage
sich zu widersprechen scheinen,
rät Vatsyayana dir, so zu handeln,
wie es deinen Wünschen, deinem Gewissen
und den Sitten deines Heimatlandes entspricht.

Die acht Techniken der Fellatio
werden gewöhnlich wie folgt ausgeübt [2]:
Nimitta (Berührung),
Parschvatoddaschta (Seitenbiß),
Bahiha-samdanscha (die Äußere Zange),

Antaha-samdanscha (die Innere Zange),
Tschumbitaka (Küssen),
Parimrschtaka (Zungenschlag),
Amratschuschita (Aussaugen der Mangofrucht)
und *Sangara* (Verschlingen).

Wenn deine Geliebte deinen Penis
in die Hand nimmt, ihre Lippen zu einem „O" formt,
sie sanft über die Eichel gleiten läßt
und den Kopf kreisend bewegt, wird dieser erste Schritt
als *Nimitta* (Berührung) bezeichnet.

Die Eichel noch in der Hand, preßt sie
als nächstes die Lippen fest um den Schaft,
erst auf der einen, dann auf der anderen Seite,
ohne dich mit ihren Zähnen zu verletzen:
Das ist *Parschvatoddaschta* (Seitenbiß).

Nun nimmt sie die Spitze deines Penis
sanft zwischen ihre Lippen,
um sie nacheinander zu küssen, leicht zu drücken
und die zarte Vorhaut beiseitezuschieben:
Das ist *Bahiha-samdanscha* (die Äußere Zange).

Wenn sie als nächstes die Eichel
ganz in ihren Mund gleiten läßt,
die Lippen fest um den Schaft schließt
und einen Augenblick verweilt, bevor sie sich zurückzieht,
ist es *Antaha-samdanscha* (die Innere Zange).

Wenn sie, den Penis in der Hand,
mit voll gerundeten Lippen
den Schaft in seiner ganzen Länge feurig küßt
und an ihm saugt wie an deiner Unterlippe,
wird es *Tschumbitaka* (Küssen) genannt.

Wenn sie dabei die Zunge mit einer flatternden Bewegung
über den ganzen Penis wandern läßt
und die empfindliche Eichel mehrmals
schnell mit der Zungenspitze berührt,
ist es *Parimrschtaka* (Zungenschlag).

Vom Feuer der Leidenschaft entfacht, nimmt sie jetzt
deinen Penis tief in den Mund,
zieht und saugt an ihm, als wolle sie
einen Mangokern von seinem Fruchtfleisch lösen:
Das ist *Amratschuschita* (Aussaugen der Mangofrucht).

Wenn sie spürt, daß dein Orgasmus kommt,
saugt sie den ganzen Penis in sich ein,
bearbeitet ihn mit Lippen und Zunge,
bis dein Samen sich ergießt:
Das ist *Sangara* (Verschlingen).

Kunnilingus-Techniken: Ratiratnapradipika [3]
Verehre das Heiligtum deiner Dame
durch diese acht Kunnilingus-Techniken:
Adhara-sphuritam (der Flatternde Kuß),
Dschihva-bhramanaka (die Kreisende Zunge),
Dschihva-mardita (die Zungenmassage),

Tschuschita (Saugen), *Utschtschuschita* (Aufsaugen),
Kschobhaka (Erregen),
Bahutschuschita (Leersaugen) und *Kakila* (die Krähe).
Improvisationen mit deinen Zähnen
können diese Liebesspiele unendlich variieren.

---

1 In diesem Zusammenhang die Liebestexte ebenso wie verschiedene *Dharmasutras*.

2 Vatsyayana beschreibt hier die äußere Erscheinung, die Gewohnheiten und Manieren von Eunuchen, die Fellatio praktizieren, um ihren Lebensunterhalt zu verdienen. Ich habe diesen Abschnitt weggelassen und die Techniken so geschildert, als ob sie von einer Frau ausgeübt würden, und damit die folgenden Auszüge aus *Ratiratnapradipika* ergänzt.

3 *Ratiratnapradipika* ist der einzige Liebestext, der sämtliche Kunnilingus-Techniken aufführt. Hinsichtlich dieser Anmerkung und anderer mittelalterlicher Texte siehe Glossar.

Sowohl Fellatio als auch Kunnilingus gehören zu den Themen, die in den Tempelskulpturen von Khajuraho häufig wiederkehren. Im Mittelalter waren orale Praktiken verpönt, aber zur Zeit des *Ratiratnapradipika* herrschte eine liberalere Ansicht vor. Auf diesem auf Stoff gemalten Bild hat das Mädchen, ermutigt durch den wohlwollenden Blick ihres königlichen Liebhabers, wahrscheinlich schon die ersten vier der von Vatsyayana empfohlenen Techniken erprobt. *Orissa, 19. Jahrhundert.*

Drücke die Lippenbogen ihres Liebeshauses
mit zarten Fingerspitzen
sehr, sehr langsam zusammen
und küsse sie, wie du ihre Unterlippe küßt:
Das ist *Adhara-sphuritam* (der Flatternde Kuß).

Jetzt öffne oder besser: spalte
jenen Einlaß mit deiner Nase und laß deine Zunge
tief in ihre *yoni* gleiten, während deine Nase,
deine Lippen und dein Kinn sich kreisend bewegen:
Das ist *Dschihva-bhramanaka* (die Kreisende Zunge).

Laß deine Zunge einen Augenblick
im Eingang des blumenbögigen Tempels verweilen,
bevor du ihr gestattest, in das Heiligtum einzudringen,
und deine Dame zum Orgasmus gelangt:
Das ist *Dschihva-mardita* (die Zungenmassage).

Als nächstes drücke deine Lippen fest auf ihre Lippen
und raube der Reizenden,
deiner über alles Geliebten tiefe Küsse,
nage an ihren Lippen und sauge an ihrer Klitoris:
Das wird *Tschuschita* (Saugen) genannt.

Heb ihre jungen Hinterbacken in die Höhe,
sondiere mit der Zunge ihren Nabel, rutsche tiefer,
um sie geschickt am Eingang des Liebestempels
kreisen zu lassen, und leck ihr Liebeswasser auf:
Das ist *Utschtschuschita* (Aufsaugen).

Während du die Wurzel ihrer Schenkel erregst,
die sie mit eigenen Händen
ergreift und weit öffnet, trinkt deine
nach innen gewölbte Zunge an der heiligen Quelle:
Das ist *Kschobhaka* (Erregen).

Bitte deine Geliebte, sich auf der Couch auszustrecken,
leg ihre Füße auf deine Schultern, umfasse ihre Hüften,
sauge kräftig und laß deine Zunge
in ihrem überfluteten Liebestempel umherwandern:
Das wird als *Bahutschuschita* (Leersaugen) bezeichnet.

Wenn ihr wie eine „6“ und eine „9“
nebeneinander liegt und jeder
die Schamteile des anderen küßt, wobei ihr
die oben beschriebenen Techniken anwendet,
ist es als *Kakila* (die Krähe) bekannt.

Abschließende Bemerkungen: Kama Sutra

Die Krähe[4] bereitet den Frauen so viel Lust,
daß viele Kurtisanen ihretwegen
angesehene, tugendhafte Bürger verlassen
und sich mit Sklaven, Barbieren, *mahouts*[5] und
anderen niedriggestellten Männern eingelassen haben.

Frauen, die abgeschlossen in einem Harem leben,
praktizieren häufig die Krähe.
Einige lasterhafte Bürger praktizieren sie heimlich
mit intimen Freunden, wobei sie nebeneinanderliegen
und einander fellationieren.

Tatsächlich sind auch viele junge Dandys,
die Ohrringe und anderen Schmuck tragen,
nicht abgeneigt, andere Männer zu fellationieren;
aber die Primadonnen des Mundkoitus
sind Eunuchen, Huren, Kindermädchen und Sklavinnen.

Der Mundverkehr sollte nicht ausgeübt werden
von Hohepriestern, Brahmanen[6], Ministern des Königs,
Königen, Politikern und anderen Standespersonen,
die Wert auf ihren guten Ruf legen,
denn sein moralischer Wert ist äußerst zweifelhaft.

Es genügt nicht zu behaupten, daß diese Praktiken
von den Schastras nicht verurteilt werden.
Die Schastras bieten Rat für alle Eventualitäten
und enthalten naturgemäß Ideen, die, aus ihrem
Zusammenhang gerissen, unmoralisch erscheinen.

In den ayurvedischen Texten über die Heilkunst[7]
findest du die Feststellung,
daß Hundefleisch schmackhaft und nahrhaft sei —
aber das bedeutet doch nicht,
daß jeder jetzt anfangen soll, Hunde zu essen!

Die Schastras können dir in den meisten Fragen
der Sexualität ein guter Ratgeber sein,
aber wenn du Zweifel hast, folge den Anstandsregeln
des Ortes, der Zeit und des jeweiligen Brauchs —
und letztlich dem, was dein eigenes Gewissen dir sagt.

Da alle diese Dinge hinter verschlossenen Türen
geschehen und nicht an die Öffentlichkeit gelangen
und da überdies die Leidenschaft stets stärker ist
als die Vernunft — wer kann sagen, was jemand tut,
oder warum, wie, wo, wann und mit wem er es tut?

---

4 In *Historia Naturalis* (X: 32) macht sich Plinius der Ältere über einen griechischen Aberglauben lustig, nach dem Raben sich durch den Schnabel paaren und auf dem gleichen Weg ihre Eier legen. Er zitiert ein altes Ammenmärchen, daß schwangere Frauen sich vor Rabeneiern hüten sollten, damit sie ihre Kinder nicht durch den Mund gebären. Bei Juvenal (II: 63) und Martial (XIV: 74) ist zu lesen, daß die Römer Männer, die den Kunnilingus ausübten, als „Krähen“ bezeichneten.

5 Elefantenführer.

6 Die Priesterkaste.

7 Die medizinischen Texte von Caraka (1. oder 2. Jahrhundert n. Chr.) und Suschruta (4. Jahrhundert n. Chr.) ähneln in gewisser Weise den Lehren Hippokrates' und Galens, aber in mancher Hinsicht waren sie viel fortschrittlicher. Im wesentlichen gründete sich ihr System, wie das der europäischen Medizin des Mittelalters, auf das Zusammenwirken der Säfte *(doscha)* und hat sich bis heute in den homöopathischen Praktiken des modernen Indien erhalten. Im frühen 15. Jahrhundert berichtete Fa Hsien von Krankenhäusern, die den Armen kostenlos zur Verfügung standen und die durch Stiftungen wohlhabender Inder unterhalten wurden. Die Ärzte des alten Indien waren besonders geschickt in der Chirurgie (sie kannten bereits den Kaiserschnitt), in der Orthopädie und der plastischen Chirurgie (der Wiederherstellung von Nasen, Ohren und Lippen, die in der Schlacht verstümmelt worden waren).

Wenn eine Kurtisane einen reichen Liebhaber verließ, um ihre Gunst einem armen zu schenken, mußten — wie Vatsyayana wußte — die Freuden, die er ihr schenkte, wahrhaft exquisit sein. Nachdem sie vielleicht alle im *Ratiratnapradipika* beschriebenen Techniken bereits praktiziert haben, genießen hier zwei Liebende — nackt, bis auf den kostbaren Schmuck, den sie tragen — die Krähen-Stellung *Kakila*. Der Künstler hat in diesem erlesen ausgeführten Gemälde vollendet die Sinnlichkeit und Zärtlichkeit des Liebesspiels eingefangen. *Bundi, spätes 18. Jahrhundert*

ANFANG UND ENDE DES LIEBESSPIELS

Bekränzt von blassen Jasminblüten,
sitzt du ruhig
in deinem von der Glut
duftenden Weihrauchs erleuchteten Zimmer
und erwartest die Ankunft deiner Geliebten.

Wenn sie schließlich in Begleitung ihrer Dienerinnen,
sanft die Hüften schwingend, kommt,
frisch gebadet und mit klingenden Reifen an den Füßen,
gehe ihr entgegen, um sie mit einer Schale
honigfarbenen Weins zu begrüßen.

Leg ihr den Arm um die Schulter, scherze mit ihr,
und während sie noch
über eine etwas anstößige Klatschgeschichte lacht,
die du dir für sie aufgehoben hast,
setze sie neben dich auf die Kissen.

Beginne eine zwanglose Unterhaltung
und berühre zunächst nur ihr Haar und ihre Hände,
dann lenke das Gespräch
— und deine ruhelosen Finger —
auf Gegenstände, die dich mehr interessieren.

Wenn die Lauten deiner Musikanten
allmählich ihre Wollust wecken,
solltest du die Schönheit der Tänzerinnen preisen
und von Künsten reden — aber offen lassen,
welche Art von Künsten du meinst.

Gib ihr deine Jasminblüten für die Tänzerinnen;
dann bitte sie, sich hinzulegen,
schiebe ihr *paan*[1] in den Mund, vergewissere dich,
daß ihre Schale wohlgefüllt ist,
und massiere ihren Körper mit süßem Sandelöl.

Bald wird sie keine Einwände mehr machen, wenn
deine Finger unter den Saum ihres Gewands wandern
und bei dem lose geknüpften Taillenband verweilen.
Wenn ihre Augen einen träumerischen Ausdruck annehmen
und ihr Atem schwer wird, schick die Dienerinnen fort.

Und jetzt, die Haare zerzaust, das Gewand
— vom dem du sie nun befreien solltest —
bis zu den Schenkeln hochgezogen
und die Lippen für leidenschaftliche Küsse geöffnet,
ist deine Dame zur Liebe bereit.

Nach dem Liebesspiel
weicht sie vielleicht deinen Blicken aus
und tut so, als ob das hemmungslose Geschöpf,
dessen Körper die Blütenblätter auf dem Bett zerdrückte,
eine andere Frau gewesen sei.

Aber nachdem ihr beide euch gewaschen habt
und du ihre Liebeswunden mit Sandelöl gesalbt,
sie zärtlich in die Arme genommen
und ihr deine Schale zum Trinken gereicht hast,
wird diese Scheu bald schwinden.

Wenn sie nach Wasser verlangt — was sie sicher tut —,
laß deine Dienerinnen wieder kommen,
beladen mit Getränken
— Mango-, Zitronen-, süßem Limonensaft —
und einer reichen Auswahl köstlich-leichter Imbisse:

Brühe, um sie wieder zu Kräften kommen zu lassen[2],
Kebabs, zarte Gemüse,
kandierte Orangen, mit Nüssen garnierte *halvas*[3],
Sorbets und Liköre sowie andere Leckerbissen,
von denen du weißt, daß sie ihr schmecken.

Dann macht ihr es euch bequem
— auf Teppichen und Kissen,
die auf der Terrasse ausgebreitet sind —,
um still das Mondlicht zu genießen
und euch aneinander zu erfreuen.

Laß sie in deinem Schoß liegen,
das Gesicht dem Mond zugewandt;
zeige ihr den Polarstern und die Venus,
den Großen Bär mit seinen sieben *rischis*[4] und
erzähle ihr die Sagen und Legenden des Nachthimmels.

---

1 Siehe S. 28, Anm. 3.

2 In *Kuttani Mata* (V: 307) empfiehlt Damodara Gupta erschöpften Prostituierten Kalbsbrühe.

3 Eine Reihe von Süßigkeiten — von einer Art Fondant bis zu glasierten Früchten und Gemüsepürees. Möhren-*halvas* sind im heutigen Indien sehr beliebt.

4 Die sieben Sterne des Großen Bären. Siehe Glossar.

Unter den Fächern aufmerksamer Dienerinnen umarmt der Herr liebevoll seine Dame und bietet ihr ein *paan* an. Das Gemälde gehört zu einer Reihe von Bildern, die das *Rasikapriya* des Dichters Keschavdas illustrieren. *Malwa, Mittelindien, um 1680*

LIEBESSTREIT

Nichts provoziert ein Mädchen,
das dich liebt, mehr,
als wenn du während des Beischlafs
von ihrer Vorgängerin redest
und beim Orgasmus ihren Namen aussprichst.

Das wird zu einem heftigen Streit führen.
wütend ihren Kopf schüttelnd,
wird sie, mit aufgelösten Haaren, Ströme von Tränen
vergießen und unter wüsten Beschimpfungen
mit ihren kleinen Fäusten gegen deine Brust trommeln.

Wenn du besonders taktlos gewesen bist,
wird sie sich die Blumen vom Hals reißen,
auf ihnen herumtrampeln und den kostbaren Schmuck,
den du ihr geschenkt hast, zu Boden werfen,
bevor sie selbst weinend niedersinkt.

Du mußt jetzt versuchen, sie zu trösten.
Wähle deine Worte mit Bedacht
und knie sogar, wenn es nötig ist,
zu ihren Füßen nieder, um sie zu bitten,
dir zu vergeben und wieder ins Bett zu kommen.

Aber sei nicht überrascht, wenn sie
auf deine liebevollen Worte mit Wutschreien reagiert
oder wenn sie dich an den Haaren packt,
dein Gesicht niederdrückt und deinen Körper
und deinen Kopf mit Fußtritten traktiert.

Dann wirft sie sich hastig ihr Gewand über,
schließt mit zitternden Fingern den Gürtel,
wischt ärgerlich die großen Tränen fort,
die ihr noch immer in die Augen steigen, und geht
aufgebracht bis zur Tür, wo sie schmollend stehenbleibt.

Wenn sie ihren Dattaka [1] gelesen hat,
wird sie sich an seinen Rat erinnern, daß sie
— wie wütend sie auch sei —
nicht das Zimmer verlassen sollte:
Wie könnte sie sonst mit Anstand wiederkommen?

Sie läßt sich schluchzend an der Schwelle nieder
und rührt sich nicht, bis du hinlänglich
deine Reue gezeigt und Besserung gelobt hast;
dann nimmt sie beiläufig deine Huldigung entgegen,
lächelt unter Tränen und läßt sich von dir umarmen.

Wenn du mit deinem Weib gestritten hast
und sie in ihr Zimmer gestürmt ist,
kannst du sicher sein, daß sie nach kurzer Zeit
wieder da ist, wütender als vorher —
und die ganze Geschichte beginnt von neuem.

Aber wenn deine Geliebte nach Hause gegangen ist,
schicke unverzüglich deine *pithamardas* [2],
vitas und *viduschakas* zu ihr, um sie zu beruhigen.
Sie wird schließlich nachgeben und sich zurückführen
lassen, um für die Nacht das Bett mit dir zu teilen.

Abschließende Bemerkungen

Damit endet das Buch der Liebeskunst.
Wenn du die vierundsechzig
Pantschala-Künste Babhravyas kennst
und das *Kama Sutra* studierst,
wirst du nie Probleme mit Frauen haben.

Wie kundig du auch in anderen Wissenschaften sein
magst — du wirst weder Anerkennung bei den Weisen
finden noch die dreifache Suche
nach *Dharma, Artha* und *Kama* [3] vollenden,
wenn du nichts von diesen Künsten weißt.

Ja, selbst wenn du nichts kennst als diese
vierundsechzig Künste, wirst du in gelehrten Kreisen
Anerkennung finden. Sprich fachmännisch über
dieses Thema, und du wirst bald der Guru von Männern
und Frauen der besten Gesellschaft sein.

Die alten Weisen priesen diese Künste,
weil sie das Band der Ehe festigen;
die Zunft der Kurtisanen
verehrt den Namen Babhravyas — und wer von uns wagt,
ihre Autorität anzuzweifeln?

Diese Künste lehren uns, unserer Liebe auf die schönste
Weise, die wir kennen, Ausdruck zu geben,
und wie die Frauen, die sie über alles schätzen,
ist ihre Schönheit zugleich von irdischer und göttlicher Art
— so schrieben die Weisen in den Schastras [4].

---

1 Siehe Glossar. Dieser Rat stammt aus Dattakas Vorlesungen für die Kurtisanen von Pataliputra.

2 Siehe S. 32, Anm. 14.

3 Siehe S. 18, Anm. 1, und Einführung.

4 Heilige Texte.

Diese Vignette aus einem Manuskript des *Amaruschataka*, eines Gedichts, das die Liebesabenteuer des Dichterkönigs Amaru beschreibt, zeigt das Ende eines Liebesstreits. Amaru hat versehentlich seine Geliebte mit dem Namen eines anderen Mädchens angeredet und damit die Reaktion hervorgerufen, die Vatsyayana vorhergesagt hat. Da sie entschlossen zu sein scheint, den Streit fortzusetzen, fordert er jetzt auf entwaffnende Weise alle Küsse zurück, die er ihr gegeben hat. *Malwa, um 1680*

BUCH III
WERBUNG

BRAUTWAHL

Die Ziele der Ehe — das heißt, das *Dharma* zu erfüllen,
Wohlstand zu erlangen, Erben zu zeugen, die Liebe
und geschlechtliche Freuden zu genießen — können nur
erreicht werden, wenn du eine Jungfrau aus deiner
eigenen Kaste in einer vedischen [1] Zeremonie heiratest.

Wähle eine Jungfrau aus gutem Haus,
die wenigstens drei Jahre jünger ist als du.
Ihre Eltern, die noch leben müssen,
sollten sie streng erzogen haben,
und sie sollte mehrere Onkel und Tanten haben.

Ihre Familie sollte reich und angesehen sein,
Freunde in hohen Stellungen haben
und eine makellose Vergangenheit aufweisen.
Ihre Verwandten sollten Beziehungen
zu den besten Familien des Landes unterhalten.

Deine zukünftige Braut sollte gute Manieren haben,
schön, charmant und gesund sein,
mit makellosen Zähnen, Nägeln, Ohren, Haaren,
Augen, Brüsten und einem wohlgestalteten Körper.
Du solltest natürlich eine genauso gute Partie sein.

Es ist die heilige Pflicht deiner Eltern und deiner
Verwandten, eine passende Braut für dich zu finden,
und, wenn sie ein Mädchen ins Auge gefaßt haben,
alles in ihrer Macht Stehende zu tun,
um die Einwilligung ihrer Eltern zu erlangen.

Sie sollten ihre Eltern nicht über die Fehler anderer Freier
im unklaren lassen und vor künftigen Problemen warnen,
aber deine Herkunft, deinen Mut und deinen Charakter
preisen und vor allem solche Eigenschaften hervorheben,
die der Mutter des Mädchens gefallen.

Geh als Astrologe verkleidet in ihr Haus
und teile der Mutter vertraulich mit,
daß das Horoskop ihrer Tochter
— durch Omen wie das Krächzen der Krähen bestätigt —
nur Glück und Wohlstand für die Ehe verheiße.

Sage ihr, daß die Sterne schlechte Konstellationen
für den Freier aufwiesen, den sie ins Auge gefaßt hat
— die Verbindung würde zu einer Katastrophe führen —,
und daß sie viel besser daran täte, ihre Tochter
mit dem Mann zu verheiraten, den du ihr empfiehlst.

Die Familien sollten jetzt die Horoskope vergleichen,
die Auguren und die Veden [2] befragen, frühmorgens vor
das Haus eines Nachbarn gehen, um das Orakel zu hören [3],
und so einen passenden Hochzeitstag bestimmen, dabei
jedoch den sechsten und achten Tag des Monats meiden.

Ghotakamukha sagt, daß die Hochzeit nicht allein
von den jeweiligen Eltern des Paares
arrangiert werden sollte,
sondern daß auch die Verwandten und Freunde
beider Seiten ein Wort dazu sagen müßten.

Vergewissere dich, daß das Mädchen
nicht faul, neurotisch oder eigensinnig ist,
daß sie keine heimlichen Liebhaber hat
oder einen lockeren Lebenswandel führt
und daß sie keine Perücke trägt.

Freie kein Mädchen, das wie ein Mann aussieht,
das von Blattern entstellt ist,
dessen Hände und Füße im Sommer schwitzen,
das buckelig oder stumm ist oder das die Götter mit
einem schändlich großen Hinterteil ausgestattet haben.

Nimm auch keine Jungfrau zur Braut, die
unheilverheißend nach einem Stern, Fluß oder Baum
benannt ist, deren Namen auf *„la"* oder *„ra"* endet,
die zu jung für dich ist
oder mit der du bereits als Kind gespielt hast.

Die Hochzeit deiner Tochter

Wenn deine Tochter großjährig geworden ist und du
glaubst, die Zeit sei gekommen, einen Mann für sie
zu finden, achte darauf, daß sie stets elegant gekleidet ist,
wenn sie das Haus verläßt, und beginne
über ihre *varana*-Zeremonien [4] nachzudenken.

Nimm jede Gelegenheit wahr, sie bei einem Opferfest, einer
Hochzeit oder einem geselligen Zusammensein vorzuzeigen.
Wie du einen Gegenstand ausstellst, den du verkaufen willst,
so mußt du auch die Schönheit deiner Tochter
zur Schau stellen, bevor sie verblüht ist.

Wenn ein Freier, den deine Gattin
für hinreichend hübsch, begabt und beredsam hält,
mit seiner Familie zum *varana* kommt,
solltest du sie förmlich begrüßen und ihnen
als glückverheißende Auspizien Quark und Reis anbieten.

---

1 Den Veden entnommen. Siehe Glossar.

2 Siehe Glossar.

3 Wer das Orakel befragen wollte, ging in aller Frühe vor das Haus eines Nachbarn und lauschte auf das erste Wort, das er von drinnen hörte. Wenn es ein freundliches Wort war, bedeutete das eine positive Antwort auf die Frage des Ratsuchenden. Ein mürrisches oder zänkisches Wort verkündete Unheil.

4 Das zeremonielle Zusammentreffen von Familien, die im Begriff stehen, sich zu verschwägern. Die zukünftige Braut wird hierbei diskret auf Herz und Nieren geprüft.

Ein junges Mädchen mit ihrem zahmen Rehkitz in einem Golconda-Garten. Golconda war das fast legendäre Königreich, aus dem der Koh-i-Noor-Diamant kam, und das Mädchen ist möglicherweise die Tochter eines der Höflinge des letzten Königs, Sultan Abul Hasan, denn das Bild wurde nur etwa sieben Jahre vor der Eroberung der Stadt durch Aurangseb gemalt. Die kräftigen Farben sind charakteristisch für die Golconda-Schule, die nach Beginn der Mogul-Herrschaft in das nahe gelegene Haiderabad zog. *Golconda, um 1680*

Gestatte ihnen, einen Blick auf deine Tochter
zu werfen, die vielleicht kurz den Raum betritt,
um einen Imbiß zu reichen, und zufälligerweise
ihr schönstes Gewand trägt
und mit dem gesamten Familienschmuck behängt ist.

Versprich seiner Familie nichts, bevor du dich überzeugt
hast, daß der junge Mann als Schwiegersohn geeignet ist.
Sage nur, daß du deine Verwandten und Freunde
um Rat bitten und ihnen deine Entscheidung
in den nächsten Tagen mitteilen würdest.

Falls die Vertreter seiner Familie den Wunsch äußern,
ein Bad zu nehmen und noch an diesem Tag
das rituelle Mahl mit dir zu teilen, sage ihnen,
daß gute Dinge Weile haben wollen
und sich von selber regeln, wenn Prajapati es so will.

Wenn du dich für den jungen Mann entschieden hast, bereite
die Hochzeit deiner Tochter vor — in Übereinstimmung
mit den Traditionen deines Landes und deiner Familie, wobei
du die Wahl hast zwischen den vom Veda sanktionierten
Brahma-, *Prajapatya-*, *Arscha-* und *Daiva-* Zeremonien[5].

Ein Mann sollte seine Freunde und Ehefrauen
nur in seiner eigenen Kaste suchen.
Steht deine Braut gesellschaftlich über dir,
werden ihre Verwandten dich wie einen Diener behandeln,
steht sie unter dir, wirst du ihre Familie tyrannisieren.

Solche Ehen sollten nicht geschlossen werden.
Das Paar, das innerhalb seiner eigenen Kaste heiratet,
gemeinsame Freunde und Interessen hat,
knüpft eine Verbindung zwischen wirklich Gleichgestellten
— die einzige Art einer Ehe, die Bestand verspricht.

5 Die vier Eheformen, die als völlig ehrbar angesehen wurden. *Brahma* vermählt das Mädchen frei mit einem passenden Mann. *Prajapatya* gestattet dem Mädchen, einen passenden Mann eigener Wahl zu heiraten. *Daiva* vermählt das Mädchen frei mit einem Opferpriester des *Rigveda*. Bei der *Arscha-* oder *Rischi*-Form erhält der Vater des Mädchens ein Geschenk von zwei Ochsen.

Ein junger Mann macht der Familie eines Mädchens einen Höflichkeitsbesuch. Das Mädchen hat ihn kommen sehen und unterredet sich rasch mit ihrer Freundin. Das Gemälde entstand als Illustration des *Rasikapriya* und ist eines aus einer Reihe von Bildern, die jetzt in der ganzen Welt verstreut sind. Es verdankt die Hauptmerkmale seines Stils dem Maler Sahibdin, der etwa zwanzig Jahre zuvor das einflußreiche *ragamala* (Personifizierungen verschiedener *ragas*) geschaffen hatte. *Mewar, um 1650 (Ausschnitt)*

WIE DU IHR VERTRAUEN GEWINNST

Drei Nächte nach der Hochzeit
mußt du auf dem Erdboden schlafen
und streng enthaltsam leben.
Deine Speisen sollten ohne Gewürze,
Salz und Zucker zubereitet werden.

Sieben Tage und Nächte lang
sollte dein Haus von Gesang erfüllt sein;
setze Musikanten hinter geschnitzte Wandschirme,
die euch aufspielen, wenn ihr zusammen badet,
und lege deine schönsten Gewänder und Juwelen an.

Schickt euren Familien Blumen und Parfüms
und setz dich bei jedem Mahl, bei Festen und im Theater
neben deine Braut.
Das gilt für alle Kasten:
Brahmanen, *kschatriyas, vaischyas* und *schudras*[1].

Bitte die Angehörigen deiner schüchternen jungen Frau,
sie an jedem der ersten drei Abende
in die Brautkammer zu geleiten, wo du ihr
den Hof machst und mit viel Verständnis
um ihr Vertrauen und ihre Liebe wirbst.

Wenn du jedoch in diesen ersten drei Nächten
keusch wie eine Marmorstatue bleibst,
warnt Babhravya, und überhaupt kein Verlangen zeigst,
mag deine Braut sich fragen,
ob sie vielleicht einen Eunuchen geheiratet hat.

Es ist eine heikle Angelegenheit, dieses Werben.
Du mußt sie küssen und liebkosen, allmählich
ihr Vertrauen gewinnen und ihre Wollust entfachen,
dabei jedoch weder deine Enthaltsamkeit aufgeben
noch sie gegen ihren Willen zu irgend etwas zwingen.

Frauen sind zart wie Blumen
und müssen genauso behutsam behandelt werden.
Wenn du grob oder rücksichtslos bist, wird sie anfangen,
deine Liebesbezeugungen zu verabscheuen; aber wenn du
ihr Vertrauen gewinnst, wirst du auch ihre Liebe gewinnen.

Wenn sie sich in deiner Gegenwart entspannen kann,
strecke die Hand aus und berühre sanft
ihren Körper an Stellen, die nicht ihre Scham verletzen.
Streichle sie liebevoll, aber beiläufig
und dehne die Liebkosungen nicht zu lange aus.

Wenn ihr euch vor der Hochzeit noch nicht kanntet,
beschränke deine Liebkosungen
auf ihre Brüste und den oberen Teil ihres Körpers;
widerstehe der Versuchung, deine Hände
die Partien unterhalb ihres Nabels erkunden zu lassen.

Wenn ihr euch schon länger kennt,
wird sie kaum verlangen, daß du
die Öllampe löscht, bevor du sie umarmst;
aber wenn sie schüchtern oder sehr jung ist,
verlangt ihre Sittsamkeit nach der Dunkelheit der Nacht.

Wenn sie unter den Angriffen
deiner kundigen Finger nachzugeben beginnt,
rolle ein Stück *paan*[2] zusammen, stecke es dir
zwischen die Lippen und lade sie ein,
es mit ihren eigenen Lippen zu ergreifen.

Bitte sie inständig darum, wenn sie sich weigert.
Sag, ihre Schüchternheit sei töricht, versprich ihr
ein Schmuckstück; laß dich auf die Knie nieder,
flehe sie an: Keine Frau, wie zornig sie auch sein mag,
kann es ertragen, ihren Gatten zu ihren Füßen zu sehen.

Wenn sie schließlich das *paan* nimmt,
küß sie zärtlich, ohne ein Wort, auf den Mund.
Und wenn ihr das zu gefallen scheint,
fange ein vertraulicheres Gespräch an, necke sie
mit scheinbar unschuldigen Fragen.

Natürlich wird sie darauf nicht antworten,
so daß du deine Frage wiederholst
und sie geduldig bittest, doch endlich zu reden.
Wenn sie immer noch nicht antwortet, bleibe gelassen
und bedränge sie nicht weiter.

Ghotakamukha sagt, daß eine frisch verheiratete Frau
oft zu scheu ist, um zu reden, oder, wenn sie redet,
verwirrt zu stammeln beginnt, doch daß sie jedes Wort,
das ihr Gatte sagt, wie einen Schatz
hütet und achtgibt, keines zu überhören.

Auf Fragen wie „Gefalle ich dir?"
oder „Verlangst du nach mir?" wird sie
mit einem langen, schweren Schweigen reagieren,
bevor sie schließlich verschämt nickt; aber möglich ist
auch, daß du die ganze Nacht auf eine Antwort wartest.

Bitte ihre beste Freundin, dir zu helfen, sie aufzutauen.
Wenn sie zwischen euch beim abendlichen Mahl sitzt,
sollte die andere dich
zu Liebeserklärungen ermuntern und dich
zu weiteren, ausschweifenderen Bekenntnissen anhalten.

Deine Frau wird daraufhin
die Augen niederschlagen und zu kichern beginnen,
sich wieder fangen und ihre Freundin
anfahren, wie sie es wagen könne,
an solchem Unsinn Gefallen zu finden.

---

1 Siehe S. 22, Anm. 5.

2 Siehe S. 28, Anm. 3.

Die schüchterne junge Braut wird in das Schlafzimmer geführt, wo ihr Gatte sie erwartet. Dieses Lieblingsthema der Kangra-Schule wird in diesem Fall mit der Legende von Radha und Krischna in Zusammenhang gebracht. Obwohl ein Dichter wie Jayadeva in seinem lyrischen Meisterwerk *Gita Govinda* ihre Liebe besang, war Radha tatsächlich mit jemand anders verheiratet. Auf diesem ausdrucksvollen Bild wird sie daher nicht zu Krischna, sondern zu ihrem neuen Gatten geleitet, während Krischna den Vorgang aus einem Fenster beobachtet. *Kangra, um 1820*

Ihre Freundin sollte dir dann
eine Reihe vertraulicher Geständnisse verraten,
die deine Frau ihr angeblich gemacht hat,
an die sie sich jetzt wendet und sagt:
„Dein Mann will wissen, warum du nun schweigst."

Deine Frau erwidert mit leiser Stimme:
„Ich habe niemals solche Sachen gesagt, und wenn du
mich weiter hänselst, werde ich kein Wort mehr reden."
Aber sie lächelt verstohlen und wirft dir
aus den Augenwinkeln einen raschen Blick zu.

Du wirst merken, daß diese kleinen Listen
ihre Wirkung getan haben,
wenn sie eines Morgens zu dir kommt und dir *paan*,
Sandelholzpaste und Blumen bringt,
die sie dir schweigend zu Füßen legt.

Nimm sie bei der Hand und fahre
mit deinen Fingernägeln leicht über ihre Brustwarzen;
weigere dich aufzuhören, wenn sie protestiert,
und sage ihr: „Du mußt mich fest in die Arme nehmen,
bevor ich daran denke, dich gehenzulassen."

Nimm sie auf den Schoß und laß deine Hand
in die Regionen unter ihrem Bauchnabel wandern.
Halte inne, wenn sie Einwände erhebt, und schwöre ihr,
daß deine Hand sich nicht mehr rühren werde.
Dieses Versprechen bindet nicht deine andere Hand.

Jage ihr Angst ein, wenn sie sich dir zu entziehen sucht,
indem du sagst: „Ich werde deine Lippen und deinen
Busen mit Liebesmalen zeichnen, meinen eigenen Körper
mit Kratzwunden bedecken und deinen Freundinnen
erzählen, das habest du gemacht. Was wirst du dann sagen?"

Wenn du auf diese Weise deine unschuldige Braut
mit Drohungen, die kein Kind täuschen würden,
entwaffnet hast, solltest du sie nach der dritten Nacht
in die niederen Geheimnisse der Liebe eingeführt
und sie auf die eigentliche Vereinigung vorbereitet haben.

Bedecke ihren Körper mit Küssen und liebkose
ihre Schenkel, wobei deine Hand langsam
unter ihrem Gewand höher und höher wandert.
Wenn sie sich wehrt, frage: „Was ist daran schlimm?",
aber warte eine Weile, bevor du den Angriff fortsetzt.

Wenn sie zu erregt ist, um zu protestieren,
löse sanft ihren Gürtel und lockere
die Schlaufe ihres Unterkleides so weit,
daß deine Finger zu ihren nackten Schenkeln
vordringen und ihre Scham erkunden können.

Inzwischen werden deine Keuschheitsgelübde
kaum noch etwas wert sein, aber denke daran, daß alles,
was du tust, nicht deinem, sondern ihrem Vergnügen dient:
Ihre Liebe und ihr Vertrauen zu erwecken
und sie liebevoll auf das Hochzeitsbett vorzubereiten.

Beschreibe ihr in diesen ersten drei Nächten
die vierundsechzig Liebeskünste, sprich davon,
wie sehr du sie liebst, und sage ihr,
daß du alles Vorangegangene nur geplant habest,
weil du trunken vor Verlangen seist.

Versprich ihr, daß du in deinem ganzen Leben
nie etwas tun wirst, was sie verletzt;
versichere ihr, daß sie nie die Eifersucht
einer Nebenfrau zu fürchten braucht,
denn solange sie lebt, wirst du keine andere heiraten.

Wenn du auf diese Weise ihre Gefühle erprobt,
ihr Vertrauen gewonnen und sie
im Netz deiner Liebe gefangen hast,
wird sie von Anfang an
eine treue und liebevolle Lebensgefährtin sein.

Füge dich nicht jeder ihrer Launen,
doch mißachte auch nicht ihren Willen;
der Mittelweg ist der einzige Weg zu ihrer Liebe.
Respektiere sie, schenk ihr Lust,
gewinne ihr Vertrauen — und sie wird dich immer lieben.

Wenn du aus Rücksicht auf ihre Gefühle
überhaupt keine Avancen zu machen wagst,
wird sie dich für tierisch-dumm halten,
für hoffnungslos bäurisch,
für unfähig, ihre Gedankenwelt zu verstehen.

Wenn du dich andererseits nicht darum bemühst,
sie zu umwerben, sondern ihre Gefühle mit Füßen trittst,
um dein Verlangen so schnell wie möglich zu befriedigen,
wirst du nur Angst und Zorn in ihr erregen,
die, einander befruchtend, blinden Haß gebären.

Wenn deine junge Braut kein Zeichen von Liebe
bei dir findet, wird eine Bitterkeit in ihr aufsteigen,
die eines Tages in Feindseligkeit, in offene Rebellion
und sexuellen Ekel umschlägt; so zwingst du sie,
die Liebe in den Betten anderer Männer zu suchen[3].

3 Nach einem alten von Manu (VIII: 37) und Vasischta (XIX: 44) zitierten Vers liegt die Schuld in einem solchen Fall nicht bei der Ehebrecherin, sondern bei ihrem Gatten, dessen Aufgabe es gewesen wäre, seine Frau von ihrer Verfehlung abzuhalten. Diese Vorstellung findet sich im *Mahabharata*, in der Geschichte Ahalyas, wieder (siehe Glossar). Wenn der Ehemann zu anderen Frauen geht, ist seine Gattin nicht dafür zu tadeln, daß sie ihm untreu wird. Frauen sind das, was Männer aus ihnen machen.

Ein verliebter Ehemann breitet sein Gewand um die Schultern seiner Frau, um sie vor der Kälte ihres Hauses in Garhwal zu schützen. Sie bietet ihm *paan* an — wie sie es auch zu Vatsyayanas Zeit getan hätte. Auch die Sandelholzpaste, die die junge Braut im *Kama Sutra* ihrem Gatten zu Füßen legt, war in Garhwal sehr beliebt. Der Staat lag an den Ausläufern des Himalaya. Der Stil des Bildes ist fast nicht von dem der Kangra- und Guler-Schule zu unterscheiden. *Garhwal, um 1780—1800*

ANNÄHERUNGSVERSUCHE

Wenn du glaubst, daß ihre Eltern
die Einwilligung zu eurem Bund verweigern werden,
mußt du heimlich um sie werben,
sie drängen, sich von dir entführen zu lassen,
und sie dann nach dem *Gandharva*-Ritus [1] heiraten.

Wenn sie noch sehr jung ist, fast ein Kind, kannst du
mit ihr ins Feld gehen, um Blumen zu pflücken,
die du ihr zu Kränzen windest;
schenk ihr ein Puppenhaus und Puppen und hilf ihr,
sie mit Kuchen und *laddus* [2] aus Sand zu füttern.

Spiel all die in ihrem Dorf beliebten Spiele mit ihr — wie
das Steinespiel, bei dem sechs Kieselsteine hochgeworfen
und mit dem Handrücken aufgefangen werden,
Blindekuh, Himmel-und-Hölle, Fangen, Versteckspielen
oder das Laufen mit wie Flügel ausgestreckten Armen.

Verstecke kleine Münzen in einem Weizenhaufen und
sage ihr, sie könne sie behalten, wenn sie sie findet.
Wenn sie mit ihren Freundinnen spielt,
laß sie die Augen schließen und erraten, welcher
der fünf Finger es ist, der an ihre Stirn klopft.

Webe ihr eine Schärpe aus Wolle und Garn,
nimm sie bei den Händen und drehe sie im Kreise,
versteck deinen Mittelfinger zwischen den anderen
Fingern und fordere sie auf, ihn zu ergreifen, oder laß sie
erraten, was du in der geschlossenen Hand hältst.

Wenn sie etwas sieht, was ihr gefällt,
kauf es ihr und schenk ihr Spielzeug,
das kein anderes Mädchen hat —
Sachen, die so selten und aufregend sind,
daß sie kaum ihren Augen trauen mag.

Schenk ihr einen bunten Ball, der mit verschiedenfarbenen
Segmenten, wie die Teile einer Orange, bemalt ist,
und zeige ihr, wie die Farben verschwimmen und
weiß werden, wenn der Ball sich dreht;
lehre sie, Seifenblasen zu blasen.

Erfreue sie mit aus Holz, Horn
oder Elfenbein geschnitzten Babypuppen,
deren sorgfältig aus Wachs oder Ton modellierte
und von seidigem Haar umrahmte Gesichter
sie lebensecht-lächelnd anstrahlen.

Schenk ihr kleine, aus einem Holzblock
geschnittene Widder und Stiere,
die paarweise durch ein Joch miteinander verbunden sind;
und einen Miniaturtempel, dessen bemalte Türen
sich an allen vier Seiten öffnen lassen [3].

Schenk ihr Käfige mit Papageien, Hirtenstaren,
Wachteln, Hähnen und Rebhühnern;
makellose, schöne Muschel- und Schneckenschalen;
Perlen und Perlmutt;
geweihte Amulette und eine Spielzeug-*vina* [4].

Schenk ihr einen Malkasten, in dem sie Lacke,
roten Ocker, gelbe Arsenblende und andere Farben findet;
Silbergefäße für Sandelholzpaste,
Kardamom, Betelnüsse und *paan*-Blätter [5];
Phiolen mit duftenden Essenzen [6] und andere Kosmetika.

Vermittle ihr das Gefühl, daß du ihr
immer alles geben wirst, was sie sich wünscht.
Wenn sie fragt, warum du ihr diese Geschenke heimlich gibst,
sag ihr, daß du ihre Eltern fürchtest
und nicht willst, daß ihre Freundinnen neidisch werden.

Bitte sie um ein heimliches Stelldichein, sag ihr,
daß du ihr etwas Wichtiges mitzuteilen habest,
und betöre sie mit romantischen Geschichten über Mädchen
wie Schakuntala und Damayanti [7], die sich selbst
ihre Gatten aussuchten und aus Liebe heirateten.

Gewinn ihre Dienerin oder die Tochter ihrer Amme mit
Schmeicheleien, kleinen Geschenken und Freundlichkeiten
als Bundesgenossin und laß sie diese Geschichten bestätigen.
Die Hilfe dieses Mädchens wird dir sehr zustatten kommen,
ob du sie ins Vertrauen ziehst oder nicht.

---

1 Bei einer Heirat nach *Gandharva*-Art gelobt das vor den Eltern der Braut geflohene Paar sich am heiligen Feuer Liebe und Treue und vollzieht dann sofort die Ehe. Das ist sehr wichtig. Dieses Kapitel richtet sich wie die beiden folgenden an junge Männer und Frauen, die — aus welchen Gründen auch immer — nicht nach den ersten vier Formen (siehe S. 96, Anm. 5) heiraten können. Die Spiele dieses Kapitels, die Strategien des nächsten und die Hochzeitsvorbereitungen des letzten beziehen sich samt und sonders auf den *Gandharva*-Ritus.

2 Runde Leckereien aus Zucker und verschiedenen Mehl- oder Linsenarten, gewürzt mit Kokosnuß, Limone, Cashew-Nüssen, Kardamom, Mandeln, Pistazien, Melonensamen usw.

3 In Rajasthan ziehen wandernde Brahmanen mit kleinen hölzernen Tempeln, auf denen Szenen aus dem *Ramayana* und dem Leben Krischnas dargestellt sind, durch die Dörfer und erzählen die Geschichten, die den abgebildeten Szenen zugrunde liegen, bevor sie *pujas* opfern. Falttüren lassen sich öffnen, um den Blick auf ein inneres Heiligtum freizugeben, das Abbilder von Rama, Sita und Lakschmana enthält. Diese Tempel sind wahrscheinlich denjenigen sehr ähnlich, die Vatsyayana beschreibt.

4 Siehe S. 28, Anm. 4.

5 In fast jedem indischen Haushalt gibt es eine Blechbüchse oder ein feuchtes Tuch, das einen Stapel frischer Blätter zur *paan*-Zubereitung enthält. Das von Vatsyayana erwähnte Gefäß war vermutlich wesentlich dekorativer. In alten Zeiten hatten Fürsten und Aristokraten ihre eigenen *paan*-Butler; und formvollendet *paan* zu reichen und zu empfangen war eine Kunst. Prinz Samarabhata *(Kuttani Mata* V: 759) soll *paan* mit der linken, zur *Khatakamukha*-(Krähenschnabel?)-Tanzgeste geformten Hand von einem Butler genommen haben, der seine Hand in der *Samdanscha*-(Zangen)-Stellung hielt.

6 Sandelholzessenz war kostbar — wie auch heute noch (obgleich sie jetzt häufig durch Patschuli ersetzt wird). Rosenessenzen waren im alten Indien unbekannt; sie kamen erst mit der muslimischen Eroberung ins Land.

7 Siehe Glossar.

Ein junger Mann überreicht einem Mädchen, dessen Gunst er zu gewinnen sucht, eine Dose, die vermutlich mit *paan* oder Süßigkeiten gefüllt ist. (Vielleicht handelt es sich auch um eine Spieluhr.) Die Zofe des Mädchens, die nach altem Brauch und dem *Kama Sutra* mit dem Verehrer gemeinsame Sache macht, drängt ihre Herrin, das Geschenk anzunehmen.
Sirtschi, spätes 17. Jahrhundert

Wenn deine zukünftige Braut die Magie schätzt,
verblüffe sie mit Zaubertricks und Illusionen.
Wenn sie Musik und schöne Künste liebt,
bezaubere sie mit Liebesliedern; beweise ihr
dein Einfühlungsvermögen und deine Geschicklichkeit.

In der achten Nacht des schwindenden Mondes
und bei anderen religiösen Festen
bring duftende Blumenkränze in ihr Haus,
eine blaue Lotosblüte als Ohrschmuck,
Siegel, Ringe und reich bestickte Gewänder.

Aber achte auf die Zeit, zu der du kommst,
und übergebe die Geschenke auf eine Weise,
daß deine Großzügigkeit weder mißverstanden
werden kann noch zu Gerüchten Anlaß gibt,
die deinem guten Ruf schaden.

Bitte ihre Dienerin zu sagen, daß sie gehört habe,
du seist sehr erfahren in den Künsten der Liebe
— weit mehr als andere junge Männer —
und daß jedes Mädchen, das dich heiratet, nicht nur
einen Gatten, sondern auch einen Liebhaber gewinne.

Die Dienerin sollte dich in Anwesenheit des Mädchens
nach den vierundsechzig Künsten fragen
und dir so Gelegenheit geben, dein Wissen auszubreiten,
ihre Neugier zu erwecken und sie mittelbar
über das *Kama Sutra* zu unterrichten.

Sorge dafür, daß du in den Augen deiner Geliebten
stets attraktiv erscheinst und lege immer
deine besten Gewänder an, wenn du sie triffst.
An der Art, wie sie sich in deiner Gegenwart benimmt,
kannst du sehen, ob deine Werbung erfolgreich ist.

Ein Mädchen, das dich liebt,
wird dir nie gerade ins Gesicht sehen,
sondern dich schüchtern
aus den Augenwinkeln anblicken —
sie wird dich nur ansehen, wenn du fortschaust.

Indem sie so tut, als ob du ihr vollkommen
gleichgültig seist, ordnet sie die Falten
ihres Gewandes, um sich schicklich zu bedecken,
und enthüllt dabei viel mehr von ihren
herrlichen Gliedern, als sie sollte.

Wenn du sie etwas fragst, lächelt sie,
läßt den Kopf hängen und lispelt
stammelnd eine Antwort, die niemand versteht.
Aber sie sitzt glücklich stundenlang
neben dir, ohne ein Wort zu reden.

Wenn sie dich in der Ferne sieht,
bleibt sie unter irgendeinem Vorwand stehen,
verzieht das Gesicht und fragt ihre Gefährtinnen:
„Glaubt ihr, daß er mich gesehen hat?"
Und bald sorgt sie dafür, daß du sie siehst.

Sie blickt in deine Richtung,
lacht laut über etwas, das sie irgendwo bemerkt hat,
plaudert angeregt, aber auf seltsam
zerstreute Weise mit ihren Freundinnen
und erfindet eine Entschuldigung, um stehenzubleiben.

Sie hebt vielleicht ein Kind hoch, das vorüberkommt,
und beginnt es zu herzen und zu küssen,
oder es stört sie etwas an dem Schmuck auf ihrer Stirn,
so daß sie stehenbleibt, um ihre Dienerinnen zu bitten,
es in Ordnung zu bringen.

Von ihren Gefährtinnen umgeben,
gähnt sie kokett und reckt die Glieder,
wobei ihr ganzer Körper Verlangen verrät,
oder sie imitiert die Art, wie du deinen Backenbart
streichst und deinen Schnurrbart zwirbelst.

Sie pflegt Umgang mit deinen Freunden
und ist großzügig zu deinen Dienerinnen,
mit denen sie Schach und Karten spielt
und die sie behandelt, als wäre sie ihre Herrin, während
sie darauf wartet, daß sie deinen Namen erwähnen.

Ihre Dienerinnen werden sie überreden,
ihr schönstes Gewand und ihren schönsten Schmuck
anzulegen, um in dein Haus zu kommen
und Schach und Würfelspiele mit dir zu spielen
und sich angeregt zu unterhalten.

Wenn du sie um die Blume hinter ihrem Ohr,
ihren Ring oder ihren Kranz bittest, wird sie zögern,
aber deinem Ersuchen nachkommen;
man sieht sie kaum noch ohne das Geschmeide
und die Gewänder, die du ihr geschenkt hast.

Wenn du von anderen hörst, daß sie die Stirn runzelt
und ihre gute Laune verliert, sobald ihre Mutter
einen anderen Freier erwähnt, und daß sie sich
nicht einmal mehr bei ihren Freundinnen sehen läßt,
weißt du, daß du sie gewonnen hast.

Ein Verehrer überrascht seine Geliebte mit einem Blumenbogen, der jenem ähnelt, den Kama, der Gott der Liebe, mit sich führt. Kamas Bogen ist jedoch aus Zuckerrohr gemacht und mit summenden Bienen gespannt. Seine Pfeile sind wie die auf dem Bild an der Spitze mit Lotosblumen bestückt und haben dieselbe tödliche Wirkung wie die Amors. Eine solche Waffe auf eine junge Frau zu richten ist eine deutliche Absichtserklärung — kein Wunder, daß sie einen ängstlichen Eindruck macht. Bilaspur ist ein weiterer Staat im nördlichen Pandschab. *Bilaspur, um 1750*

STRATEGIEN DER WERBUNG

Wenn du dir sicher bist, daß das Mädchen
in dich verliebt ist, mußt du ihre
kindische Bewunderung in eine Leidenschaft verwandeln,
die sie so blind macht, daß sie einwilligt,
mit dir zu schlafen und dich heimlich zu heiraten.

Wenn du mit ihr Schach spielst, ficht einen ihrer Züge an,
nimm ihre Hand, wie um einen Regelverstoß zu
verhindern, in deine Hand und drücke sie bedeutsam,
als ob eine neue und tiefere
Vertraulichkeit zwischen euch entstanden sei.

Wenn ihr zusammen spazierengeht, achte darauf,
daß eure Körper sich ständig berühren,
und frage sie lachend, ob es möglich sei,
daß eure Leiber sich verschworen hätten, euch in den
ersten vier Umarmungen des *Kama Sutra* zu unterweisen.

Deute dein Verlangen an, indem du ihr
in *bhurdscha*-Blätter[1] geritzte Abbildungen
und Palmblatt-Buchillustrationen
von Männern und Frauen in erotischen Stellungen
und von kopulierenden Vögeln und anderen Tieren zeigst.

Wenn du mit ihr schwimmen gehst,
warte, bis sie in tieferes Wasser gelangt,
dann schwimme unter Wasser auf sie zu,
ergreif sie an den Beinen und streichle sie schelmisch,
bevor du lachend neben ihr auftauchst.

Ritze mit den Nägeln einen Brief
in ein großes frisches Blatt,
in dem du die Qualen schilderst, die sie dir bereitet,
und schreibe schöne Sätze wie: „Ich wage nicht mehr
zu denken, denn alles Denken führt zu dir."

Nimm jede Gelegenheit wahr, um ihr zu sagen,
daß sie dich in erotischen Träumen heimsucht:
„Dieses Gewand! Genauso bist du letzte Nacht
zu mir gekommen. Ich sagte mir, daß ich träume —
doch war es wirklich nur ein Traum?"

Setz dich im Theater oder bei
gesellschaftlichen Zusammenkünften eurer Familien
dicht neben sie, stoße sie heimlich an,
als hättet ihr euch miteinander verschworen,
und streichle ihren Fuß sanft mit deinem Fuß.

Nimm ihre Zehen zwischen deine Zehen,
streiche mit den Fußnägeln leicht über ihre Sohle,
und wenn sie dich nicht zu bitten wagt
aufzuhören, laß deine Zehen langsam höher wandern
bis zu ihrem Schenkel und ihrem Gesäß.

Gewöhne sie an kleine Intimitäten:
Wenn sie deine Füße wäscht,
ergreife ihre Finger mit deinen Zehen und drücke sie;
wenn sie dir Blumen oder eine Orange anbietet, nimm sie
und presse dabei deine Nägel in ihre Handfläche.

Wenn sie dir nach dem Essen zum Reinigen
des Mundes Wasser reicht,
lächle sie durch die Zähne an,
bespritze sie mit einem kräftigen Strahl
und lache, wenn sie erschreckt zurückweicht[2].

Wenn ihr in der Dunkelheit auf einem *tscharpay*[3]
zusammensitzt oder -liegt,
erkunde ihren Körper, vorsichtig tastend zunächst,
und wenn sie keine Einwände erhebt,
drück flache Nägelmale in ihre Glieder.

Sag, daß du ihr etwas anzuvertrauen habest.
„Was ist es?" wird sie fragen; aber du
gibst ihr das, was du mitzuteilen hast — deine Liebe —,
nur durch Gesten, Liebkosungen,
Seufzen, ja Schweigen zu verstehen: wortlos.

Wenn du ihre Liebe auf die Probe stellen willst, täusche
eine Krankheit vor und laß sie an dein Bett kommen,
bitte sie, dir den Kopf zu massieren, und sage:
„Nur die Schönheit kann den Schmerz heilen —
und welche Schönheit käme deiner gleich?"

Wenn sie dir die Schläfen massiert,
ergreif ihre Hände,
leg sie auf deine Augen und deine Stirn
und sage: „Siehst du? Es wird schon besser.
Deine Hände sind heilsamer als jede Medizin."

Halte sie mit einem Gespräch über Literatur und
Kunst auf, wenn sie sagt, sie müsse jetzt gehen.
Wenn du diese Posse
drei Tage und drei Nächte weiterspielen kannst,
brauchst du nicht mehr an ihren Gefühlen zu zweifeln.

Rede in euren Gesprächen über Kunst mit ihr,
erzähle ihr unbedeutende Klatschgeschichten.
Gib offen deine Liebe zu, aber nicht dein Verlangen:
Es ist wichtig, daß du sie von deiner Aufrichtigkeit
überzeugst — und nicht von deiner Geilheit.

Sei beharrlich, denn wie Ghotakamukha sagt:
Auch wenn sie dich glühend liebt
und Vertrauen zu dir hat —
du wirst sie nie ins Bett bekommen,
wenn du nicht ständig um sie wirbst.

---

1 Siehe S. 24, Anm. 5.

2 Nach hinduistischer Vorstellung verunreinigt die Berührung durch einen anderen Mund Speisen und Getränke. Der hier geschilderte Vorgang impliziert also eine große Intimität.

3 Ein mit Kokosfasern bespanntes Bettgestell aus Holz oder Bambus.

Der spitzbübische Gott Krischna hat die Kleider der *gopis* (Milchmädchen) gestohlen, während sie im Jamuna-Fluß badeten. Er zeigt sich ihrem Ärger, ihrer Scham und ihren Bitten um Gnade gegenüber gleichgültig und weigert sich, die leuchtend bunten Saris in den Zweigen des Baumes, auf dem er sitzt, herauszugeben, ehe nicht jede von ihnen nackt aus dem Wasser gekommen ist und ihm einen Kuß gegeben hat. Dies ist ein beliebtes Thema der indischen Malerei, und vielleicht hat Vatsyayana an diese Geschichte gedacht, als er seinem Leser den Rat gab, mit seiner Freundin schwimmen zu gehen. *Scholapur Dekkani, spätes 18. Jahrhundert*

Erst wenn du sie geduldig umworben und wiederholt
ihre Liebe auf die Probe gestellt hast,
kannst du darangehen, die Hochzeit vorzubereiten:
Und nur, wenn sie aus freiem Willen zustimmt,
kannst du sie nach dem *Gandharva*-Ritus[4] heiraten.

Wenn der Abend in die Nacht blaut
und Dunkelheit die Welt verhüllt,
wird das Verlangen wach in jungen Frauen, so daß sie
nur schwer einem Liebhaber widerstehen können:
Zu dieser Stunde solltest du sie um ihre Hand bitten.

Noch besser ist es, wenn du deinen Antrag
bei einem Opferfest, einer Hochzeit, einer Prozession,
einer langen Reise oder in einer Zeit der Not machst;
denn dann sind die Empfindungen der Menschen
aufgewühlt, und ein Jawort ist leicht zu erlangen.

Nach Vatsyayanas Meinung wird keine Frau, die schon
durch Worte und Taten zu verstehen gegeben hat,
daß sie bereit ist, sich entführen zu lassen,
den Antrag eines Mannes abweisen,
wenn er zur rechten Zeit gestellt wird.

Wie ein Mädchen einen Mann einfängt

Wenn du schön bist, aber von niedriger Geburt
von adeliger Herkunft, aber arm oder verwaist,
hast du keine Möglichkeit,
auf übliche Weise einen Gatten zu finden.
So mußt du selbst deine Hochzeit arrangieren.

Such dir einen hübschen, talentierten Mann:
einen, den du schon als Kind kanntest,
oder einen, der eigenwillig und impulsiv genug ist,
gegen den Willen seiner Eltern zu heiraten —
beide sind in der Regel leicht einzufangen.

Bezirze ihn mit deinem Charme
und wende jeden Trick an, den du kennst.
Deine Mutter — sofern sie noch lebt — sowie alle deine
Freundinnen und Dienerinnen sollten hinzugezogen
werden, um dich bei deinem Feldzug zu unterstützen.

Triff dich mit ihm an einem ruhigen Ort,
nimm Blumen, *paan*[5] und duftende Essenzen mit,
um seinen Kopf zu massieren; unterhalte dich mit ihm
über Belanglosigkeiten und gib ihm zu verstehen,
daß du kundig in den vierundsechzig Künsten bist.

Aber wie sehr du auch danach verlangen magst —
laß dich nicht auf Liebesspiele ein!
Die Weisen sagen, daß nichts den Charme einer Frau
schneller zerstört und ihre Chancen verdirbt,
als wenn sie sich dem Mann an den Hals wirft.

Umgekehrt solltest du seine amourösen Avancen
dulden und ihn sogar darin ermutigen;
aber gib acht, daß du nicht den Kopf verlierst,
wenn er dich küßt und umarmt.
Tue so, als ob du seine Absichten nicht verstehst.

Wenn er dein Kinn hebt, um dich zu küssen, widersetze
dich und tu so, als ob er dich zu etwas zwingt, was du
nicht willst. Wenn er deine Hand gegen seinen Penis drückt,
schreck entsetzt zurück, doch laß dich nach langem
hin und her überreden, ihn leicht zu berühren.

Wie flehentlich er dich auch bitten mag —
zieh dich niemals vor ihm aus
und verwehre ihm auch den flüchtigsten Blick
auf deine Schenkel und deine Scham:
Welche Sicherheit hast du, daß er dich heiratet?

Erst wenn du überzeugt bist, daß er dich
viel zu sehr liebt, um dich jemals zu verlassen,
solltest du ihm gestatten, deine Jungfernschaft zu beenden;
doch selbst dann sei achtsam und berichte sofort
deinen engsten Freundinnen, was geschehen ist[6].

Auf diese Weise kannst du nicht verfehlen,
einen ehrenwerten, liebenden Gatten zu gewinnen.
Wenn er vermögend, attraktiv
und verliebt in dich ist,
zögere nicht, ihn zu heiraten.

Wenn er arm ist und sich durch nichts auszeichnet,
dich aber ehrlich liebt
und dich stets nähren und kleiden kann,
zieh ihn ernsthaft in Betracht; aber weise Männer ab,
die nur deinen Körper heiraten wollen.

Die Häuser der Reichen sind voll
von enttäuschten und vernachlässigten schönen Frauen,
deren reich geschmücktes Äußeres
ein Glück vortäuscht,
das nicht der Wirklichkeit entspricht.

Heirate nie einen Mann aus einer niedrigeren Kaste,
einen Greis oder einen Spieler,
einen Mann, der viel reist, einen Mann, dessen Haus
voll von Kindern anderer Frauen ist,
oder einen Mann, der dir Gewalt antut.

Wenn du nur an seinem Geld interessiert bist,
vergiß seine Häßlichkeit und seine anderen Frauen;
aber wenn du das Glück hast, unter mehreren
begehrten Junggesellen wählen zu können,
nimm immer den Mann, der dich am meisten liebt.

---

4 Siehe S. 102, Anm. 1.

5 Siehe S. 28, Anm. 3.

6 Vermutlich um den Mann zu zwingen, sein Wort zu halten.

Der Abend kommt, und schwarze Monsunwolken ziehen sich über den fernen Hügeln zusammen. Die Kälte der Luft kurz vor einem schweren Regen ist fast körperlich spürbar. Die letzten Tage vor dem Monsun sind erfüllt von einer elektrisierenden Unruhe. Mit den Worten des Dichters Bahadur: „Die Blitze zucken in den dunklen Wolken, und junge Frauen, von einer unbestimmten Leidenschaft getrieben, suchen ihren Geliebten." Gibt es eine bessere Gelegenheit für einen Heiratsantrag?
Garhwal, um 1780—1800

DIE LIEBESHEIRAT

Wenn du nicht selbst um das Mädchen werben kannst,
weil es schwierig ist, sie ungestört zu treffen,
gib ihrer Amme Geld und bewege sie,
dein Loblied zu singen; zugleich beginne
einen Propagandafeldzug gegen deine Nebenbuhler.

„Mein Liebes, wie aufregend! Weißt du, daß du
einen heimlichen Verehrer hast? Ich kenne ihn nicht,
aber wenn nur die Hälfte von dem stimmt, was ich über
ihn gehört habe, ist er der Mann deiner Träume —
oh, wie dumm von mir, so etwas zu sagen."

„Ein Jammer, daß deine Eltern so blind sind!
Kümmert es sie, ob ihr zueinander paßt? Nein,
das einzige, was sie interessiert, ist Geld, Geld, Geld.
Sie denken nicht an dein Glück — sie verloben dich
mit dem ersten reichen Affen, der um dich anhält."

„Wenn du dir nur selbst deinen Gatten aussuchen und ihn
nach alter *Gandharva*-Art[1] heiraten könntest! Unsere
Herzen schlagen höher, wenn wir hören, wie Schakuntala
Duschyanta[2] gewann und Arjuna Subhadra[3] entführte
— sind glückliche Ehen nur noch in Märchen zu finden?"

„Nur zu, heirate sein Geld, aber denk an meine Worte —
dein Leben wird eine einzige Hölle sein.
Sieh dir seine anderen Ehefrauen an — boshafte Weiber,
die einen Streit nach dem anderen vom Zaum brechen:
Ist das das Leben, das du dir wünscht?"

„Natürlich, wenn Träume Wirklichkeit werden könnten,
würdest du diesen jungen Mann heiraten, der dich so liebt,
und seine einzige Gattin sein — er ist sicher nicht der Typ,
der hinter anderen Frauen her ist. Du wärest nicht reich,
aber, Liebes, denk daran, wie glücklich du sein würdest!"

Die Amme sollte dieses Argument immer wieder
vorbringen, bis das Mädchen zu schwanken beginnt,
und dann zu verstehen geben, es könne nicht schaden,
Verbindung mit dem jungen Mann aufzunehmen,
um alle Zweifel zu beseitigen.

Während sie als Unterhändlerin zwischen den Liebenden
vermittelt, sollte die Amme die Bedenken des Mädchens
zerstreuen und ihre Angst, entehrt zu werden, beschwichtigen: „Er wird so tun, als habe er dich mit Gewalt
entführt. So kann niemand dir einen Vorwurf machen."

Die Gandharva-Hochzeit

In der Nacht, in der sie sich aus dem Haus ihres Vaters
geschlichen hat, hole das heilige Feuer aus dem Tempel,
streu duftendes *kuscha*-Gras[4] auf den Boden,
bring, wie die *smritis*[5] verlangen, Opfergaben dar
und gehe dreimal mit ihr um das heilige Feuer.

Sobald die Ehe vollzogen ist, stehen eure Familien einer
Tatsache gegenüber, die sie nicht mehr ändern können,
denn die Weisen sagen, daß Ehegelübde, die freiwillig
vor dem heiligen Feuer abgelegt wurden,
unauflösbar sind.

Versuche jetzt, bevor die Nachricht sich verbreitet,
Frieden mit ihren Eltern zu schließen, die dich angesichts
des Skandals, der über ihre Familie hereinbrechen kann,
als Schwiegersohn akzeptieren werden —
wenn auch widerwillig.

Die Asura-Heirat[6]

Wenn das Mädchen nicht einwilligt, dich zu heiraten,
besteht die Möglichkeit, sie durch Geld zu gewinnen.
Setze durch den Freund ihrer Eltern eine hohe Summe
aus und laß das Mädchen unter irgendeinem Vorwand
in dein Haus bringen, wo das heilige Feuer wartet.

Wenn die Eltern des Mädchens sie bereits einem
anderen Mann versprochen haben und der Tag ihrer
Hochzeit näherrückt, muß dein Gehilfe den anderen
Mann bei der Mutter des Mädchens schlechtmachen
und dich statt dessen in den Himmel heben.

Das Vertrauen ihrer Mutter in den Verlobten
sollte so gründlich erschüttert werden,
daß sie in ihrem verzweifelten Bemühen,
die Verbindung in letzter Stunde zu verhindern,
dich selbst heimlich mit ihrer Tochter vermählt.

Sollte das Mädchen einen Bruder deines Alters haben,
der eine kostspielige Kurtisane unterhält,
kannst du dadurch seine Freundschaft
— und seine Unterstützung — gewinnen, daß du ihm
mit Geldzuwendungen unter die Arme greifst.

---

1 Siehe S. 102, Anm. 5.

2, 3 Siehe Glossar.

4 *Poa cynosuroides.* Ein heiliges Gras mit langen Halmen, das bei religiösen Zeremonien verwendet wird. Die Ränder und Spitzen sind messerscharf. Das aus dieser Pflanze gewonnene Öl ist sehr wertvoll und findet bei der Parfümherstellung und der Parfümierung teurer Seifen Verwendung.

5 Heilige Texte.

6 Das Wort bedeutet wörtlich „Feinde der Götter" und wird für eine Klasse von Teufeln benutzt, die ständig mit den Göttern Krieg führt. Die ursprünglichen indischen und iranischen Arier nannten ihre Götter *„sura"*. Man nimmt an, daß ein Familienkrach dazu führte, daß die Iraner ihre Götter in „Asura" umbenannten, so daß die indischen Götter iranische Teufel wurden und umgekehrt.

Eine nächtliche Entführung. Der Geliebte ist auf seinem Elefanten durch einen mit Lotosblumen gefüllten See zu einem unbewachten Teil des Palastes geritten, wo seine Prinzessin ihn erwartet. Unterstützt von ihren Dienerinnen, klettert sie eine Strickleiter hinunter, während er sich anschickt, ihr in die Sänfte zu helfen. Abenteuer verbindet sich mit Romantik — ein unwiderstehliches Motiv für jeden Mogul-Maler. *Mogul, spätes 18. Jahrhundert*

Er wird das Mädchen in dein Haus locken
und sie mit dir vor dem heiligen Feuer vermählen:
Wenn enge Freunde ihr Leben füreinander geben —
warum sollte er sich weigern,
dir seine Schwester zu geben?

Die Paischatscha-Heirat[7]

Beim *Aschtmi*[8] oder einem anderen Mondfest versichere dich der Dienste ihrer Amme, um die Begehrte betrunken zu machen und sie an einen dunklen, verlassenen Ort zu führen, wo sie dir zu Willen sein kann: Danach wird kein anderer Mann sie mehr anrühren wollen.

Eine Jungfrau zu verführen, wenn sie benommen oder betrunken ist, und sie zu deflorieren, bevor sie merkt, was geschieht, ist die verwerflichste *Paischatscha*-Form des Brautraubs: Beleidige die Götter nicht dadurch, daß du das Feuer holst.

Die Rakschasa-Heirat[9]

Wenn du erfährst, daß das Mädchen sich auf den Weg zu einem Garten oder einem nahe gelegenen Dorf gemacht hat und du, schwer bewaffnet, ausreitest, um sie zu entführen, dabei ihre Begleiter tötest oder in die Flucht jagst, ist es die *Rakschasa*-Form des Brautraubs.

Soweit es das *Dharma*[10] betrifft,
ist die *Gandharva*-Form der Heirat die beste.
Asura ist schändlich, *Paischatscha* verwerflich
und *Rakschasa* die übelste von allen —
der letzte Ausweg eines verzweifelten, törichten Mannes.

Da eine Ehe dazu dienen soll, Liebe zu wecken —
was könnte unsinniger sein, als von Anfang an
Haß zu säen? Selbst wenn du die Dienste
einer Unterhändlerin in Anspruch genommen hast,
ist die *Gandharva*-Heirat bei weitem die beste.

Gandharva ist die glückliche, schöne Ehe,
die freiwillig eingegangen wird, ohne Furcht
vor Sorgen, aus wechselseitiger Liebe —
Gandharva ist die Liebesheirat
und darum die beste von allen.

7 Eine Gruppe von Ungeheuern, entweder nach ihrer leichenblassen Farbe (*pita* = gelb) benannt oder nach ihrem Hunger nach Menschenfleisch (*pisa* = Fleisch).

8 Die achte Nacht nach dem Vollmond.

9 Eine Gruppe von den Menschen feindlich gesinnten Dämonen, die Friedhöfe heimsuchten und sich von Leichen nährten. Ihre Hochburg war Lanka (Ceylon), wo Ravana, ihr König, Sita nach ihrer Gefangennahme zu sich nahm, was zu dem im *Ramayana* beschriebenen Krieg führte. Siehe auch S. 34, Anm. 4.

10 Geistige und moralische Pflicht. Siehe S. 18, Anm. 1, und Einführung.

Da die meisten Ehen in Indien durch eine Heiratsvermittlerin geschlossen wurden — und noch geschlossen werden —, war *Gandharva*, die Liebesheirat, ungewöhnlich, und das Gefühl, das ein solches Paar miteinander verband, wurde als etwas sehr Kostbares angesehen. Das ist es, was der Künstler mit seinem Bild auszudrücken suchte, auf dem eine fürsorgliche Ehefrau ihre Dienerinnen anweist, das Schlafzimmer für ihren abwesenden Gatten herzurichten. Ein Mädchen macht das Bett, während ein anderes Wasser und ein Tuch holt, um den Raum zu säubern. Aber die Gedanken der Dame sind woanders — sie denkt an den fernen Geliebten. *Bilaspur, um 1690—1700*

BUCH IV
EHE

DIE FÜHRUNG DES HAUSHALTS

Wenn du seine einzige Gattin bist,
überzeuge deinen Mann, daß er in dir eine treue,
verläßliche Gefährtin hat, die ihm
immer zur Seite stehen wird und in deren Herzen
nur er allein regiert.

Übernimm, mit seiner Einwilligung, die Aufgabe,
den Haushalt zu führen;
erinnere dich an Gonardiyas [1] Bemerkung, daß nichts
einem Ehemann mehr gefällt, als ein sauberes,
ordentliches Haus vorzufinden, wenn er heimkommt.

Achte darauf, daß regelmäßig der Fußboden gefegt wird,
das Haus stets ordentlich ist und nach Weihrauch duftet,
hänge Blumenkränze an die Türen und Tore
und laß den Hof mit wohlriechendem,
frischem Kuhdung auslegen [2].

Der Hausaltar sollte in Ehren gehalten
und dreimal am Tag — am Morgen, am Mittag
und am Abend — für Opfergaben benutzt werden.
Schmücke bei religiösen Festen den Boden,
zünde die Lampen an und vergiß die *pujas* [3] nicht.

Wenn ältere Angehörige deines Gatten
bei euch im Hause wohnen,
bezeuge ihnen deine Achtung.
Behandle deine Bediensteten anständig: das ist
das A und O eines jeden gutgeführten Haushalts.

Pflanze Zuckerrohr in einer sauberen Ecke des Gartens
und lege Beete an für die Kräuter und Gewürze,
die du täglich in der Küche brauchst:
Kurkuma, Koriander, Ingwer, Spinat, Kreuzkümmel,
Senfsamen, Sellerie, Fenchel und Zimt.

Erfülle den Garten mit den Düften von Blumen
wie der Moosrose, dem blauen Jasmin, dem Arabischen
und dem Großblättrigen Jasmin, dem gelben Amarant,
frangipani [4], Nachtjasmin [5], *kadamba* [6] und den
hängenden Trauben des Chinesischen Roseneibisch.

Pflanze Bäume und Sträucher wie Magnolien,
Hartriegel und Bananenpalmen
und hohe Stände des duftenden *khus-khus*-Grases [7].
Fußwege sollten das Haus mit dem Garten verbinden
und sich durch die Blumen und Bäume winden.

In der Mitte dieses lieblichen Gartens
solltest du einen Brunnen graben lassen, einen Teich
anlegen — mit Stufen, die ins Wasser führen —
oder eine mit Lotos bedeckte Zisterne,
an der ihr im Sommer sitzen könnt.

Vermeide den Umgang mit Bettlerinnen,
buddhistischen und jainistischen Nonnen, mit Huren,
Tänzerinnen, Zigeunerinnen, Wahrsagerinnen und
Schlangentänzerinnen und gehe jeder Frau aus dem Weg,
die die schwarzen Künste Muladevas [8] ausübt.

Verwöhne deinen Gatten mit seinen Lieblingsspeisen,
aus reinen, gesunden Zutaten bereitet.
Deine Küche sollte sauber, gut durchlüftet
und reich ausgestattet sein — etwas abseits liegend,
damit Gäste und Fremde nicht hineinschauen können.

Wenn du hörst, daß dein Gatte
nach Hause kommt,
eile in den Hof, um ihn zu begrüßen,
frag dich selbst, was er braucht, und was du tun kannst,
um es ihm angenehm zu machen.

Wenn die Dienerin sich anschickt, ihm die Füße zu
waschen, entschuldige sie und sage,
daß du es selbst gern übernehmen möchtest.
Begrüße ihn niemals, selbst wenn ihr allein seid,
ohne dich so schön wie möglich gemacht zu haben.

Wenn dein Gatte zuviel Geld ausgibt
oder es gar unsinnig vergeudet,
solltest du unter vier Augen mit ihm darüber sprechen.
Wenn er dich beleidigt, unterdrück deinen Zorn
und bitte ihn kalt, das nie wieder zu tun.

Tadle ihn nie in Gegenwart anderer
— es sei denn, ihr sitzt mit engen Freunden zusammen.
Und versuche niemals, ihn durch Hexerei zu beeinflussen:
Vor allem die Künste Muladevas sind es, sagt Gonardiya,
die Mißtrauen in einer Ehe säen.

Erbitte die Einwilligung deines Gatten, bevor du ohne
ihn zu einer Hochzeitsfeier, in das Haus einer Freundin,
zu einem Familientreffen oder in einen Tempel gehst,
und wenn du an Spielen und Prozessionen, bei Festen
wie der Nacht der Yakschas [9] teilnehmen möchtest.

---

1 Siehe Glossar.

2 Kuhdung ist eine der fünf Gaben der Kuh. Er dient nicht nur — getrocknet — als Brennstoff, sondern wird auch mit Häcksel vermischt, um Wände und Fußböden zu verputzen. Die Mischung ergibt eine glatte, kühle Oberfläche und riecht nach Henna oder frisch gemähtem Heu.

3 Gewöhnlich eine aus Weihrauch, Blumen und Wasser bestehende Opfergabe, die in Gegenwart des heiligen Feuers in einem auf den Boden gemalten *mandala* dargebracht wird.

4 Siehe S. 36, Anm. 7.

5 *Tabernaemontana coronaria.* In ganz Indien bekannt als *raat-ki-rani* (Königin der Nacht). Duftet nachts sehr intensiv.

6 Siehe S. 32, Anm. 13.

7 Siehe S. 110, Anm. 4.

8 Siehe Glossar.

9 Ein religiöses Fest, das dem heutigen *divali* entspricht. Siehe S. 30, einschließlich Anm. 8. Hinsichtlich Yakschas siehe Glossar.

Eine junge Ehefrau pflegt liebevoll ihren Garten, um den abwesenden Gatten nach seiner Rückkehr darin zu empfangen. Jeder Teil ihres Körpers verrät die Sorgfalt, mit der sie ihre Tätigkeit verrichtet, und die Pflanzen scheinen es ihr zu danken. Hinter ihr blüht ein *Kadamba*-Baum; die Bananenstaude beginnt Früchte zu tragen; die Ranken der roten Kletterpflanze recken sich ihr entgegen. Im Vordergrund pickt ein zahmer Pfau einen Tausendfüßler auf — ein Detail, das uns keinen Zweifel daran läßt, wie ordnungsliebend es in diesem Hause zugeht. *Bundi, um 1680*

Hüte dich, schlechte Gewohnheiten anzunehmen:
unflätige Ausdrücke zu verwenden, mit den Augen zu flirten, die Stirn zu runzeln, müßig an der Haustür zu stehen, dich in dein Zimmer einzuschließen oder dich in den Garten zu stehlen, um mit Freundinnen zu tratschen.

Vermeide unter allen Umständen,
daß du nach Schweiß riechst
oder daß deine Zähne von Fäule befallen werden und
üblen Mundgeruch erzeugen: Nichts ist mehr geeignet,
den Abscheu deines Gatten zu erregen.

Wenn du das Verlangen hast, deinen Gatten
im Bett zu besuchen, leg deinen Schmuck an,
salbe dich mit duftenden Ölen,
steck eine Blume in dein Haar, zieh ein helles,
sauberes Gewand an und geh zu ihm.

Wenn ihr zusammen spazierengeht, solltest du dich
in leichte, dünne Seidenstoffe hüllen,
nur ein Halsband und Ohrringe tragen,
weiße Blumen in dein Haar stecken
und ganz schwach nach Sandelholzparfüm duften.

Beweise deine Liebe, indem du mit ihm fastest und
an seinen Bußübungen teilnimmst, und bitte ihn, dir
diesen Ausdruck deiner Zuneigung nicht zu verwehren.
Leg dich erst ins Bett, wenn er eingeschlafen ist,
und stehe vor ihm auf, ohne ihn zu stören.

Feilsche um den Preis von Haushaltswaren,
kauf billig und auf Vorrat
Wassertöpfe, Bambusstangen,
Körbe und Schemel ein, Bettgestelle,
Kopfstützen und andere Gegenstände aus Holz.

Deine Küche sollte ausgestattet sein
mit einem robusten eisernen *tava*[10],
einer kupfernen Suppenkelle und einer Zange,
wenigstens einem großen Kessel und je einer Garnitur
von Pfannen aus Eisen, Kupfer und Messing.

Fülle irdene Töpfe mit Steinsalz, Meersalz,
ghee[11], Öl und ähnlichen Grundsubstanzen,
mit duftenden Mischungen aus Jasminblüten und
anderen Blumen, die du zur Parfümbereitung brauchst,
mit Kürbissen und verschiedenen bitteren Aromastoffen.

Auch solltest du einen Vorrat
von Heilkräutern und Arzneien anlegen,
die nur zu bestimmten Jahreszeiten
oder schwer erhältlich sind, und sie an geheimen Plätzen
überall im Haus verstecken.

Sammle Samen von Rettich, Yamsbohne, Olibanum,
Mango, Wermut, Gurke, Wassermelone, Aubergine,
Gartenkürbis, Kalebasse, Pastinak, Granatapfel,
Juckbohne, Kümmel, Bitterrinde, Knoblauch
und Zwiebel und säe sie zur rechten Zeit aus.

Wie es um eure finanziellen Verhältnisse bestellt ist,
geht nur dich und deinen Gatten etwas an;
sprich nie mit anderen Leuten
— vor allem nicht mit Fremden —
über das Geld, das im Haus versteckt ist.

Du solltest dich bemühen, alle Frauen deines Standes
in den vierundsechzig Künsten und Wissenschaften,
in deiner Kleidung, deinen Manieren, deinem Auftreten,
in der Hingabe an deinen Gatten
und in deinen Kochkünsten zu übertreffen.

Arbeite dein jährliches Haushaltsbudget sorgfältig aus,
so daß Einkünfte und Ausgaben sich stets die Waage
halten; du solltest sparsam wirtschaften und wissen,
wie man *ghee* aus übriggebliebenem Quark bereitet
und Melasse aus Zuckerrohrmark gewinnt.

Lerne, Öl aus Sesamsamen zu pressen,
Garn aus Baumwolle zu spinnen
und Kleiderstoffe daraus zu weben;
sammle Baumrinde und verarbeite sie zu einem Brei,
um aus den Fasern Seile und Bastkörbe zu flechten.

Beaufsichtige deine Bediensteten, wenn sie
Reis und Weizen dreschen, worfeln und säubern.
Heb die Spreu auf, um sie mit Kuhdung zu vermischen
und Fußböden und Wände damit zu verputzen, und
verfüttere die aufgebrochenen Körner an die Vögel.

Heb halbverbrannte Kohlestücke auf,
um sie ein zweites Mal zu verwenden.
Schärf deinen Dienerinnen ein, nichts zu vergeuden,
achte darauf, daß es ihnen gutgeht und sie genug zu
essen haben, und kümmere dich um alles in Haus und Hof.

---

10 Ein flacher, schalenförmiger Kochtopf, ähnlich dem chinesischen *wok*, mit Griffen an beiden Seiten. Wird zum Backen von Fladenbroten und zum Fritieren benutzt.

11 Geklärte Butter. Wird als große Delikatesse angesehen und ist immer noch das teuerste Fett in Indien.

Die Dame des Hauses läßt sich von einer Zofe *paan* reichen, während sie und ihre alte Amme Dienerinnen beaufsichtigen, die Töpfe und Pfannen reinigen und am Herd kochen. Indische Häuser sind rings um einen offenen Hof gebaut und haben zwei Herdstellen, von denen sich eine im Freien befindet. Die Köchin hockt vor dem Feuer, facht es an, legt Holzscheite nach, vertreibt mit Blattwedeln den Rauch und hebt mit eisernen Zangen die Töpfe aufs Feuer. Heutzutage wird gewöhnlich in kupfernen Töpfen gekocht. Wasser wird in irdenen Krügen aufbewahrt, die es bei warmem Wetter kühl halten. Auf den Borden über der Tür trocknen Zwiebeln oder reift ein Kürbis. Wenn die Familie Getreide speichert, wird es in hölzernen Truhen oder in mannshohen, mit einem Holzdeckel verschlossenen Tonkrügen gelagert.
Kangra, um 1790 (Ausschnitt)

Laß es dir angelegen sein, für die Widder,
Hähne, Wachteln, Papageien,
Stare, Tauben, Pfauen, Esel und Rehe zu sorgen.
Auch ist es deine Pflicht als gute Hausfrau,
täglich Buch zu führen über Einkünfte und Ausgaben.

Laß die alten Gewänder deines Gatten waschen,
flicken und färben, wenn es nötig ist —
gib sie den Dienerinnen, die du belohnen willst.
Wenn die Sachen nicht mehr zu tragen sind, zerreiße sie,
um sie als Staub- und Putzlappen zu benutzen.

Achte darauf, daß immer ein Vorrat
von *sura- und asava*-Weinen [12] im Hause ist,
überwache ihre Herstellung und ihren Verbrauch.
Es empfiehlt sich, über die Ausgaben für Weine und
Spirituosen gesondert Buch zu führen.

Wenn die Freunde deines Gatten zu Besuch kommen,
begrüße sie gastfreundlich mit Kränzen
aus frisch im Garten gepflücktem Jasmin,
einigen Tropfen Sandelholzparfüm
und selbstgemachtem *paan*[13].

Sei besonders freundlich zu deinen Schwiegereltern,
respektiere ihre Wünsche und widerstehe
der Versuchung, ihnen zu widersprechen.
Sprich leise in ihrer Gegenwart
und benimm dich bescheiden und anständig.

Unterdrück den Impuls, laut herauszulachen
über ihre altmodischen Ansichten;
ehre ihre Freunde, als ob es deine wären,
und verletze sie nicht dadurch, daß du zu freundlich
zu Menschen bist, die sie nicht mögen.

Gib nie zu der Behauptung Anlaß, Besitz
und Reichtum hätten dich hochnäsig gemacht;
behandle die Angehörigen deiner Familie,
Kaufleute, Diener, Arbeiter und Sklaven
mit gleicher ausgesuchter Höflichkeit.

Weck bei deinen Dienern Interesse an ihrer Arbeit,
indem du jedem eine besondere Aufgabe überträgst.
Belohne sie bei religiösen Festen und Feiertagen
mit Geschenken wie Kleidern und Leckereien, nachdem
du deinen Gatten um seine Einwilligung gebeten hast.

Wenn dein Gatte verreist ist, trage keinen Schmuck
außer glückverheißenden Muschelreifen,
opfere *pujas* und bete um seine Sicherheit,
faste häufiger als sonst und warte
auf Nachrichten, die seine Rückkehr verkünden.

Nachts solltest du im Zimmer
deiner Schwiegermutter schlafen;
erbitte ihre Erlaubnis, bevor du eine Bußübung beginnst,
verlaß dich auf ihre Erfahrung und gehorche ihr,
wenn sie dir verbietet, ein langes Fasten fortzusetzen.

Führe deinen Haushalt weiter so, wie dein Gatte
dir beim Abschied angeraten hat;
gib nur das Geld aus, das dir zusteht,
verwalte die Einkünfte gewissenhaft und versuche,
die Arbeiten zu beenden, die er begonnen hat.

Führe seine geschäftlichen Unternehmungen weiter,
fülle die Schatztruhen,
kaufe und verkaufe mit Hilfe ehrlicher,
treuer Diener und verringere, wenn möglich,
die Kosten des Haushalts.

Geh durch das ganze Haus und sammle
all die kleinen Dinge zusammen,
an denen das Herz deines Gatten hängt;
verwahre sie liebevoll in deinem Zimmer, damit er sie
bei seiner Rückkehr unversehrt vorfindet.

Besuche deine Eltern während seiner Abwesenheit
nur zu wichtigen Anlässen, wie einer Hochzeit
oder einer Bestattung; laß dich dabei
von Männern seines Vertrauens begleiten; kleide dich
unauffällig und bleibe nie länger als ein paar Tage fort.

Wenn dein Gatte heimkehrt,
empfange ihn in einem strengen weißen Gewand,
als ob du seine Abwesenheit betrauert hättest;
begrüße ihn mit Geschenken
und opfere ein *puja* zur Feier seiner Rückkehr.

Erfülle das *Dharma*[14] der Gattin,
und aus den Wurzeln des *Dharma*
wird *Artha* wachsen und *Kama* blühen;
du wirst die Liebe deines Gatten gewinnen,
ohne sie je mit einer Nebenfrau teilen zu müssen.

---

12 *Sura* wird aus Mangosaft gemacht, und *asava* wird mit Holzäpfeln aromatisiert. Beides waren Party-Getränke. Siehe auch S. 30.

13 Siehe S. 28, Anm. 3.

14 Ihre Pflicht. *Dharma* beinhaltet ihre Pflicht als Hindu, als Frau und als Gattin.

Eine Dame versucht, ihre zahmen Affen vom Dach zu locken, während ihre Dienerinnen sich um sie versammeln, um ihr Ratschläge zu erteilen. Wahrscheinlich war es der Ehemann, der die Affen ins Haus gebracht hat, aber es war die Pflicht seiner Frau, für die Tiere zu sorgen. Affen, besonders diese Languren, sind possierliche, intelligente Haustiere und galten wegen des hohen Ansehens, das der Affengott Hanuman genoß, möglicherweise als glückverheißend. *Kangra, um 1820 (Ausschnitt)*

DAS LEBEN IM HAREM

Wollust, Zügellosigkeit, Unzufriedenheit,
die Unfähigkeit seines Weibes, Söhne oder
überhaupt Kinder zu gebären, und reine Dummheit —
das ist es, was einen Mann dazu treibt,
wieder zu heiraten, wenn seine Frau noch lebt.

Als erste Gattin sollte eine Frau so hingebungsvoll,
charmant und klug sein, daß er keinen Grund hat,
eine zweite Ehe einzugehen;
aber wenn sie unfruchtbar ist, sollte sie selbst
ihn drängen, eine andere Frau zu nehmen.

Nun neigt jede jungvermählte Ehefrau dazu,
so schnell wie möglich ihren Willen durchzusetzen
und sich Autorität zu verschaffen. Das wird unweigerlich
zu einem Kampf zwischen euch führen,
der in bitterem Haß enden kann.

Versuche, das zu vermeiden, indem du die junge Braut
nicht als Nebenbuhlerin, sondern als kleine
Lieblingsschwester behandelst, sie selbst vor jeder
Liebesnacht ankleidest und salbst und sie in allem
unterrichtest, was du von den Künsten der Liebe weißt.

Beachte es nicht, wenn sie gegen dich stichelt,
und laß dich nicht dazu hinreißen zu schmollen.
Übersieh es, wenn sie sich in Gegenwart deines Gatten
ungeschickt benimmt — bestrafe sie nicht damit,
daß du ihn darauf aufmerksam machst.

Aber wenn sie ihren Fehler einzusehen scheint,
nimm sie beiseite und erkläre ihr,
wie sie ihn das nächste Mal vermeiden kann;
leite sie behutsam an, und du wirst
statt einer Rivalin eine lebenslange Freundin gewinnen.

Wenn du das Mädchen in den Liebeskünsten
zu unterweisen beginnst,
such dir einen Platz, von dem du weißt,
daß dein Gatte hören kann,
wie du seine Braut lehrst, ihm zu gefallen.

Geh mit den Kindern der zweiten Frau
so liebevoll um, als ob es deine eigenen wären,
sprich höflich mit ihren Dienerinnen
und behandle ihre Freunde und Verwandten
noch ehrerbietiger als deine eigenen.

Die älteste Gattin

Wenn du die älteste von mehreren Frauen bist,
verbünde dich mit der zweitältesten;
stifte ständig Streit zwischen den jetzigen
und früheren Lieblingsfrauen deines Gatten,
indem du jede von ihnen heimlich unterstützt.

Wenn dein Gatte seine Favoritin
allen anderen gegenüber bevorzugt,
solltest du nicht gegen sie selbst vorgehen,
sondern alle anderen Frauen gegen sie aufstacheln,
bis sie ihre bevorzugte Stellung verloren hat.

Laß ständig den Streit
zwischen den Frauen des Harems schwelen:
Wenn eine Frau die Gunst deines Gatten verliert,
vertiefe die Kluft zwischen ihnen, aber tu so,
als ob du von tiefem Mitleid erfüllt seist.

Sollte der Friede der *zenana*[1] bedroht sein,
schüre eifrig die Flammen,
bevor du selbst das Gezänk beendest
und so deinem Gatten zu verstehen gibst,
wie wichtig deine Rolle als älteste Gattin ist.

Die jüngste Gattin

Wenn du die jüngste Gattin bist,
betrachte die älteste als deine Mutter;
hole ihre Erlaubnis ein,
bevor du den Schmuck und die Gewänder anlegst,
die deine Eltern und Verwandten dir geschenkt haben.

Alles, was du tust, untersteht
der Aufsicht der ältesten Gattin;
selbst wenn du in das Bett deines Gatten gehst,
mußt du ihre Einwilligung erbitten,
obwohl sie sehr wohl weiß, daß du an der Reihe bist.

Du solltest den Anschein erwecken, ihre Kinder
mehr zu lieben als deine eigenen;
aber wenn du allein mit deinem Gatten bist,
versuche, sie bei ihm auszustechen — an Charme,
an Witz, an Ergebenheit und natürlich im Bett.

---

1 Siehe S. 28, Anm. 2.

Die junge Braut wird auf die Liebesnacht vorbereitet. Eine Dienerin massiert ihr die Füße, während die älteste Gattin einen Spiegel hält. Vatsyayana rät der ältesten Gattin, Gefühle der Eifersucht und des Grolls zu unterdrücken und statt dessen zu versuchen, die Ängste der jungen Frau zu beschwichtigen, die schließlich nie wissen wird, wie es ist, einen Gatten für sich allein zu haben. Die gestreiften Hosen waren Teil der Alltagskleidung dieser Region und sind auch auf einem Basohli-Bild zu finden, von dem diese Miniatur stark beeinflußt ist.
Mankot, um 1730

Beklag dich nie bei deinem Mann
über die Grausamkeit der ältesten Gattin
(das sollten andere für dich tun),
aber nimm jede Gelegenheit wahr, hinter ihrem Rücken
seine Zuneigung zu gewinnen.

Sag ihm, daß nichts auf der Welt dir mehr bedeute
als seine Liebe.
Aber wenn du sie hast, sei nicht so töricht,
deinen Sieg herauszutrompeten, wenn du nicht
den ganzen Harem gegen dich aufbringen willst.

Die Frau, die die Geheimnisse ihres Gatten verrät,
hat keine Hoffnung, je sein Vertrauen wiederzugewinnen;
außerdem sollten junge Frauen, wie Gonardiya bemerkt,
immer diskret sein, da sie die Rache
der ältesten Gattin zu fürchten haben.

Und Vatsyayana meint, du solltest Mitleid haben
mit der unglücklichen Frau, die, zur Unfruchtbarkeit
verurteilt, die Liebe ihres Gatten verloren hat, und
dein Mitgefühl zeigen, indem du deinen Mann bittest,
nicht schlecht von ihr zu denken.

Die Geliebte [2]

Einige Lebemänner werden stets Geliebte unterhalten:
Entweder Witwen, die nicht ohne die Freuden
einer geschlechtlichen Verbindung leben können,
oder Frauen, die ihren Mann wegen eines Liebhabers oder
deswegen verlassen haben, weil ihre Ehe unglücklich war.

Gonardiya sagt, daß eine Frau, die bereits
zwei Liebhabern den Laufpaß gegeben hat,
weil sie sie nicht befriedigen konnten, auch in Zukunft
einen Geliebten nach dem anderen verlassen wird —
immer auf der Suche nach dem besseren.

Sie hüpft von einem Bett ins andere, ohne einen Mann
zu finden, der sie halten kann; ihre ständige
Wanderschaft durch das Schlafzimmer der Lebemänner
— reduziert auf eine Art venerischer Mathematik —
endet meist im Bordell.

Wenn du dich jedoch entschlossen hast, das Leben
einer Geliebten zu führen, rät Vatsyayana dir,
nicht auf das Geschwätz Gonardiyas zu hören.
Du solltest tun, was dir beliebt,
und allein deinem Herzen folgen.

Wenn du aus guter Familie kommst, bitte deine
Verwandten, sich deinem Geliebten gegenüber
für das erkenntlich zu zeigen, was er für deine
Cocktailpartys und Kosmetika, deine Bewirtungen
von Freunden und fromme Spenden ausgibt.

Du brauchst die Gewänder und Juwelen, die dein
Geliebter dir geschenkt hat, nicht zu tragen.
Wenn du ihn aus eigenem Willen verläßt,
kannst du diese Sachen behalten;
doch gib ihm alles zurück, was ihm gehört.

Wenn du in das Haus deines Liebhabers ziehst,
richte dich dort als Gebieterin ein,
aber versuche,
dich der Lebensweise der Bewohner anzupassen,
und stelle dich gut mit seinen Ehefrauen.

Deine gesellschaftliche Stellung ist die der Hausherrin:
Sei witzig und gescheit, bewirte seine Freunde
und unterhalte sie mit künstlerischen Darbietungen;
unterweise abends seine Frauen in Liebestechniken,
die er noch nicht kennt.

Als seine Geliebte ist es dein Vorrecht,
ihn zu tadeln, wenn er sich zu lange
in der Gesellschaft von Huren aufgehalten hat,
die ganze Nacht fortgeblieben ist oder etwas
anderes getan hat, was dir mißfällt.

Vergiß alle Scham, wenn du mit ihm im Bett bist;
wende alle deine Künste an,
um ihn zu erregen und zu befriedigen; übernimm beim
Liebesspiel die Führung, ohne viel zu fragen,
drehe ihn auf den Rücken und setze dich rittlings auf ihn.

Bemühe dich, seine Frauen für dich einzunehmen,
beschenke ihre Kinder
mit schönen Kleidern und prächtigem Schmuck,
biete ihnen deine Dienste als Kindermädchen an,
wenn sich die Gelegenheit ergibt.

Du bist — wenn auch nur vorübergehend — sein ein
und alles und mußt dich entsprechend verhalten:
Sei großzügig zu seiner Familie und seinen Freunden
und laß dich gebührend zur Schau stellen, wenn ihr
Gesellschaften, Theateraufführungen und Feste besucht.

---

2 Vatsyayana verwendet das Wort *punarbhu*, worunter eine jungfräuliche Witwe zu verstehen ist, die wieder geheiratet hat. Aber ihre gesellschaftliche Stellung scheint nicht die der anderen verheirateten Frauen gewesen zu sein. Sie stand in der Mitte zwischen ihnen und den Kurtisanen — mit weniger Sicherheit, aber viel mehr Freiheiten als eine verheiratete Frau.

Ein Adeliger des Dschaipur-Hofes empfängt seine Geliebte in einem am Ufer eines Sees gelegenen Pavillon. Als Zeichen ihrer Liebe haben sie einander *paan* gereicht, und sie bietet ihm jetzt ein Glas Wein an. Die Dienerinnen links halten sich diskret abseits. Die exzessive Verwendung von Gold und Ornamenten weist das Bild als sehr spätes Produkt der Dschaipur-Schule aus. *Dschaipur, um 1850*

Die zurückgesetzte Gattin

Wenn du zu jenen unglücklichen Frauen gehörst,
die ihrem Mann nicht mehr gefallen
und unter der Rivalität der Nebenfrauen zu leiden haben,
mußt du die Freundschaft und Unterstützung
der Favoritin deines Gatten zu gewinnen suchen.

Nimm dich ihrer Kinder an, als ob du ihre
Amme wärst, und unterrichte deine Freundin
in allem, was du über die verschiedenen Künste weißt:
Wenn du ihr hilfst, deinem Gatten zu gefallen, wird er
aufhören, deinem Elend gegenüber gleichgültig zu sein.

Versuche auch, die Zuneigung seiner Freunde zu
gewinnen, und laß ihn durch sie wissen, daß deine Liebe
und Treue nicht die Achtung finden, die ihnen gebührt.
Verrichte als erste die täglichen Gebete und versäume nie,
an Fest- und Feiertagen die *pujas*[3] darzubringen.

Verhalte dich den anderen Frauen gegenüber
zurückhaltend, stelle dein Licht unter einen Scheffel
und erwecke nie den Anschein, du seiest etwas Besseres
als sie; sei leidenschaftlich im Bett,
selbst wenn dein Gatte dich völlig kaltläßt.

Streite nicht mit deinem Gatten und mache ihm nie
Vorwürfe: versuche eher, ihn mit den Frauen zu
versöhnen, mit denen er selbst sich gestritten hat.
Und wenn er die Frau eines anderen Mannes begehrt,
biete ihm deine Dienste als Vermittlerin an.

Fördere seine heimlichen Liebesaffären,
bis du ihm unentbehrlich geworden bist;
bewahre seine Geheimnisse und verhalte dich so,
daß er nicht an deiner Treue zweifeln kann
und sie schließlich entsprechend belohnen muß.

Vatsyayana sagt, daß eine Frau, die immer
fröhlich ist und das *Kama Sutra* benutzt,
um die Liebe ihres Gatten wachzuhalten,
stets eine Favoritin bleiben wird
und nie die Rivalität der Nebenfrauen zu befürchten hat.

3 Siehe S. 116, Anm. 3.

Ein Radscha der Bergländer in seinem Harem. Er scheint die Anwesenheit seiner Frauen vergessen zu haben und zieht gedankenverloren an seiner Wasserpfeife. Eine der Damen bietet ihm das unvermeidliche *paan* an. Wasserpfeifen sind auf Pahari-Bildern weit häufiger zu finden als auf denen anderer Schulen. Der mit dem Mundstück verbundene Schlauch war sehr lang und führte durch ein Gefäß mit Orangen- oder Rosenwasser, um den Rauch zu aromatisieren und zu kühlen. Der Größenunterschied zwischen dem Radscha und seinen Frauen spiegelt ihren Rangunterschied wider — ein Stilelement, das allen indischen Schulen gemeinsam ist.
Arki (Simla-Bergstaat), Mitte des 18. Jahrhunderts

DIE FRAUEN DES KÖNIGLICHEN HAREMS

Die im vorigen Kapitel
aufgestellten Verhaltensregeln
für die älteste und jüngste Gattin
gelten auch
für die Damen des königlichen Harems [1].

Jeden Morgen sollte der Ober-Eunuch des Harems
vor dem König erscheinen, begleitet von Zofen,
die Blumengirlanden, duftende Essenzen und Roben
in ihren Händen tragen und verkünden,
welche Königinnen diese Geschenke übersandt haben.

Nachdem er jede Gabe gnädig in Empfang genommen
hat, sollte der König die Zofen
zurück zu ihren Herrinnen schicken und diesen
einen Beweis seiner Gunst zukommen lassen —
beispielsweise Blumen aus den Girlanden, die er trägt.

In der dritten Stunde des Nachmittags
sollte der König, prächtig gekleidet,
in den Harem gehen und jenen Königinnen
und Hofdamen einen Besuch abstatten,
deren Gesellschaft und Unterhaltung er besonders schätzt.

Diese Besuche, erfrischende Oasen der Heiterkeit
im Gleichmaß täglicher Pflichten,
sollten jedoch im Ablauf ihrer Reihenfolge
streng geregelt sein und nie länger dauern,
als es dem jeweiligen Rang der Dame zukommt.

Nachdem er nacheinander seine rechtmäßigen Gattinnen
beehrt hat, sollte der König die Gemächer seiner
Konkubinen aufsuchen und sich anschließend zu den
Kurtisanen, Sängerinnen, Schauspielerinnen und
Tänzerinnen begeben, die er in den Harem geholt hat.

Die Gemächer der Königinnen
sollten in der Mitte des Serails liegen,
umgeben von den Räumen der Konkubinen;
die Zimmer an der Außenfront sollten den Kurtisanen,
Schauspielerinnen und Tanzmädchen vorbehalten bleiben.

Der Ober-Eunuch sollte täglich eine Liste
der Königinnen und Hofdamen aufstellen, die offiziell
an der Reihe sind, mit dem König zu schlafen —
einschließlich derer, die kürzlich
übergangen worden sind oder ihre *ritu*-Zeit [2] haben.

Er sollte dann die mit Geschenken beladenen
Zofen der Damen um sich sammeln
und sie zum Liebespavillon führen, wo der König
sie empfängt, wenn er
seine Siesta beendet hat.

Dort nähern sich die Zofen nacheinander dem König,
um vor ihm Tabletts mit Parfümfläschchen und Juwelen
auf den Boden zu stellen — Gaben ihrer Herrinnen,
die jedes Geschenk durch ein mit ihrem Ring
eingedrücktes Siegel gekennzeichnet haben.

Wenn der König eines dieser Geschenke
angenommen hat, eilt die Zofe der Königin,
die solcherart ausgewählt worden ist,
zu ihrer Herrin, um ihr mitzuteilen,
daß der König sie zur Nacht in seinem Pavillon erwartet.

Wenn die Frauen des Harems beisammen sind, um
anläßlich eines religiösen Festes tänzerischen Darbietungen
beizuwohnen oder einer Sängerin zu lauschen, sollte
der König für alle Wein auftragen lassen und jede Dame,
ihrem Rang gemäß, durch ein Geschenk auszeichnen.

1 Das Sanskrit-Wort ist *antahapura* (innere Stadt), was darauf hindeutet, daß die indischen Könige ihre Frauen in abgeschlossenen, befestigten Gebäuden innerhalb des Palastgeländes unterbrachten. In Udaipur ist die *Zenana Mahal* (Palast der Königinnen) wie eine Festung gebaut, die Außenfassade völlig fensterlos. Die Wände werden von fast 30 Meter hohen Strebepfeilern gestützt. Eine Reihe vergitterter Fenster unmittelbar unter dem Dach läßt Licht und Luft in das Innere. Die Gemächer der Königinnen sind mit Intarsien, Mosaiken und Wandgemälden geschmückt, auf denen die Liebesgeschichte von Radha und Krischna dargestellt ist. Der Palast, der nur durch zwei schwer bewachte Tore zu betreten ist, wurde für so sicher gehalten, daß er den Staatsschatz beherbergte. Die Gemächer der Ersten Königin lagen unmittelbar über der Schatzkammer und wurden *Ranga Mahal* (der Gemalte Palast) und *Badala Mahal* (Palast der Wolken) genannt.

2 Die Monatsblutung und insbesondere die Tage nach der Periode, vom vierten Tag an, die als die für eine Empfängnis günstigste Zeit gehalten wurden. „Wer seiner Frau nicht beischläft, wenn sie in ihrem *ritu* ist, soll die Qualen der Höllen erleiden" *(Markandeya Purana* XIV 1). Sowohl das *Mahabharata* als auch das *Ramayana* zählen die Verweigerung der *ritu*-Rechte einer Frau zu den schlimmsten Sünden *(Ramayana* II 75: 52) und *Mahabharata* VII 17: 28—36).

Ein Maharana von Udaipur führt seine Geliebte zu einem Pavillon, in dem das Liebeslager sie erwartet. Ein Diener trägt das Schwert und den Schild, von denen er sich nie trennt. Dieser Garten mit seinen prächtigen Bäumen wurde im höchsten Teil der *Zenana Mahal*, des Palastes der Königinnen, angelegt — etwa sieben Stockwerke über dem Boden. Vom Pavillon wird sich den Liebenden eine herrliche Aussicht bieten über den Pichola-See zum Dschagnivas-Palast (heute das Lake Palace Hotel) und den Dschagmandir-Palast, in dem Schah Dschahan, der Erbauer des Tadsch Mahal, Zuflucht vor seinem Vater Dschahangir suchte.
Mewar, Mitte des 18. Jahrhunderts

Den Damen des Harems ist nicht erlaubt,
den Serail zu verlassen; auch sollten keine Mädchen
von zweifelhaftem Ruf als Dienerinnen im Palast
beschäftigt werden: Nur Frauen, deren Lauterkeit
außer Frage steht, ist der Zutritt gestattet.

Im Bett sollte der König
ein erfahrener und umsichtiger Liebhaber sein;
er sollte die Liebeskünste
Babhravyas kennen,
da er so viele Damen zu befriedigen hat.

Wie jeder Mann, der viele Frauen besitzt,
sollte er gerecht gegen jede sein,
keine bevorzugen oder zurücksetzen
und nie mit einer Frau über die Schwächen
oder sexuellen Vorlieben einer anderen sprechen.

Ebenso sollte er nicht zulassen, daß seine Frauen
sich streiten — selbst wenn sie einen Grund
dafür zu haben meinen. Wenn eine Frau sich bei ihm
über eine andere beklagt, sollte er ihr die Schuld geben,
denn ein Esel nennt den anderen Langohr.

Er sollte seine Frauen auf unterschiedliche Weise
erfreuen: die eine zu seiner Vertrauten machen,
die andere mit Liebesschwüren beglücken,
der dritten öffentlich schmeicheln
und die vierte zum Ausritt in den Wald mitnehmen.

Die fünfte bittet er häufig in sein Bett,
die sechste zeichnet er durch Geschenke aus,
die siebente durch eine Gunst, die er ihren Verwandten
gewährt; indem er so jede nach ihrem Wert belohnt,
sollte er versuchen, die Zuneigung aller zu gewinnen.

Ein Prinz von Mankot, in den Bergen des Pandschab, tändelt mit zwei seiner Haremsdamen — vielleicht als Vorspiel zu dem, was Vatsyayana *Sanghataka* (die Klammer) nennt. Der Stil dieser Miniatur ist unverkennbar der der Basohli-Schule, die bis in die Mitte des 18. Jahrhunderts einen beherrschenden Einfluß auf diesen Teil Indiens ausübte. *Mankot, um 1720 (Ausschnitt)*

BUCH V

DIE FRAUEN ANDERER MÄNNER

VERBOTENE LIEBE

Die verschiedenen Gründe[1], die Gonikaputra als
Rechtfertigung aufzählt, um die Frau eines anderen
Mannes zu verführen, sind in einem früheren Kapitel
behandelt worden. Die Wollust gehört nicht dazu —
sie wird *expressis verbis* als Entschuldigung verworfen.

Wie leidenschaftlich du auch
eine verheiratete Frau begehrst — du darfst
dich ihr nicht nähern, bis keine Zweifel mehr bestehen,
daß deine Liebe nur in ihrem Bett
oder mit deinem Tod enden kann.

Die zehn Stadien der Liebe[2]

Du erkennst eine schicksalhafte Liebe daran,
daß du hoffst, dem Blick ihrer Augen zu begegnen,
dich in Gedanken an sie verlierst,
dann von ihr träumst, bis das Fieber
dich nicht einmal mehr schlafen läßt.

Als nächstes wirst du die Nahrung verweigern,
die dein liebevolles Weib dir bringt;
du magerst ab;
das, was dich einst erfreut hat, erscheint dir wertlos;
die Gesellschaft früherer Freundinnen wird dir zur Qual.

Bald kannst du nicht mehr deinen Geschäften nachgehen;
du verlierst all deine Würde, und deine Freunde
werden von dir sagen: „Er ist verrückt geworden.“
Ohnmachtsanfälle werden folgen,
bis endlich der Tod deine Augen schließt.

Aber selbst wenn du überzeugt bist,
daß diese verhängnisvolle Leidenschaft
dich erbarmungslos ins Grab zieht,
bleiben einige Fragen zu beantworten,
bevor du dich auf ein Abenteuer einläßt.

Ist sie wirklich die richtige Frau für dich?
Wie gut wird sie bewacht?
Ist sie leicht zu verführen?
Und wenn du Erfolg hast — gibt es eine Zukunft?
Wird es dein Untergang sein, wenn man euch entdeckt?

Wenn du dich fest entschlossen hast,
die Sache weiter zu verfolgen,
mußt du dich als erstes entscheiden,
ob du eine Botin in dein Vertrauen ziehen
oder dich selbst der Geliebten erklären willst.

Während junge Mädchen, wie die Weisen sagen,
lieber von dem Mann selbst angesprochen werden,
ziehen erfahrene Ehebrecherinnen, die den Wert
der Diskretion kennen,
die Dienste einer Vermittlerin vor.

Aber es gibt keine Frau,
meint Vatsyayana,
die nicht den Wunsch hat,
ohne Vermittlung anderer von einem glühenden
Liebhaber erobert zu werden.

Nur wenn sie, eifersüchtig von ihrem
Gatten bewacht, im *zenana*[3] eingeschlossen ist,
oder es aus anderen Gründen unmöglich erscheint,
sich ihr zu nähern,
solltest du dich einer Vermittlerin bedienen.

Wenn du zu dem Schluß gelangt bist,
selbst den ersten Schritt zu tun,
mußt du versuchen, ihre Bekanntschaft zu machen.
Das ist unschwer zu bewerkstelligen, wenn sie
und ihr Mann als Gäste in deinem Haus verkehren.

Sonst mußt du dafür sorgen, daß ihr euch
ständig — wie zufällig — begegnet: im Hause
von Freunden, beim Arzt, beim Rechtsanwalt,
bei Hochzeiten, Opferfeiern und Bestattungen,
bei Picknicks und Gartenfesten.

Wenn sie in deiner Nähe ist, wirf ihr
tiefe und bedeutungsvolle Blicke zu,
nage an deinen Lippen, zupfe an deinem Schnurrbart,
feile deine Nägel spitz zu und spiele gedankenverloren
mit deinen Ringen und Halsbändern.

Sprich in ihrer Gegenwart mit deinen Freunden
über unerwiderte Liebe, erzähle Anekdoten, die sich
offensichtlich auf andere Frauen beziehen, aber in
Wirklichkeit auf sie gemünzt sind, und gib zu verstehen,
daß du das Leben und geschlechtliche Freuden liebst.

Leg deinen Kopf in den Schoß einer Freundin,
gähne laut, reck deine Glieder,
hör mit halbem Ohr hin, wenn sie spricht,
blicke sie träge unter hochgezogenen Brauen an
und laß gelegentlich eine abschätzige Bemerkung fallen.

---

1 Siehe S. 34, einschließlich Anm. 3. Hinsichtlich Gonikaputra siehe Glossar.

2 Dies ist eine Liebe, die so stark ist, daß sie töten kann, wenn sie nicht erwidert wird. Man glaubte, daß die Liebe in den Augen der Frauen wohne — eine Vorstellung, die Jahrhunderte später in Chaucers *Troilus und Cressida* ihren Widerhall findet. Vielleicht kam diese Idee, wie das Schachspiel, mit den zurückkehrenden Kreuzfahrern nach Europa. Die Vorstellung, daß man an gebrochenem Herzen sterben kann, ist nicht so lächerlich, wie sie klingt. Vor noch gar nicht langer Zeit verzehrte sich Prinz Salar Jung in Haiderabad vor Kummer und starb aus Liebe zu einer Dame, die jetzt glücklich verheiratet ist und im Westen lebt.

3 Siehe S. 28, Anm. 2.

Die Dame auf dieser zarten Miniatur leidet unter den Qualen einer unerwiderten Liebe. Das Mädchen, das ihr Luft zufächelt, wird ihr Fieber nicht senken. Der Liebesschmerz wird nicht durch Massagen gelindert. Dienerinnen bringen Phiolen mit heilenden Essenzen und einen marmornen Mörser mit einem zerstoßenen Arkanum, doch alle Medikamente bleiben wirkungslos. Selbst die mit Juwelen besetzte *paan*-Dose bietet keinen Trost. Nach ihrem Aussehen zu urteilen, hat die Unglückliche bereits die ersten vier der zehn Stadien durchlitten, die zum Tode führen (siehe Anm. 2 auf der gegenüberliegenden Seite); aber noch kann sich alles zum Guten wenden. *Garhwal, um 1780—1800*

Wenn sich ein kleines Kind in der Nähe aufhält,
ruf es zu dir und überschütte es mit Liebkosungen,
die eigentlich ihr zugedacht sind,
während du zweideutig sagst:
„Ich liebe dich; ich wünschte, du wärest mein."

Laß sie nicht im unklaren darüber, wen du meinst:
Nimm das Kind wie eine Geliebte in den Arm,
küsse es auf den Mund und streichle es,
reiche ihm *paan*[4] auf deiner Zunge
und kraule es zärtlich unter dem Kinn.

Behandle ihr eigenes Kind noch überschwenglicher:
bring ihm Spielzeug mit
(das du später deinen Kindern wiedergibst)
und sag seiner Mutter, du sähest wohl,
wem das Kleine seine Schönheit verdanke.

Pflege den Umgang mit ihren Verwandten und Freunden,
und wenn sie Verständnis für deine Absichten haben,
verwende sie als fünfte Kolonne;
vor allem laß es dir angelegen sein,
häufig als Gast in ihrem Haus zu verkehren.

Wenn du in ihrem Garten sitzt, beginne eine Debatte
über subtile Fragen des *Kama Sutra,*
vergewissere dich, daß sie dich hören kann,
aber nicht den Verdacht hegt,
du habest ihretwegen das Gespräch angefangen.

Bitte sie, wenn eure Freundschaft enger wird,
Geld für dich in Verwahrung zu nehmen,
laß dir kleine Beträge davon zurückgeben
und deponiere statt dessen Schmuck und Juwelen,
über die sie nach Gutdünken verfügen darf.

Erhalte und vertiefe eure Freundschaft durch kleine
Geschenke wie Betelnüsse, Parfüms
und andere Luxusartikel, die sie täglich braucht,
so daß sie nicht wegen jeder Kleinigkeit
ihre Zofe zum Basar zu schicken braucht.

Sorge dafür, daß sie dich in deinem Haus besucht
und sich mit deinen Frauen zusammensetzt,
um Klatschgeschichten auszutauschen.
Je häufiger ihr euch seht,
um so schneller wird die Liebe zwischen euch erblühen.

Wenn sie die Dienste eines Goldschmieds,
eines Edelsteinschneiders und -schleifers,
eines Indigo- und Safranfärbers oder eines Tischlers
benötigt, laß die Arbeit unter deiner Anleitung
von deinen eigenen Handwerkern ausführen.

4 Siehe S. 28, Anm. 3.

Ein gekrönter König schaukelt zwei Kinder auf seinen Knien, während zwei andere auf dem Boden spielen, behütet von vier Frauen, die heilige Lotosblumen in den Händen tragen. Das Gemälde illustriert wahrscheinlich eine Episode aus dem *Bhagavata Purana*, der Hauptquelle der Geschichten über die Kindheit des blauhäutigen Gottes Krischna. Kinder werden in Indien, wo das Leben so unsicher ist, als etwas sehr Kostbares angesehen und mit großer Liebe behandelt. Deswegen sind die Legenden über die schelmischen Streiche des Knaben Krischna so beliebt und deswegen fällt es Vatsyayanas Lesern so leicht, seinem Rat zu folgen und ein fremdes Kind mit Liebkosungen zu überschütten. *Rajasthani, 18. Jahrhundert*

Wenn eine Arbeit fast beendet ist,
gib sofort die nächste in Auftrag.
Auf diese Weise kannst du viele Stunden
in ihrer Gesellschaft verbringen,
ohne Argwohn zu erregen.

Wenn sie dich fragt, wie dieses oder jenes gemacht
werden soll, oder den Wunsch äußert, Fertigkeiten in der
Musik, im Gesang oder in anderen Künsten zu erlangen,
lehre sie, was sie zu wissen braucht, und stelle so
dein eigenes Talent und deine Tüchtigkeit unter Beweis.

Setz dich mit der Dame und ihren Dienerinnen
zusammen, unterhalte sie mit Geschichten
aus den Epen und den *puranas*[5], sprich darüber,
wie man den Wert eines Edelsteins schätzt
und die Qualität eines Seidenstoffes erkennt.

Lege ihnen einen ungeschliffenen Edelstein
oder ein Stück Tuch vor und bitte um ihre Beurteilung;
laß die Dame entscheiden, wenn Meinung auf
Gegenmeinung stößt, und gib ihr zu verstehen, daß du sie
für klug hältst und ihr sicheres Urteil bewunderst.

Wenn aus der Freundschaft Liebe wird, mußt du anfangen,
um sie zu werben — behutsam zunächst, wenn sie noch
unschuldig ist, Schritt für Schritt, wie es Jungfrauen
gegenüber angemessen ist. Aber wenn die Dame schon
Erfahrung besitzt, verfolge dein Ziel ohne Umwege.

Wenn du aus der Art, wie sie redet,
und aus der Sprache ihres Körpers erkennst,
daß sie sich in dich verliebt hat,
gib ihr ein geheimes Unterpfand deiner Liebe
und fordere sie auf, ein gleiches zu tun.

Bitte sie um eine Phiole ihres Lieblingsparfüms,
ihren Ring oder Schal, den Blumenkranz, den sie
um den Hals trägt, den Betelpriem, den sie
sich gerade in den Mund gesteckt hat, oder die
glückverheißende blaue Lotosblume in ihrem Haar.

Du kannst ihr ein teures Parfüm schenken,
kostbare Edelsteine, die sie bewundert hat,
oder einfach Blumen und Blätter, in die du deine
Zähne und Fingernägel gepreßt hast — ein beredterer
Ausdruck deiner Leidenschaft als jedes Wort.

Laß diese Vorspiele unmerklich
immer intimer werden und arbeite geduldig daran,
die letzten Ängste, die sie bei dem
Gedanken an einen Ehebruch noch haben mag,
aus dem Wege zu räumen.

Wenn die Zeit gekommen ist, bring sie heimlich
an einen sicheren Ort — einen dicht bewaldeten
Garten in der Stadt, ein Gerstenfeld auf dem Lande,
einen Hügel, eine Höhle im Dschungel, eine Böschung
am Fluß oder eine leere Tempelruine.

Biete ihr mit den Lippen ein *supari-paan*[6] an
und küsse sie leidenschaftlich.
Umarme sie und berühre ihre Brüste,
löse sanft den Knoten ihres Untergewands,
streichle ihre Scham und vergnüge dich mit ihr.

Wenn du die Frau eines anderen verführst,
solltest du seine übrigen Frauen in Ruhe lassen;
nur ein Wahnsinniger versucht es mit zweien zur gleichen
Zeit. Und vergiß nicht, alte Frauen, die in seinem Haus
leben, zu bestechen, damit sie ihren Mund halten.

Wenn du von einem Manne weißt,
daß er häufig Trost in den Armen
von Straßenmädchen und Prostituierten sucht,
solltest du seine Frau nicht anrühren —
wie leicht sie auch zu verführen sein mag.

Kein Mann, der auf seinen guten Ruf bedacht ist und
seine fünf Sinne beisammen hat, wird eine Frau zum
Ehebruch verleiten, die nervös ist, zu gut bewacht wird,
Angst vor ihrem Gatten hat oder mit einer eifersüchtigen,
mißtrauischen Schwiegermutter unter einem Dach lebt.

5 Achtzehn langatmige Texte, praktisch Enzyklopädien der Mythen und Legenden, die die Genealogien der Götter, Helden und Heiligen enthalten. Das *Bhagavata Purana* ist die Hauptquelle der Krischna-Erzählungen.

6 Ein aus Areca-Nüssen bereitetes *paan*, leicht narkotisch.

Ein Herr aus Bundi stattet einer Dame, die umgeben von Dienerinnen mit einer Freundin auf ihrer Terrasse sitzt, einen Besuch ab. Wie das sorglose Flattern der Tauben zeigt, ist die Stimmung recht gelöst. Der Besucher ist mit zwei Lotosknospen begrüßt worden, ehe ihm Granatäpfel, Trauben und Wein oder Sorbet angeboten wurden — eine dem Anlaß entsprechende, aber nicht zu üppige Bewirtung. Eine der Dienerinnen spielt auf einer *dilruba. Bundi, um 1775*

PRÜFUNG IHRER GEFÜHLE

Wenn du sorgfältig die Gesten und das Benehmen der Dame bei euren Begegnungen studierst, kannst du mit einiger Sicherheit erkennen, ob sie dich mag oder nicht. Wenn die Anzeichen gegen dich sprechen, mußt du die Dienste einer Vermittlerin in Anspruch nehmen.

Wenn sie deine Annäherungsversuche nicht zu ermutigen scheint, aber dennoch den Wunsch äußert, dich zu sehen, bedeutet das, daß sie sich in einem Dilemma befindet und Zeit braucht, sich daraus zu lösen.

Wenn sie es ablehnt, dich heimlich zu treffen, aber bei eurer nächsten Begegnung aufreizender als je zuvor gekleidet ist, kannst du daraus schließen, daß sie nachgeben wird — doch ohne Zeugen und erst, nachdem du sie heftiger bedrängt hast.

Die Frau, die mehrmals zu einem heimlichen Stelldichein kommt, aber sich nicht deinen Wünschen fügt, spielt wahrscheinlich mit deinen Gefühlen und wird sich als reizlose Eroberung erweisen, wenn sie dir gestattet, mit ihr zu schlafen.

Einige Damen, die sich mehrmals mit dir getroffen haben (aber weder mit dir geschlafen noch strikt abgelehnt haben, das zu tun), brechen plötzlich die Affäre ab — sie beruhigen ihr Gewissen dadurch, daß sie keinen Schritt weitergehen.

Aber Menschen sind ihrem Wesen nach wankelmütig, und selbst wenn eine Verbindung endgültig zerbrochen zu sein scheint, ist es gewöhnlich nicht schwer, die Bruchstücke aufzuheben und wieder zusammenzusetzen.

Die Frauen, die trotz ihrer eifersüchtig gehüteten Selbstachtung heimlich davon träumen, in den Armen eines Geliebten zu liegen, müssen in ihrer Widerstandskraft durch die Schmeicheleien einer erfahrenen Vermittlerin geschwächt werden.

Eine Frau, die sich heimlich mit dir trifft, doch kein Verlangen nach dir hat und deine Angriffe mit zorniger Verachtung zurückweist, solltest du in Zukunft meiden. Es gibt jedoch selbst für diese Regel Ausnahmen.

Es ist nicht unüblich, daß eine Frau einem Mann in scheinbar unmißverständlicher Weise eine Abfuhr erteilt, um ihn später zu sich ins Bett zu holen. Du solltest dir daher klarmachen, daß es zahllose Gründe gibt, einen Liebhaber abzuweisen.

Gründe für eine Abweisung

Es liegt in der Natur des Mannes, sagt Gonikaputra[1], jede schöne Frau zu begehren, die er sieht; ebenso träumt jede Frau von einem gutaussehenden Mann. Dennoch ist bei beiden Geschlechtern, aus unterschiedlichen Gründen, die Promiskuität sehr selten.

Die meisten Männer haben irgendwann einmal — ob sie es zugeben oder nicht — insgeheim die Frau eines anderen Mannes begehrt, ohne ihrem Verlangen nachzugeben; denn sowohl das *Dharma* wie das arische Gesetz verbieten den Ehebruch.

Frauen andererseits kümmern sich kaum um *Dharma* und *Adharma*[2]; sie folgen ihrem Herzen und verlieren es gewöhnlich, wenn sie sich auf eine Liebesgeschichte einlassen. Die Zurückhaltung der Frauen hat andere Gründe.

Es liegt im Wesen einer Frau, sich zurückzuziehen, wenn sie von einem Mann bedrängt wird — so sehr sie ihn auch begehren mag. Außerdem weiß sie, daß er, anders als sie, oft gleichgültig wird, wenn die Jagd vorbei ist.

Die Erfahrung zeigt, daß Männer dazu neigen, allzu gefällige Frauen zu verachten und jene zu begehren, die schwer zu verführen sind. Das sind die Gründe, die manche Abfuhr erklären, aber es gibt natürlich noch zahllose andere.

Selbst wenn eine Frau dich begehrt, entscheidet sie sich vielleicht gegen dich, weil sie ihrem Gatten treu ist oder gerade ein Kind säugt; oder sie fürchtet, daß du nur mit ihr spielst.

Vielleicht hat sie gerade einen schmerzlichen Verlust erlitten und fühlt sich zu elend, um an Liebe zu denken. Vielleicht mangelt es ihr nur an Gelegenheit, weil ihr Gatte ständig in ihrer Nähe ist; oder sie ist zu alt, um noch an der Untreue Gefallen zu finden.

Vielleicht hat sie erkannt, daß du ihr — was auch geschehen mag — nie ganz gehören wirst; oder sie argwöhnt, daß deine Gefühle unstet sind und du sie bald verlassen wirst, um in den Armen einer anderen Frau dein Glück zu suchen.

Wenn du ein Klatschmaul bist, fürchtet sie vielleicht einen Skandal. Setzt du vielleicht zuviel Vertrauen in deine Freunde, teilst ihnen Geheimnisse mit, überschätzt ihren Rat? Oder vermutet sie mit Recht, daß du nicht ganz aufrichtig bist?

---

1 Siehe Glossar.

2 *Adharma* ist alles, was dem *Dharma* widerspricht. Weitere Hinweise finden sich in der Einführung.

Der Sturm hat ihren Liebhaber daran gehindert, die getroffene Verabredung einzuhalten, und so steht die Dame vor einem leeren Bett an der Tür. Indische Ästheten kennen sie als *vasakasajja nayika*, die wartende Heroine. Obwohl sie vor allem Einsamkeit und Verlangen verkörpert, konnten die Maler sie auch zornig, ängstlich oder hoffnungsvoll erscheinen lassen. Die Dame auf dem Gemälde scheint der ganzen Komplexität der Gefühle Ausdruck zu geben, die Vatsyayana in diesem Kapitel behandelt. *Puntsch, Pandschab-Bergland, um 1780*

Möglicherweise glaubt sie, du scist
zu hochgeboren, zu mächtig oder prominent für sie
— oder einfach, wenn sie eine Gazellenfrau[3] ist, zu groß.
Vielleicht läßt du sie spüren, daß es ihr
an Raffinesse und Übung in den Künsten fehlt.

Wenn du ein alter Freund bist, ist es möglich,
daß sie eure Freundschaft nicht zerstören will.
Oder vielleicht mangelt es dir an Feingefühl,
hast du keinen Sinn für das, was sich schickt,
oder kommst aus einer zweifelhaften Familie.

Vielleicht hält sie dich für einen ungehobelten Bauern,
der nicht merkt, daß sie dich ermutigt.
Wenn sie leidenschaftlich und eine *hastini*[4] ist,
schenkt sie vielleicht Gerüchten Glauben, daß du
nicht an Sex interessiert und zu klein seist.

Wenn sie dich ehrlich liebt, fürchtet sie vielleicht
um deine Sicherheit und deinen Ruf.
Oder vielleicht ist sie einsichtig genug, um zu erkennen,
daß aus eurer Verbindung nichts werden kann
und der Fehler nicht bei dir, sondern bei ihr liegt.

Vielleicht fürchtet sie,
daß sie durch dich ins Gerede kommt
und von ihrer Familie verstoßen wird.
Oder vielleicht hast du nur vergessen, deine grauen Haare
zu färben, bevor du dich ihr erklärtest.

Schließlich könnte sie den Verdacht hegen, daß ihr Mann
dich geschickt hat, um ihre Treue auf die Probe zu stellen.
Natürlich ist auch möglich, daß nichts von alledem
zutrifft und sie nur den Wunsch hat,
sich einem unheilvollen *Dharma* zu entziehen.

Ermutigende Anzeichen

Wenn eine Dame sich von dir liebkosen läßt,
aber vorgibt, deine wahren Absichten nicht zu kennen,
befindet sie sich in einem Zwiespalt
zwischen Leidenschaft und Vernunft;
du mußt daher Geduld üben und behutsam vorgehen.

Wenn sie, auf einem Bett liegend, so tut,
als sei sie eingeschlafen, und dir gestattet,
deine Hand auf ihre zu legen,
dich aber fortstößt, sobald sie erwacht,
ist das ein ermutigendes Zeichen.

Danach kannst du dazu übergehen,
ihre Füße mit deinen Füßen zu drücken und dich
neben sie zu legen, um ihren Körper zu streicheln.
Sie wird dir Einhalt gebieten, wenn sie erwacht,
aber es ist ein gutes Zeichen, wenn sie nicht verärgert ist.

Eine Frau, die von einer starken Leidenschaft beherrscht
wird, benimmt sich oft ein wenig kindisch;
sie wird eine Entschuldigung finden,
um ihre verführerischen Glieder zu entblößen,
und stottert schüchtern, wenn sie mit dir spricht.

Ihr schönes Gesicht und ihre zarten Hände
sind mit Schweißperlen bedeckt.
Wenn sie dir anbietet, deinen Kopf zu massieren,
wandern ihre Hände hinunter zu deinem Körper,
und ihre Schenkel pressen sich fest gegen deine.

Sie drückt mit einer Hand deine Füße,
während die andere deinen Körper erforscht;
ihre Liebkosungen werden immer intimer;
sie atmet keuchend und unregelmäßig,
obwohl du sie noch nicht berührt hast.

Sie klagt über Müdigkeit, läßt beide Hände
auf deine Schenkel sinken
und lehnt sich mit der Stirn darauf.
Früher oder später beginnen ihre Hände wieder zu
wandern — aber nicht zu deinen Füßen hin.

Mit lässiger Eleganz legt sie
eine Hand auf deine Lenden
und läßt sie dort liegen, bis du
dich nicht mehr beherrschen kannst
und sie kräftig mit deinen Schenkeln umklammerst.

Wenn du sie bittest, wird sie fortfahren,
dich zu streicheln, dir aber nicht weiter entgegenkommen:
Sie hat dir hinreichend zu verstehen gegeben, daß sie
deinen Liebkosungen keinen Widerstand mehr
entgegensetzen wird.

Wenn eine Frau erkennen läßt, daß sie dich begehrt,
aber unter keinen Umständen mit dir ins Bett gehen will,
mußt du dir darüber klarwerden, ob ihr verliebtes
Verhalten ein Ausdruck echter Gefühle ist,
oder ob sie sich über dich lustig macht.

Wenn sie andererseits
auf deine Andeutungen und Avancen
mit völliger Gleichgültigkeit reagiert,
mußt du sie entweder aufgeben oder die Hilfe
einer erfahrenen Vermittlerin in Anspruch nehmen.

Einige Frauen sind zu dumm, um Andeutungen zu
verstehen, oder zu argwöhnisch, um darauf zu reagieren;
doch das ist kein Beweis dafür,
daß sie dich abweisen wird —
alles, was du brauchst, ist die Geduld eines Ochsen.

3, 4 Siehe S. 42, Anm. 1 und 2.

Der erfolgreiche Ehebruch. Der Mann sitzt in einem Korb, den seine Geliebte zu ihrem Turmfenster emporzieht. Hinter ihr wartet das leere Bett. Die zahmen Pfauen und Affen im Park stellen keine Gefahr für die Liebenden dar, aber von den anderen im *Kama Sutra* erwähnten Haustieren waren der Papagei und der Hirtenstar für ihre Indiskretion bekannt. Das Bild gehört zur selben Folge wie das auf Seite 49 reproduzierte Gemälde. *Sirohi, 18. Jahrhundert (Ausschnitt)*

DIE KÜNSTE DER VERMITTLERIN

Wenn aus dem Verhalten der Dame zu erkennen ist,
daß sie dich gerne sehen würde,
du aber nicht wagst, eine Verabredung zu treffen
oder offen mit ihr zu sprechen,
mußt du dich einer erfahrenen Vermittlerin bedienen.

Die Vermittlerin sollte der Dame, die du erobern willst,
gut bekannt sein und sich einige Tage
bei ihr aufhalten, um ihr Vertrauen zu gewinnen
und ihre Schönheit und Charakterstärke zu preisen,
bevor sie sich ihrem eigentlichen Geschäft widmet.

Wenn sie sich des Vertrauens der Dame sicher weiß,
zeigt sie ihr illustrierte Manuskripte
mit verschiedenen romantischen und erotischen Texten
und liest ihr zunächst aus den Abschnitten vor,
die Schönheitstips und Rezepte für Kosmetika enthalten.

Dann liest sie ihr die Kapitel vor, in denen die Amouren
großer Helden beschrieben werden — wie die
Geschichte Brihaspatis, des Hohepriesters der Götter,
der mit der Frau seines Bruders schlief, oder des Gottes
Indra, der dem weisen Gotama Hörner aufsetzte[1].

So gelangt die Vermittlerin allmählich
zu den Künsten der Liebe,
lobt die Begabung der Dame auf diesem Gebiet
und weist darauf hin, wie selten solches Talent
sich mit Schönheit und Charakterfestigkeit verbindet.

Sie sagt mit vorgetäuschtem Erstaunen:
„Wie ist eine so schöne,
begabte und charmante Dame wie Ihr
nur zu einem solchen Gatten gekommen?
Er ist nicht würdig, Euer Diener zu sein!"

„Niemand kann verstehen", fährt sie fort, „warum Ihr
Euch mit einem Mann eingelassen habt, der eifersüchtig,
verschlagen, schwach und kalt wie ein Fisch ist —
einem undankbaren, manisch-depressiven, gleichgültigen
Liebhaber, der nicht einmal treu sein kann."

Um die Dame zu verwirren und zu demoralisieren,
übertreibt die Vermittlerin die Fehler des Gatten und
malt seinen Charakter so schwarz wie irgend möglich.
Dabei bedient sie sich halber Wahrheiten, um ihre
Lügen um so glaubwürdiger erscheinen zu lassen.

Wenn die Dame jedoch eine Gazellenfrau[2] ist,
sollte die Vermittlerin nicht so töricht sein,
darauf hinzuweisen, daß der Gatte ein Hase ist —
da beide vollkommen zueinander passen.
(Zu behaupten, er sei ein Hengst, wäre lächerlich.)

Aber wenn die Vermittlerin aus Gesprächen mit
seinen früheren Geliebten entdeckt, daß der Mann ein
Hase ist, während sie eine Stute oder Elefantenkuh[3] ist,
sollte sie die Tatsache benutzen, um die Freuden,
die die Dame bei der Liebe empfindet, herabzusetzen.

Wenn sie bemerkt, daß die eheliche Treue der Frau
zu wanken beginnt,
nimmt die Vermittlerin sie beiseite und sagt:
„Hört zu, meine Schöne, ich will Euch etwas verraten,
was Euch überraschen wird."

Jetzt erwähnt sie zum erstenmal
deinen Namen und deine Herkunft und sagt:
„Seit er Euch gesehen hat, ist er wie von Sinnen.
Der arme Mann, er hat ein so weiches Herz —
nie zuvor hat er solche Qualen erlitten."

„Er rührt keine Nahrung mehr an; er schläft nicht mehr.
Wenn er nicht Eure Liebe gewinnen kann",
fährt die Vermittlerin fort,
indem sie das Gesicht der Dame beobachtet,
„wird der Bedauernswerte wahrscheinlich sterben."

Wenn die Dame gerührt zu sein scheint und ihre Augen
zu funkeln beginnen, berichtet die Vermittlerin, wie sich
einst die Heldinnen, von denen die Epen berichten
— Ahalya, Kurangi oder Schakuntala[4] —,
in ähnlichen Situationen verhalten haben.

Dann preist sie deine Manneskraft und deine Schönheit,
deinen Charme und deine Kenntnisse in der Kunst der
Liebe und sagt der Dame, daß keiner besser geeignet sei,
sie — was Ausdauer und Temperament betrifft —
in allen drei Stadien des Liebesspiels zu befriedigen.

Um zu beweisen, wie begehrenswert du seist, nennt sie als
nächstes eine Dame, die entweder wegen ihrer Schönheit
oder wegen ihrer strengen Tugend weithin bekannt ist,
und behauptet — ob es wahr ist oder nicht —, daß diese Dame
dich verführt habe und deine Geliebte gewesen sei.

---

1 Siehe Glossar.

2, 3 Siehe S. 42, Anm. 1 und 2.

4 Siehe Glossar.

Die Tätigkeiten der Vermittlerinnen bilden ein häufig wiederkehrendes Thema der indischen bildenden Kunst und Literatur. So wäre insbesondere die Liebe zwischen Radha und Krischna ohne die Dienste der unermüdlichen Sakhi undenkbar gewesen, die endlose zornige Nachrichten zwischen den beiden hin- und hertrug. Die Vermittlerin auf dieser reizvollen Illustration des *Amaruschataka* ist von König Amaru entsandt worden, um der enttäuschten Dame seine Entschuldigungen zu überbringen. Andere Bilder aus dieser Serie sind auf den Seiten 91 und 175 zu sehen. *Malwa, um 1680*

Während dieser Gespräche achtet die Vermittlerin
sorgfältig auf jedes Zeichen, das ihr verrät,
ob sie auf dem richtigen Wege ist —
die Dame schmunzelt, lacht laut,
blickt ihrem Gegenüber ohne Verlegenheit in die Augen.

Sie bittet die Vermittlerin, neben sich Platz zu nehmen
und fragt fürsorglich:
„Wo bist du gewesen? Sitzt du bequem?
Was hast du gemacht?
Hast du schon gegessen? Wen hast du gesehen?"

Wenn sie allein sind, scheut sie sich nicht mehr,
zu gestehen, wie einsam sie sich fühlt,
und beginnt ihre Lebensgeschichte zu erzählen;
sie gähnt nervös, seufzt, scheint oft
zerstreut zu sein und Tagträumen nachzuhängen.

Sie lädt die Vermittlerin zu Festen ein
und nimmt jede Gelegenheit wahr,
sie auf einen Botengang zu schicken,
belohnt sie großzügig und bittet sie
beim Abschied, bald wiederzukommen.

Die Dame hascht nach Komplimenten,
indem sie bei der Unterhaltung
scheinbar mißbilligende Bemerkungen fallenläßt wie:
„Du bist eine ehrliche Frau, warum erzählst du mir
diese unglaublichen Geschichten?"

Sie behauptet, daß deine Liebe
nichts als schlaue Verstellung sei,
daß du einen wankelmütigen Charakter habest
und daß nichts auf der Welt sie veranlassen könne,
einen Schritt in deine Richtung zu tun.

Wenn die Vermittlerin von deiner großen Liebe spricht,
lacht sie und ruft: „Lächerlich!"
und schwört, daß deine Hoffnungen vergeblich seien.
Solche Anzeichen sprechen dafür,
daß die Vermittlerin mit ihren Bemühungen Erfolg hat.

Anders als Svetaketu Auddalaki[5], der meint,
daß Paare, die sich nie zuvor getroffen hätten,
keine Vermittlerinnen brauchten,
glaubt Vatsyayana, daß sie unentbehrlich seien,
um Liebe zwischen völlig Fremden zu stiften.

Noch bevor du die Dame getroffen hast,
kann die Vermittlerin ihr
paan, Safran, Blumenkränze, Ringe,
prächtige Gewänder, schöne Seidenstoffe
und andere Geschenke bringen.

Jede Blume im Kranz trägt die Male
deiner Nägel und Zähne, die kostbaren Seidenstoffe
sind in ein Tuch gewickelt, auf dem sie eine
Botschaft deiner Liebe findet — die mit
gelbem Safran eingefärbten Abdrücke deiner Hände.

In einem Kopfschmuck
aus miteinander verwobenen Jasminblüten entdeckt sie
frische Blätter, auf denen mit deinen Fingernägeln
eingeritzte Abbildungen zu sehen sind:
ein Paar, das zürnt, das trauert, das sich liebt.

Die Vermittlerin, die diese Geschenke
zwischen euch hin- und herträgt,
beobachtet, wie die Liebe in eurer beider Herzen
zu erblühen beginnt, und arrangiert schließlich
das Stelldichein, mit dem ihr Geschäft beendet ist.

Die Anhänger Babhravyas[6] meinen,
daß solche heimlichen Zusammenkünfte am besten
bei Pilgerfahrten, Tempelbesuchen,
Ausflügen in den Wald oder den Badeveranstaltungen
am Vorabend einer Mondfinsternis stattfinden sollten.

Auch sei es günstig, sagen sie, sich bei Hochzeiten,
Opferfesten und Leichenbegängnissen zu treffen,
oder sich unter die Menschen zu mengen, die bei einer
Feuersbrunst, einer Hinrichtung oder den Prozessionen
der königlichen Elefanten zusammenlaufen.

Gonikaputra[7] meint, daß ein Stelldichein
in den Häusern von Freunden, Bettlerinnen,
Prostituierten und Nonnen stattfinden sollte.
Aber Vatsyayana glaubt, daß das Haus der Geliebten der
beste Ort sei — sofern es einen geheimen Ausgang hat.

5, 6, 7 Siehe Glossar.

Ein Liebespaar, das sich heimlich in einem Waldpavillon getroffen hat, wird von durstigen Löwen gestört. Die Liebenden, die denselben unbeteiligten Gesichtsausdruck haben wie die Löwen, treffen Vorbereitungen, sich zu verteidigen, wobei der stolze radschputische Adelige die Gelegenheit ergreift, zwei seiner Fertigkeiten zugleich unter Beweis zu stellen.
Rajasthani, 18. Jahrhundert

DIE FRAUEN VON UNTERGEBENEN

Könige, Prinzen, Adlige und Minister
des königlichen Hofes können nicht
die Häuser gewöhnlicher Bürger betreten —
der Lebenswandel der Großen setzt einen Maßstab,
nach dem die Untertanen sich richten.

Wie die Geschöpfe der drei lebenden Welten
jeden Morgen erwachen, wenn die Sonne über dem
Horizont aufsteigt, und sich zum Schlafen niederlegen,
wenn die Sonne untergegangen ist,
so folgt das gemeine Volk dem Vorbild der Könige.

Allein aus diesem Grunde
dürfen Könige, Prinzen
und die Mächtigen des Reiches
nie ihre Ehre dadurch beflecken,
daß sie die Frauen anderer Männer verführen.

Aber wenn ein großer Herr
von einer Leidenschaft überwältigt wird,
die vielleicht sein Leben bedroht,
gibt es Mittel und Wege, um den Schaden
so gering wie möglich zu halten.

Die Frauen und Schwiegertöchter eines Dorfes
können ohne Schwierigkeit durch den Dorfvorsteher,
den örtlichen Steuereintreiber und den Beamten,
der das Einbringen der Ernte überwacht,
gewonnen werden — ein bloßes Wort genügt.

Die *vitas*[1] nennen diese Frauen *charschanis*[2] —
die unaufhörlich arbeitenden Schöße der arischen Rasse,
selbstlose Wesen, die ihr Leben der Aufgabe geweiht haben,
Samen zu nähren — ohne sich darum zu kümmern, ob er
in die Ackerfurchen gesät wurde oder in ihre Bäuche.

Der Verkehr mit diesen liebenswürdigen Frauen findet statt,
wenn sie Korn oder Gewürze mahlen, Getreide stampfen,
Häuser und Scheunen betreten, um Nahrungsmittel
zu lagern oder fortzuschaffen, und wenn sie auf dem Weg
zu ihrer Arbeit in den Reisfeldern sind;

wenn sie am Haustor erscheinen, um Wolle
und Baumwolle zu kämmen und zu spinnen,
Öl aus Leinsamen zu bereiten, Hanf und Jute
zu Seilen und Säcken zu verarbeiten, oder sich einrichten,
solche Dinge zu kaufen oder zu verkaufen.

Beamte, die die Milchwirtschaft beaufsichtigen,
üben Zwang auf die Frauen aus, die Quark rühren,
und Beamte, die für die *khadi*[3]-Industrie zuständig sind,
nötigen die Witwen, Nonnen und Mittellosen, die ihren
Lebensunterhalt durch Spinnen verdienen.

Die Soldaten der Nachtwache setzen die Frauen unter
Druck, die nachts auf den Straßen aufgegriffen werden,
indem sie drohen, sie öffentlich bloßzustellen;
die Marktaufseher erpressen Frauen,
die gekommen sind, um Blumenkränze zu verkaufen.

In den Städten Pattana, Nagara und Kharvata[4]
werden die Frauen der Bürger an jedem achten Tag
des zunehmenden Mondes, am Tag Kamas und beim
Scharad Purnima[5] aufgefordert, in den Palast zu kommen
und den Haremsdamen Gesellschaft zu leisten.

Sie werden mit Getränken und einem Imbiß begrüßt,
und — nachdem sie einander vorgestellt wurden —
gesellen sie sich paarweise zu den Damen des Harems,
um mit ihnen in verschwiegenen Ecken zu plaudern,
ehe sie am Abend wieder in ihre Häuser zurückkehren.

Wenn der König Verlangen nach einer verheirateten Frau
hat, schickt er eine der Palastzofen zu ihr,
um sie einzuladen, zu einem der Hoffeste zu kommen
und alle Sehenswürdigkeiten
des Palastes zu besichtigen.

Wenn sich die Frau am Abend anschickt,
wieder nach Haus zu gehen, wird sie
von derselben Zofe aufgehalten, die ihr anbietet,
sie durch den Palast und die Gärten zu führen und sie
auf alles hinzuweisen, was schön und interessant ist.

Die Zofe zeigt ihr die Mosaiken aus Korall, die mit
Smaragden ausgelegten Fußböden, die Kristallwände,
die Gärten mit den blühenden und fruchttragenden Bäumen,
die zierlichen Marmorpavillons
mit ihren von Weinlaub umrankten Säulen;

den Pavillon am See mit seinen
Wasserkünsten und Brunnen, die geheimen
Eingänge in der Palastmauer, die mit Wandgemälden
geschmückten Hallen und den Park mit seinen
Bewässerungsanlagen und Hirschgehegen;

die Sammlung mechanischer Krieger und Tiere,
die so vollendet gefertigt sind, daß sie
zu leben scheinen; die zahmen Schwäne und Rebhühner,
die königliche Menagerie mit ihren Käfigen
voller Tiger, Löwen und anderer wilden Tiere.

Wenn die Frau genügend beeindruckt ist,
teilt die Zofe ihr im Vertrauen mit,
daß der König sie heiß begehre,
und fügt hinzu, daß er, wie sie vielleicht wisse,
sehr kundig in der Kunst der Liebe sei.

---

1 Siehe S. 32, einschließlich Anm. 14.

2 Ich habe versucht, den Witz zu bewahren, der mit der Wahl dieses Wortes beabsichtigt sein mußte. Die *charschanis* sind die Töchter des Aryaman, dem Vorgänger der Arier. Das Wort bedeutet auch „Kultivator“ und „untreue Frau“.

3 Spinnereien und Handwebereien. *Khadi*-Tuch wird von indischen Politikern getragen, wenn sie sich bemühen, wie „einer aus dem Volke“ zu erscheinen.

4 Siehe Glossar.

5 Der Vollmond im Oktober. Die wichtigste Nacht des Jahres in Agra, wenn auf dem Gelände des Tadsch Mahal ein Jahrmarktfest stattfindet.

Ein Mogul-Prinz, der sich auf einem Jagdausflug befindet, erfrischt sich an einem Brunnen. Dorfmädchen beeilen sich, ihm zu helfen, und gießen ihm sorgfältig Wasser aus einem Tonkrug ein. Ihre eigenen Krüge liegen unterdessen unbeachtet auf dem Brunnenrand. Es waren Frauen wie diese, die die *vitas* zu Vatsyayanas Zeit als *charschanis* bezeichneten, als leichte Eroberungen. Das hier behandelte Thema, das in der Malerei der Mogul-Zeit häufig wiederkehrt, geht möglicherweise auf die Geschichte zweier Liebenden zurück, Schahid und Wafa, die sich auf solche Weise kennengelernt haben sollen. *Mogul, um 1720*

Wenn der König die Freuden der Liebe mit einer Frau
genossen hat, erscheint die Zofe wieder, um sie
aus dem Palast zu führen, und versichert ihr,
daß niemand außer den drei Beteiligten
je erfahren wird, was geschehen ist.

Falls die Frau sich den Angeboten verweigert,
kommt der König selbst, um sie zu begrüßen,
und nachdem er mit ihr geschlafen hat, entläßt er
sie huldvoll und schickt sie mit teuren Geschenken
für ihre Familie beladen nach Haus.

Wenn ihr Gatte zu den bevorzugten Männern gehört,
die Zutritt zum Hofe haben,
zeichnet der König alle seine Frauen
durch Einladungen aus und verschafft auf diese Weise
derjenigen ein Alibi, die er begehrt.

Auch kann die Lieblingsgattin des Königs
unter dem Vorwand, ihre Freundschaft zu suchen,
die Frau in den Harem kommen lassen
und sie mit Honigwein betrunken machen,
so daß der König dort mit ihr schlafen kann.

Wenn eine Frau bekannt ist für ihre schöne Stimme
oder ihr Spiel auf der *Vina*6, lassen die Haremsdamen
sie kommen, um ihrer Musik zu lauschen,
und schicken sie dann mit einer Zofe fort,
die ihr den Palast und das Schlafzimmer des Königs zeigt.

Wenn ihr Gatte den Zorn des Königs fürchtet
oder einen schweren Verlust erlitten hat,
besucht eine Zofe aus dem Harem sie und sagt:
„Erlaubt mir, Euch zu meiner Herrin zu führen,
und Euer Gatte wird bald keine Sorgen mehr haben."

„Meine Königin", fährt sie fort, „liebt mich
und hört auf meinen Rat —
sie hat ein so weiches Herz und ist so mitfühlend,
daß sie Euch bestimmt hilft."
Und die Zofe führt die Frau in den Harem.

Nach zwei oder drei Zusammenkünften verspricht die
Königin, ihr zu helfen, und der König gewährt dem
Gatten seine Gunst. Während die Frau sich noch über
ihren Erfolg freut, wird sie auf die eine
oder andere beschriebene Art gefügig gemacht.

Es ist für einen König einfach, durch solche Mittel
die Frauen von Männern zu verführen,
die Dienst am Königshof suchen,
die von Steuereintreibern geplagt werden
oder die zu Unrecht in Haft genommen wurden.

Gleichermaßen gefährdet sind die Frauen von Männern,
die vor Gericht einen Prozeß verloren haben,
die nach Ansehen, Macht und Ehre streben, die von
reichen Grundbesitzern unterdrückt werden oder die,
wie die Spione, die Feindschaft des Königs fürchten[7].

Wenn ein König eine Frau begehrt,
die verheiratet ist,
aber offen mit ihrem Geliebten zusammenlebt,
kann er sie einfach verhaften lassen
und als Sklavin in seinen Harem aufnehmen.

Wenn andererseits eine Frau
nur ihren angetrauten Gatten liebt,
kann der König fälschlich Anklage gegen ihn erheben
und ihn als Staatsfeind hinrichten lassen,
um die trauernde Witwe seinem Harem zuzuführen.

Diese geheimen Praktiken sind unter
zügellosen jungen Prinzen weit verbreitet.
Aber kein König, der Wert auf seinen guten Ruf legt,
sollte je das Haus eines anderen Mannes
mit der Absicht betreten, seine Frau zu verführen.

Abhira[8], der König von Kotta, wurde von einem
Wäscher ermordet, als er Vasumitra in dessen eigenem
Haus Hörner aufsetzte. Jayasena, der König
von Kaschi, wurde wegen des gleichen Delikts
vom Kommandanten seiner Reiterei getötet.

Aber in manchen Ländern, die noch an ihren
alten Bräuchen festhalten, dürfen die Könige
die Frauen anderer Männer beschlafen —
und dies geschieht ganz offen
mit der Einwilligung des Gatten.

In Andhra bringt eine Braut am zehnten Tag
nach ihrer Hochzeit Geschenke in den Palast
und verbringt die zehnte Nacht im Bett des Königs.
In Vatsagulmaka, im Süden, schläft der König
mit den Frauen seiner Feldherren und Minister.

Im Vorangegangenen wurden die Techniken beschrieben,
die Herrscher und Adlige aus verschiedenen Ländern
anwenden, um die Frauen anderer Männer zu verführen;
aber der König, der auf das Wohl seines Volkes bedacht ist,
sollte sich nie dieser schändlichen Praktiken bedienen.

Er sollte vielmehr alte Bräuche, die, seit Jahrhunderten
überkommen, noch heute seinem Reich zu Schande
gereichen, verbieten und abschaffen.
Nur wenn er die sechs Feinde der Menschheit besiegt[9],
wird seine Herrschaft segensreich sein.

---

6 Siehe S.28, Anm. 4.

7 Die Kunst der Spionage war im alten Indien hoch entwickelt. In Kautilyas *Arthaschastra* sind ihr zwei Kapitel gewidmet. Der König beschäftigte Spione, um Informationen aus fremden Ländern einzuholen, aber auch um sich über das Verhalten seiner eigenen Untertanen unterrichten zu lassen.

8 Hinsichtlich Abhira und aller anderen Eigennamen, die folgen, siehe Glossar.

9 Die sechs Feinde der Menschheit sind Wollust, Zorn, Habgier, Heuchelei, Stolz und Eifersucht.

Eine peinliche Situation, in die selbst ein König geraten konnte, wie das Schicksal Abhiras und Jayasenas zeigt. Die Miniatur illustriert eine Geschichte aus dem *Anwar-i-Suhayli,* und der persische Text äußert sich ebenso kaustisch über die auf wie unter dem Bett liegenden Protagonisten. *Mogul, 1570*

EINBRUCH IN DEN HAREM

Da Harems gut bewacht werden und keinem Mann
je gestattet wird, einen zu betreten,
können nicht alle die Königinnen von einem König
körperlich befriedigt werden;
so suchen sie untereinander geschlechtliche Freuden.

Sie verkleiden ihre Sklavinnen als Männer,
schmücken sie mit männlichem Geschmeide,
und legen sich unter sie, um mit Hilfe eines künstlichen,
aus einer Knolle, Wurzel oder Frucht geformten Gliedes
ihre Wollust zu stillen.

Aus Mitgefühl mit seinen Damen legt der König
oft selbst einen künstlichen Phallus an
und erfreut mehrere von ihnen in einer Nacht.
Ohne diese Vorrichtung schläft er nur mit seinen
Favoritinnen und denjenigen, die in ihrer *ritu*[1]-Zeit sind.

Auch Männer, die ohne Frauen leben,
befriedigen bekanntlich ihre Gelüste
mit Stuten, Mutterschafen und Hündinnen, mit
künstlichen *yonis*[2], Statuen und lebensgroßen Puppen,
durch Masturbation und Päderastie.

Die Damen des Serails sind geübt darin, bartlose,
als Mädchen verkleidete Jünglinge in den Harem zu
schmuggeln — ihre Dienerinnen halten Ausschau nach
Herren, die gegen Bezahlung bereit sind, Frauenkleider
anzuziehen und sich in den Palast führen zu lassen.

Sollte eine von ihnen dich ansprechen,
wird sie behaupten, daß es leicht sei,
in den Harem zu gelangen, daß die Wächter sorglos seien,
daß der Palast Hunderte von Verstecken habe
und daß der König seine Damen nur sehr selten besuche.

Wenn es keine sicheren Ausgänge gäbe,
wären diese Frauen wahrlich töricht, dich hineinzulassen.
Aber Vatsyayana rät, nie einen königlichen Harem zu
betreten, wie gering die Risiken auch erscheinen mögen —
die Gefahr ist groß, und sie bedroht dein Leben.

Wenn du dich trotzdem darauf einläßt, vergewissere dich,
daß die Fluchtwege frei sind,
daß der Harem in einem dichtbewaldeten Garten liegt,
mit langen, voneinander getrennten Alleen,
und daß die Wachen sehr unaufmerksam sind.

Geh nur, wenn der König nicht in der Stadt ist
und die Königin dich mehrmals dazu aufgefordert
und dir eine hohe Belohnung versprochen hat.
Selbst dann solltest du nur gehen, wenn sie eine Dienerin
geschickt hat, die dich hinein- und herausführt.

Sofern alle diese Bedingungen gegeben sind, kannst du
natürlich kommen und gehen, wie es dir beliebt;
aber als regelmäßiger Besucher des Harems
mußt du dich mit den Wächtern befreunden
und verhindern, daß sie Argwohn schöpfen.

So kannst du glaubhaft versichern, daß du versuchst,
eine der Dienerinnen des Palastes zu verführen
(zum Beispiel die Zofe deiner Geliebten);
stelle dich verzweifelt, wenn du sie nicht sehen kannst —
das wird die Wächter ungemein belustigen.

Zusammen mit anderen Dienerinnen des Palasts sollte
dieses Mädchen dir als Botin zur Verfügung stehen.
Um deiner Sicherheit willen,
solltest du auch
jeden Spitzel und Zuträger am Hofe kennen.

Wenn deine Botschaften nicht weitergeleitet
werden können, stelle dich neben die Pforten des Palasts
oder an einen Platz, an dem dich deine Dame
von ihrem Fenster aus sehen kann, und warte dort,
bis eure Blicke sich begegnen.

Wenn die Wächter unruhig werden,
erinnere sie an deine Freundin, die Zofe;
erst wenn du dich vergewissert hast,
daß es die Geliebte ist, mit der du Blicke tauschst,
solltest du ihr ein Zeichen geben.

Male einen riesigen Mann und eine Frau an die Mauer
vor ihrem Fenster und laß darunter ein Blatt liegen,
in das du ein Gedicht geritzt hast — ebenso
Bälle, Puppen, Spielzeug, einen Ring, die du durch
den Abdruck einer Zähne und Fingernägel markiert hast.

Warte auf ihre Botschaften in einer belebten Straße,
wo ihre Zofe häufig einkaufen geht,
und erst wenn sie dir gesagt hat,
daß in der Nacht nichts zu befürchten sei,
solltest du deine Dame im Harem besuchen.

Du kannst den Palast nachts
als Wächter verkleidet betreten,
oder die Geliebte kann dir ihre Zofe schicken,
um dich hinein- und herauszubegleiten —
in den grobgewirkten Sari einer Bäuerin gehüllt.

Du kannst unentdeckt in den Palast eindringen,
wenn du das tantrische Yoga des *Putaputa*[3] benutzt,
das dich und deinen Schatten unsichtbar macht: Besorge
dir das Herz eines Mungos, Griechisches Heu, einen
weißblühenden Flaschenkürbis und die Augen einer Schlange.

---

1 Siehe S. 128, Anm. 2.

2 Die weiblichen Geschlechtsorgane

3 *Putaputa* heißt „eingeschlossen, eingewickelt". Tantrisch siehe Glossar.

Eine Stimmung von Langeweile und Vergeblichkeit lastet über dieser Haremsszene, die in Dschodhpur von Amardas, dem Sohn Nairandas', gemalt wurde. Eine Inschrift auf der Rückseite gibt an, daß eine dieser Damen Aurangsebs Königin Sebunissa sei, aber das ist recht unwahrscheinlich. Einige der jungen Königinnen, die mit alternden Herrschern verheiratet waren, hatten nicht einmal genügend Zeit, sich in ihrem sybaritischen Dasein zu langweilen. Als Maharadscha Man Singh 1843 starb, bestiegen nicht weniger als sechs Gattinnen den Scheiterhaufen, um mit ihm verbrannt zu werden. *Dschodhpur, spätes 18. Jahrhundert*

Verbrenne diese Ingredienzen, dann zermahle sie
in gleicher Menge mit Lampenruß —
auf die Augen aufgetragen, lassen sie dich verschwinden.
Wenn diese Zutaten schwer zu erhalten sind, verwende eine
Salbe aus Lotossamen, Landfeigen und heiligem Wasser.

Am *Divali*[4] solltest du eine brennende Lampe nehmen
und dich unter die Menschen mengen,
die die Straße zum Palast bevölkern —
schlüpf durch eine Seitentür hinein und später
wieder heraus, um dich zu den Feiernden zu gesellen.

Andere Gelegenheiten, den Palast zu betreten,
bieten sich, wenn die Tore geöffnet sind,
um einen Wagen zu entladen;
während eines Festes oder einer Feier,
wenn ständig Menschen kommen und gehen;

wenn die Dienerinnen verwirrt umherhasten,
um einen wichtigen Auftrag zu erledigen;
wenn Möbel von einem Tor zum anderen transportiert
werden, weil jemand von einer Wohnung in eine
andere umzieht; während des Wachwechsels;

wenn die Höflinge zu einem Picknick ausreiten;
wenn der König zu einer Pilgerfahrt aufbricht
oder mit seinen Truppen ins Feld zieht:
Zu solchen Zeiten können kühne junge Männer
unbemerkt den Palast betreten und verlassen.

Jede Haremsdame kennt die Geheimnisse aller anderen,
sie alle bindet ein Band der Schuld;
Kabalen verderben den Charakter von Frauen,
die bis dahin treu waren,
und vereinigen sie zu einer verschworenen Gemeinschaft.

In Aparantaka[5] darf kein Mann den Harem betreten,
und so schmuggeln die Frauen
gutaussehende, verwegene junge Männer ein —
was leicht zu bewerkstelligen ist,
da der Palast unzulänglich und nachlässig bewacht wird.

Als König Abhira über Kotta herrschte,
verführten die Haremsdamen die *kschatriya*[6]-Wächter.
Die Frauen im Palast von Vatsagulmaka
verkleiden ihre jungen Kavaliere als Mädchen
und lotsen sie an den Wachen vorbei in den Harem.

Im Palast von Vidharba stehen die Königinnen
allen jungen Prinzen zur Verfügung —
mit Ausnahme ihrer eigenen Söhne.
In Strirajya schlafen die Damen des Harems
nur mit ihren Verwandten und Angehörigen ihres Clans.

Die Königinnen von Gauda schlafen mit Brahmanen[7],
Freunden, Ministern und Sklaven.
In Sind befriedigen die Königinnen ihre Gelüste
mit Pförtnern, Fächerträgern und allen anderen
Männern, die im Palast beschäftigt sind.

In den Königreichen des Himalaya im Nordwesten
bestechen junge Männer die Wächter und besuchen
zusammen mit ihren Freunden die Haremsdamen.
In Prachya entführen acht bis zehn Damen
einen jungen Mann und halten ihn wochenlang versteckt.

In Anga, Banga und Kalinga kommen die heiligen
Brahmanen mit Reis, Blumen und Safran, um die
Haremsdamen zu segnen, doch endet die Zeremonie
stets damit, so sagt man, daß sie sie beschlafen —
trotz der Vorhänge, die zwischen ihnen gespannt sind.

Das sind die Methoden, in einen Harem einzudringen,
und damit schließt das Buch
über die Verführung der Frauen anderer Männer:
Dieser Teil des *Kama Sutra* zeigt,
wie sorgfältig Männer auf ihre Frauen aufpassen sollten.

Babhravya sagt, du solltest deine Frau auf die Probe
stellen, indem du einen Mann beauftragst, sie zu verführen.
Aber Vatsyayana meint, da böse Menschen
oft unschuldige Mädchen in die Irre führen,
sei es töricht, ein solches Risiko auf sich zu nehmen.

Ein kluger Mann wird die Techniken,
eine verheiratete Frau zu verführen,
wie sie hier im *Kama Sutra* beschrieben werden,
sorgfältig studieren: Wenn er sie verstanden hat,
kann er nie von seiner eigenen Frau betrogen werden.

Dieses Werk zeigt deutlich, daß der Ehebruch
gleichermaßen Männer und Frauen korrumpiert,
ihren Charakter verdirbt, *Dharma* und *Artha*[8] zerstört.
Männer und Frauen von einiger Vernunft
werden sich hüten, ein derartiges Unrecht zu begehen.

Dieser Teil des *Kama Sutra* wurde mit Unterstützung
hilfreicher Ehemänner verfaßt
zur Wahrung der Tugend ihrer Frauen.
Er soll nicht dazu dienen, durch arglistige Täuschung
einem Mann die Liebe seiner Frau zu stehlen.

---

4 Vatsyayana verwendet *ratri-kaumudi* (Kaumudi-Nacht). Wie aus dem Kontext ersichtlich, handelt es sich dabei um das herbstliche Feuer-Fest, das wir als *yakscha-ratri* (Nacht der Yakschas) identifiziert haben (siehe S. 30, einschließlich Anm. 8, und S. 116, Anm. 9). *Kaumudi* kann sich auf jedes Mondfest beziehen.

5 Hinsichtlich Aparantaka und der folgenden Namen siehe Glossar.

6 Männer der Kriegerkaste.

7 Priester.

8 Im engeren Sinne Tugend und Wohlstand. Siehe S. 18, Anm. 1, und Einführung.

Eine Dame wartet mit ihren Dienerinnen auf einer vom Mond erhellten Terrasse, während ihr Liebhaber ein mit Knoten versehenes Tau hochklettert, das sie für ihn hinuntergelassen haben. Am Fuß der Mauer steht ein von einem Diener bewachtes Pferd bereit. Die gespenstischen fahlen Farbtöne, die tiefen Schatten und rechteckigen Linien tragen das Ihre dazu bei, ein Gefühl drohender Gefahr zu wecken. *Lakhnau, spätes 18. Jahrhundert*

BUCH VI
KURTISANEN

DIE WAHL EINES LIEBHABERS

Aus Gewinnstreben mit einem Mann zu schlafen
ist für eine Frau nicht natürlich;
doch um als Prostituierte Erfolg zu haben,
mußt du deine Liebe zum Geld
als natürliches Verlangen zum Mann erscheinen lassen.

Es spielt keine Rolle, ob er dich kalt läßt:
Schlafe mit jedem Freier so,
als ob er der menschgewordene Kama[1] sei.
Rühme seine Fähigkeiten im Bett — das ist
der kürzeste Weg, das Herz eines Mannes zu erobern.

Beweise ihm, daß er — und nicht sein Geld —
deine Lust entfacht,
indem du dich ihm scheinbar selbstlos hingibst.
Zeige deine Habgier nicht allzu offen, gebrauche
deinen Verstand, um ihn gehörig zu schröpfen.

Einige praktische Hinweise

Du solltest immer gut angezogen sein
und dich sorgfältig geschminkt haben; die Augen offen
für alles, was auf der Straße vor deinem Haus
geschieht; stets bereit, einem vorübergehenden Herrn,
der dich interessiert, einen Wink zu geben.

Wähle einen Standort, an dem die Passanten
dich gut sehen können,
aber stell dich nicht allzu herausfordernd zur Schau —
häufig benehmen Prostituierte sich so,
als seien sie eine Ware, die im Basar zu kaufen ist.

Bediene dich eines Zuhälters, der imstande ist,
dir kultivierte Liebhaber zuzuführen
und sie von anderen Mädchen wegzulocken,
der dir in schweren Zeiten beisteht
und dich gegen unangenehme Freier schützt.

Verbünde dich mit den Stadtwachen,
mit Anwälten und Astrologen;
stell dich gut mit den Schlägern, die den Bezirk
terrorisieren, mit Tänzerinnen und Musikerinnen,
den anderen Mädchen und deiner Bordellwirtin.

Darüber hinaus solltest du Umgang pflegen
mit *pithamardas, vitas* und *viduschakas*[2],
Floristen, Parfümherstellern und Weinhändlern,
Friseuren, Wäschern, Bettlerinnen
und allen anderen, die dir nützlich sein können.

Die Wahl eines Liebhabers

Der ideale Liebhaber ist natürlich jung,
ungebunden,
phantastisch reich und in der Lage,
sein Geld auszugeben, wie es ihm beliebt —
vorzugsweise für dich.

Junge Männer, die kürzlich ein großes Vermögen
von ihren Vätern geerbt haben,
sind hervorragende Liebhaber;
da sie das Geld nicht selbst verdient haben,
kennen sie keine Hemmungen, es auszugeben.

Du findest reiche Beute
unter Männern in mittleren Jahren, die nur damit
beschäftigt sind, ihrer Jugend nachzuhängen, und unter
Männern, die impotent sind, aber diese Tatsache
um nichts auf der Welt bekannt werden lassen wollen.

Halt Ausschau nach reichen Playboys,
Astrologen, Ärzten, fremden Söldnern,
Ratgebern des Königs
und von Schuldgefühlen geplagten Asketen,
die immer den Wunsch haben, dich heimlich zu besuchen.

Wenn du davon träumst, eine Hetäre
wie Ambapali zu sein, mit der Buddha[3] einst speiste
— berühmt für ihre Tugend, geachtet von Prinzen
und Philosophen —, solltest du deine
gegenwärtigen Liebhaber sehr sorgfältig aussuchen.

Nimm nur Männer von Rang und Namen:
Angehörige adliger Familien,
Universitätsprofessoren, gelehrte Brahmanen
und Höflinge, die beschlagen genug sind,
um zu wissen, woher der Wind weht.

Laß dein Haus eine zweite Heimstatt werden
für junge Dichter und Musiker,
berühmte Schriftsteller, Balladensänger, Maler,
Meister des Kunsthandwerks, Geschichtenerzähler
und *bon viveurs,* die bekannt sind für ihren Witz.

Unter diesen wähle einen Mann aus,
der höflich, freigebig, gütig zu Freunden ist,
der weder ein Klatschmaul ist noch die Götter verleugnet;
nimm diesen Mann als deinen Liebhaber
und überlaß ihm die Sorge für deine Zukunft.

---

1 Siehe Glossar.

2 Siehe S. 32, einschließlich Anm. 14.

3 Siehe Glossar.

Jede Kurtisane muß es sich angelegen sein lassen, in jungen Jahren ihr Vermögen zu machen. „Dunkel und beschattet von schweren Lidern, strahlten und funkelten meine Augen wie Diamanten; jetzt im Alter sind sie glanzlos und trüb. Einst waren meine Hände sanft und zart, geschmückt mit Juwelen und Gold; jetzt im Alter krümmen sie sich wie Wurzeln. Einst war mein Leib verlockend wie blankes Gold; jetzt im Alter ist er bedeckt mit Runzeln und Falten." Aus einem Pali-Gedicht von Ambapali aus Vaischali, übersetzt von Professor A. L. Basham. *Rajasthani, spätes 18. Jahrhundert*

Um so besser, wenn dein Liebhaber
ein Salonlöwe ist,
es liebt, bei öffentlichen Debatten zu sprechen,
häufig Gesellschaften besucht
— und nie vergißt, dich mitzunehmen.

Er sollte gesund, schlank und stark sein,
galant und nie eifersüchtig; er sollte nicht dem
Trunk, Drogen oder anderen Frauen verfallen sein —
kühn, doch zärtlich im Bett
und vor allem unabhängig im Denken.

Geh Männern aus dem Weg, die an Lepra,
Tuberkulose, Parasiten
und anderen ansteckenden Krankheiten leiden.
Nimm keinen Liebhaber,
der übel riecht und übel redet.

Meide Geizhälse, grausame oder gewalttätige Männer,
Diebe, Zauberer, Spione,
jeden Mann, der von seinen Eltern verstoßen wurde,
Männer, die nichts auf ihre Ehre geben
und Männer, die in ihre Frauen verliebt sind.

Eigenschaften der großen Kurtisanen

Die großen Kurtisanen sind Schönheiten
mit verführerisch jungen Leibern,
süßen Stimmen und bezaubernden Manieren.
Sie schätzen die Spiele der Liebe und achten
den Charakter eines Mannes mehr als sein Geld.

Sie betrügen ihre Liebhaber nicht und hauen sie
nicht übers Ohr; treu und festen Sinnes,
sind diese Mädchen in jeder Gesellschaft willkommen;
sie zeichnen sich durch Kenntnisse in der Kunst aus
und verehren die Götter.

Obwohl du vielleicht nie so erfolgreich sein wirst
wie sie, solltest du ihnen nacheifern,
dich bescheiden und einsichtig verhalten,
Streit vermeiden und wissen,
wann es Zeit zu handeln ist und wann nicht.

Eine große Kurtisane bedrängt und belästigt niemanden,
kleidet sich unauffällig
und tut nichts, was als vulgär angesehen werden könnte;
sie achtet darauf, keinen Klatsch aufkommen zu lassen,
und haßt Stumpfheit und Dummheit.

Sie vermeidet es, ein Gespräch an sich zu reißen,
ist niemals unhöflich
und immer dankbar für das, was sie erhält.
Vor allem ist sie bewandert
im *Kama Sutra* und seinen Künsten und Wissenschaften.

Warum ein Mädchen Prostituierte wird[4]

Welche Gründe, fragen die Weisen,
können eine Frau veranlassen,
ihre Keuschheit aufzugeben und sich zu prostituieren?
Ihre natürliche Promiskuität?
Nötigung? Das Verlangen, unermeßlich reich zu sein?

Der Wunsch, eine Rivalin auszustechen oder sich an
ihrem Liebhaber oder ihrer Familie zu rächen?
Könnte reine Neugier sie verleitet haben?
Oder hat ein tiefer Schmerz sie dazu getrieben?
Hat sie es als ihre religiöse Pflicht angesehen[5]?

Hat sie aus Mitleid mit
einem einsamen Mann gehandelt?
Oder hat sie dem Drängen eines Freundes nachgegeben?
Hat sie sich einem Mann geschenkt,
der sie an jemanden erinnert, den sie einmal liebte?

Hat sie sich korrumpieren lassen,
weil sie es liebt, in einem üblen Ruf zu stehen?
Oder weil sie keine Scham kennt?
Oder — wenn sie früher anständig war —
weil ein willensstarker Mann sie gezwungen hat?

Ist sie durch die Aussicht auf Reichtum und Ruhm
verlockt worden? Oder weil er alles war, was sie
auf der Welt hatte? Hat ein Liebhaber sich geweigert,
sie zu heiraten? Oder ist sie von einem Verwandten
oder Nachbarn verführt worden?

4 Sämtliche der in dieser Liste aufgeführten Motive sind auch in einer 1962 veröffentlichten Studie über die Prostitution in Bombay zu finden. Weitere in dieser Studie genannte Gründe sind Gleichgültigkeit oder schlechte Behandlung seitens der Eltern oder der Verwandten der Mädchen, Treulosigkeit des Ehemanns, stillschweigende Duldung seitens der Eltern oder Verwandten. Was Vatsyayanas Nötigung betrifft, so werden noch heute junge Mädchen aus abgelegenen Dörfern gekidnappt und in Bordellen der großen Städte gefangengehalten.

5 Vatsyayana erwähnt das *Dharma* an dieser Stelle, aber offensichtlich spielt er auf den Brauch an, junge Mädchen als Tempelprostituierte *(devadasis)* zu verpflichten. Daß dieser Brauch bereits Jahrhunderte vor Vatsyayanas Zeit verbreitet war, wird durch eine mauryanische Höhleninschrift in Ramgarh illustriert, in der es heißt: „Der treffliche junge Mann Devadinna, der Maler, liebte Sutanuka, die Sklavin des Gottes." In Damodara Guptas *Kuttani Mata* erhält der junge Prinz Samarabhata, den wir auf S. 102, Anm. 5 als *paan*-Ästheten kennengelernt haben, den Rat vom Tanzlehrer der *devadasis* eines Tempels in Benares, nicht zuviel von den tänzerischen Fähigkeiten der Mädchen zu erwarten, da ihre Zeit völlig von amourösen Verpflichtungen in Anspruch genommen sei. Nach der in Anm. 4 erwähnten Studie waren fast ein Drittel der Prostituierten in Bombay *devadasis* (obgleich sie nicht in Tempeln, sondern in Bordellen tanzen mußten), und mehr als die Hälfte von ihnen waren Anhänger der Muttergöttin Jellama aus dem heutigen Katnataka.

Drei elegante Kurtisanen aus Haiderabad trinken Wein auf einer Terrasse. Diese Frauen waren nicht nur schön, sondern auch ausgezeichnete Sängerinnen und Tänzerinnen mit einer fast enzyklopädischen Kenntnis der in Uru und Persisch geschriebenen Poesie. Prinzen und Dichter machten ihnen gleichermaßen den Hof, und sie konnten unermeßlich reich werden. *Haiderabad, 18. Jahrhundert*

Vatsyayana sagt, daß alle diese Hypothesen im Grunde
nichts aussagen. Um eine Kurtisane zu sein,
muß ein Mädchen entweder habgierig
oder fest entschlossen sein, ihrem Elend zu entkommen.
Und sie muß eine natürliche Freude am Sex haben.

Bevor eine Frau ihre Keuschheit aufgibt,
sollte sie ihre Ängste, ihre Sorgen,
ihren Zorn und alle anderen Gefühle,
die sie beherrschen, aufwiegen gegen das,
was unweigerlich ihrem Entschluß folgen wird.

Falls sie nicht weiß, ob dieser Entschluß
durch Habgier oder Wollust bestimmt wird, wird sie
sich weniger täuschen, wenn sie das erstere annimmt —
es ist schließlich keine Sünde für eine Prostituierte,
das Geschäft mit dem Vergnügen zu verbinden.

Wie man einen Liebhaber gewinnt

Wenn ein Herr seinen Wunsch zu verstehen gibt,
dein Liebhaber zu sein, mußt du dir
Zeit nehmen, bevor du dich mit ihm einläßt —
die Erfahrung zeigt, daß Männer
das geringschätzen, was sie allzu billig bekommen.

Als erstes mußt du deine
Masseuse zu ihm schicken,
eine der Sängerinnen aus deinem Gefolge
oder einen vertrauenswürdigen *viduschaka,*
der seine wahren Absichten erkundet.

Wenn dir diese Diener nicht zur Verfügung stehen, schicke
einen *pithamarda,* um etwas über die persönlichen
Gewohnheiten des Mannes und seine Gefühle dir gegenüber
herauszufinden und in Erfahrung zu bringen, ob er andere
Frauen hat, und wie es um seine finanzielle Lage bestellt ist.

Wenn diese Berichte günstig ausfallen und deine
Wünsche sich mit seinen treffen, laß ihm durch
einen *vita* eine Einladung in dein Haus
überbringen — ein Vorwand ist schnell gefunden
und sollte dem *vita* überlassen bleiben.

Es genügt, wen du ihm einen Widder-,
Hahnen- oder Wachtelkampf in Aussicht stellst,
einen besonders klugen Papagei hast
oder einen unterhaltsamen Abend mit Sängerinnen,
Tänzerinnen, Schauspielern und Musikern planst.

Wenn er in dein Haus kommt,
begrüße ihn mit einem so reichen Geschenk,
daß er vor Freude überwältigt ist,
und laß ihn wissen,
daß du selbst es für ihn ausgesucht hast.

Unterhalte ihn mit geistvollen Gesprächen
über seine Lieblingsthemen und achte darauf,
daß er reichlich zu essen und zu trinken hat.
Wenn er geht, laß ihm durch eine besonders
reizende Zofe ein anderes Geschenk überbringen.

Schicke dieses Mädchen häufig zu ihm, mit
Geschenken und honigsüßen Komplimenten befrachtet,
bis er schließlich wieder in dein Haus kommt.
Danach kannst du ihn, in Begleitung eines *pithamarda,*
so oft besuchen, wie es dir angemessen erscheint.

Wenn ein Liebhaber dein Haus betritt,
muß die Vollkommenheit deiner *paans,*
deiner Blumenarrangements und kostbaren Salben
vor der Vollkommenheit deiner Schönheit
und der Eleganz deiner Unterhaltung verblassen.

Das kalte Blitzen im Herzen eines Diamanten
wird seine Zuneigung erwecken,
aber weitaus kostbarer sind deine Blicke —
erfüllt von einem unausgesprochenen Verlangen,
das die schwelenden Feuer seiner Liebe entfacht.

Originelle Geschenke nehmen seine Phantasie gefangen,
sein Lächeln ist leicht durch das kunstlose
Geplauder deiner *pithamardas* zu gewinnen,
aber du mußt seine Seele in Fesseln schlagen, bevor du
deinen Körper im Liebesspiel an seinen bindest.

Ein Tanzmädchen aus Lakhnau, Mitte des 19. Jahrhunderts — vielleicht eine der Damen, die an den Ausschweifungen am Hofe von Wajid Ali Schah teilgenommen haben, dem letzten unabhängigen Herrscher von Oudh. Die Lakhnau-Kurtisanen (diese hier trägt eine reich geschmückte *vina*) setzten die Tradition der gebildeten, geistvollen Unterhaltung mindestens bis zur Unabhängigkeit Indiens im Jahre 1947 fort. Diese Miniatur ist, wie ihr Gegenstand, etwas vulgär. Die Wandlampen sind viktorianisch. *Lakhnau, um 1840—50*

DAS LEBEN ALS GATTIN

Wenn du diesen Mann als deinen Liebhaber gewonnen
hast, mußt du ihm treu sein und dich verhalten,
als wärest du seine einzige Gattin:
Du solltest so tun, als liebtest du ihn,
selbst wenn du in Wirklichkeit nichts empfindest.

Deine Mutter muß als habgieriger Drachen erscheinen
und vorgeben, den Mann zu hassen; jede Höflichkeit
ihm gegenüber wäre falsch. (Du solltest eine alte
Frau anleiten, diese Rolle zu spielen,
wenn deine eigene Mutter schon tot ist.)

Wenn du mit deinem Liebhaber zusammensitzt,
erscheint die „Mutter“
und zieht dich gewaltsam aus dem Zimmer.
Täusche Haß, Furcht, Scham vor —
aber befolge immer ihre Befehle.

Oder täusche eine Krankheit vor, wenn du eine
Entschuldigung suchst, seine Gegenwart zu meiden.
Aber such dir eine Krankheit aus,
die nicht zu abstoßend ist
und die häufig wiederkehren kann.

Um seine Enttäuschung zu mindern, schick ihm
durch deine Zofe *paan*, Kardamom und Blumen,
mit der Nachricht, daß du untröstlich seist,
und der Bitte, die Blumen zurückzuschicken,
damit du sie in seiner Abwesenheit küssen kannst.

Wenn er dich zärtlich umarmt
und dir ein *paan* in den Mund steckt,
rufe entzückt aus, daß du in deinem ganzen Leben
noch nichts gegessen hast, was so köstlich schmecke
und so hübsch zusammengefaltet sei.

Wenn du mit ihm im Bett bist, tu so, als ob du
Babhravyas vierundsechzig Künste nicht kennst:
„Mein Liebling, ich bin so unerfahren,
bitte zeige mir, was ich machen soll.“
Wende dann nur die wenigen Techniken an, die er kennt.

Erweise dich als gelehrige Schülerin und seufze:
„Mein Schatz, du bist so wunderbar —
wenn wir uns nur die ganze Nacht lieben könnten!“
(Wenn deine Geschlechtsteile wund
oder erkrankt sind, laß es ihn nicht sehen.)

Wenn ihr danach zusammen im Bett liegt,
schmiege dich an seine Schulter;
wehre seine intimeren Liebkosungen nicht ab,
und wenn er schließlich einschläft,
nimm ihn in deine Arme und küsse ihn liebevoll.

Schaue ihm mit einem Blick voller Verlangen nach,
wenn er dich am Morgen verläßt.
Lehne dich über das Balkongitter, bis er verschwunden
ist, und ducke dich verschämt, wenn er dich sieht —
deine Verwirrung zeigt, daß du ihn wirklich liebst.

Du mußt lernen, seine Feinde zu verachten
und seine Freunde zu bewundern
sowie seine Triumphe und Niederlagen mit ihm zu teilen.
Zeige ihm, daß du ihn begehrst, indem du dich
an den unmöglichsten Orten von ihm lieben läßt.

Spiel ihm das übliche eifersüchtige Theater vor —
er liebe seine Gattin und andere Frauen mehr als dich.
Behaupte unter Tränen, daß die Liebesmale
deiner Zähne und Nägel
in Wirklichkeit von einer anderen Frau stammten.

Gib deiner Liebe nicht in Worten,
sondern in Gesten Ausdruck.
Tu so, als seist du erschöpft oder verrückt vor Kummer,
wenn er dich begrüßt, und flüstere:
„Was hast du erwartet? Du bist gestern nicht gekommen.“

Lobe seine beruflichen Fähigkeiten
(den Bau von Tempeln, das Anlegen von Brunnen) —
höre aufmerksam zu, wenn er von diesen Dingen spricht,
und zeige, daß du begreifst, wovon er redet,
indem du sachkundige, intelligente Fragen stellst.

Bewundere seine witzige Konversation
und schmeichle seinem Intellekt, indem du dich
in fast allen Fragen seinem Urteil beugst.
Du solltest ihm jedoch heftig widersprechen,
wenn er die Polygamie verteidigt.

Zeige dein Mitgefühl, wenn er tief aufseufzt,
beim Würfelspiel verliert oder auch nur strauchelt.
Wünsche ihm den Segen der Götter, wenn er niest,
sich beim Lachen verschluckt oder auffährt,
weil ein plötzliches Geräusch ihn erschreckt hat.

Tröste ihn, wenn er niedergeschlagen ist,
und sage ihm, du seist selbst,
aus welchem Grund auch immer, seit Wochen deprimiert.
Lobe nie andere in seiner Gegenwart und kritisiere
niemanden, der die gleichen Fehler hat wie er.

Versäume nie, ihm zu zeigen, wie sehr du
die Geschenke schätzt, die er dir macht.
Wenn er dich zu Unrecht beschuldigt, treulos zu sein,
verweigere die Nahrung und lehne es ab, Schmuck
zu tragen, bis er dich um Verzeihung gebeten hat.

Ein Streit über einen Liebhaber. Das Mädchen aus dieser schönen Basohli-Miniatur lehnt sich niedergeschlagen gegen die Wand ihres Hauses — allein durch die Körperhaltung ihrer Enttäuschung Ausdruck gebend. Ihre Gefährtin, in der wir mit einiger Phantasie Vatsyayanas „Mutter" wiedererkennen, verbietet ihr, zu ihrem Liebhaber zu gehen. Die gestreiften Hosen auf Basohli-Bildern werden vor allem mit dem Hof von Radscha Kirpal Bal in Zusammenhang gebracht. *Basohli, um 1690—1700*

Lege deinen Schmuck ab und weigere dich zu essen,
wenn ihm ein Unglück widerfahren ist.
„Ach, wie konnte das geschehen?“ fragst du,
ringst die Hände und schlägst alles mögliche
— und unmögliche — vor, um ihn zu trösten.

„Laß uns, ich bitte dich, in ein anderes Land ziehen,
wo wir ganz neu anfangen können —
ich komme mit dir, wenn du gewillt bist,
mich beim König freizukaufen.
Oder wir machen uns heimlich davon, noch heute abend.“

Sag ihm immer wieder, daß du einen neuen Sinn im
Leben gefunden habest, seit du ihm begegnet bist.
Wenn er unvermutet zu Vermögen und Reichtum gelangt
oder eine schwere Krankheit überstanden hat,
opfere den Göttern *pujas*[1] und faste.

Leg deine besten Gewänder an, wenn du ihn empfängst,
und trage deinen schönsten Schmuck.
Wenn du gebeten wirst, öffentlich zu singen,
flicht seinen Namen und seinen edlen Stammbaum
in die Widmung ein, die jedem Lied vorangeht.

Dein Liebhaber wird tief bewegt sein,
wenn du dich nicht wohl fühlst und seine Hand
auf deine heiße Stirn legst
oder sie gegen dein Herz preßt und einschläfst,
als ob seine Berührung deine Schmerzen gelindert hätte.

Setz dich oft auf seinen Schoß und versinke ins Träumen,
den Kopf gegen seine Schulter gelehnt;
geh auf der Straße stets einen Schritt hinter ihm;
sag, daß du ihm einen Sohn schenken möchtest:
Dies alles wird ihm ungemein schmeicheln.

Sag, daß du jeden Tag zu den Göttern betest,
dich vor ihm sterben zu lassen[2].
Bitte ihn, aufzuhören, wenn er fastet, sage:
„Laß mich für dich büßen!“
Und wenn er sich nicht erweichen läßt, faste mit ihm.

Wenn du eine Einkommensquelle hast,
von der dein Liebhaber nichts weiß,
halte sie vor ihm verborgen.
Doch laß es dir angelegen sein, sein Vermögen
so sorgfältig zu hüten, als wäre es dein eigenes.

Wenn bei einem Streit keiner der Beteiligten
sich auf eine Lösung einigen kann, schlage vor,
deinen Liebhaber kommen zu lassen, und sage:
„Er wird eine faire Lösung finden.
Er ist der einzige, von dem ich weiß, daß er es kann.“

Zeige ihm, wie sehr du ihm ergeben bist,
indem du seine abgelegten Schals trägst
und das ißt, was auf seinem Teller übrig geblieben ist.
Gib vor, hilflos ohne ihn zu sein — nicht einmal
imstande, allein auf eine Gesellschaft zu gehen.

Laß dich nicht abhalten, überall sein Loblied zu singen,
preise seine Familie, seine Kaste, sein Land, seine Lehrer
und Freunde, sein Alter, seine Tugend, seinen Reichtum,
seine Hautfarbe, Bildung, Beredsamkeit und
alles, was dir sonst noch in den Sinn kommt.

Wie dürftig seine Talente auch sein mögen —
bitte ihn, für dich zu singen,
auf der *vina, tabla*[3], Flöte oder einem
anderen Instrument zu spielen
und lobe seine ungemein ausgefeilte Technik.

Wenn ihr euch zu einem Rendezvous verabredet habt,
erscheine pünktlich am angegebenen Ort,
selbst wenn die Straßen vor Hitze kaum begehbar sind,
die Kälte unerträglich ist oder das trübe Licht
eines Monsuns einen Wolkenbruch anzeigt.

Jede seiner Tugenden, Empfindungen und Meinungen
sollte in dir einen Widerhall finden. Beschuldige
ihn, dich durch Hexerei verzaubert zu haben, und sprich
die Hoffnung aus, ihm nach dem Tode wiederzubegegnen
und im nächsten Leben seine Frau zu sein.

Es obliegt deiner „Mutter“, jeden Tag
einen Streit über deinen Liebhaber vom Zaun zu brechen.
Wenn sie versucht, dich zu zwingen,
mit einem anderen Mann zu schlafen, schwörst du,
dich eher zu vergiften, zu erdolchen oder zu erhängen.

Wenn dein Liebhaber schließlich entdeckt,
daß du ihm untreu geworden bist, solltest du
unverzüglich deine Dienerinnen, *pithamardas, vitas*
und *viduschakas*[4] zu ihm schicken, um ihn zu
überzeugen, daß an allem deine Mutter schuld war.

1 Siehe S. 116, Anm. 3.

2 Vor dem Gatten zu sterben wird von indischen Frauen als so erstrebenswert empfunden, daß der Ausdruck *sadasuhagana*, der diesen Umstand beschreibt, unlängst verwendet wurde, um für eine Toilettenseife zu werben!

3 Eine langhalsige indische Laute, bzw. eine kleine Trommel.

4 Siehe S. 32, einschließlich Anm. 14.

Das Mädchen trotzt der Dunkelheit, dem Sturm, Schlangen und Dämonen, um heimlich ihren Geliebten zu treffen. Sie eilt durch die Nacht, ohne zu merken, daß sie ihre goldenen Fußkettchen verloren hat. Ästheten ist sie als *abhisarika nayika*, die furchtlose Geliebte, bekannt. *Guler, um 1760*

Wenn er sich nicht überzeugen läßt, geh selbst zu ihm
und versichere ihn deiner Ergebenheit. Erkläre ihm
unter Tränen, daß „Mutter" dich gezwungen habe.
Verfluche alle Prostituierten und beklage das Los,
das dich zu diesem grausamen Leben verdammt hat.

Doch wie sehr du sie auch verleumden magst —
streite nie mit „Mutter" über Geld.
Sei dankbar, daß sie dich dorthin schickt,
wo du die reichste Beute machen kannst;
verlaß dich immer auf ihren Rat.

Wenn dein Liebhaber verreist ist

Wenn dein Liebhaber zu einer Reise aufbricht, weine und sage: „Komm bald zurück, oder ich sterbe." Benutze während seiner Abwesenheit keine Seifen, Öle und Kosmetika und trage keinen Schmuck außer deinen *mangala*[5]-Perlen und einem Muschelarmband.

Bewahre seine Abschiedsworte im Herzen
und gehe jeden Tag zu einem Astrologen,
um Auskunft über seine Gesundheit und Sicherheit
einzuholen. Verlaß jeden Morgen früh dein Haus
und höre, was das Orakel sagt.

Zähle jeden Bogen, den die Sonne am Himmel beschreibt,
und miß die Abwesenheit deines Liebhabers
an der langsamen Veränderung der Sternbilder.
Beobachte, wie der Mond ab- und wieder zunimmt,
und beneide ihn, da er den Geliebten sehen kann[6].

Wenn du lachend aus einem Traum erwachst,
nimm es als Zeichen,
daß du bald wieder mit ihm vereint bist;
doch wenn dich Alpträume quälen, opfere
pujas und meditiere, um Seelenfrieden zu finden.

Wenn er zurückkehrt, opfere Kama ein *puja*
und bete in allen Tempeln.
Geh mit deinen Freunden auf die Straße,
trage das mit einem Schal bedeckte *purnapatra*[7]
und verteile Geschenke an die Armen und Gebrechlichen.

Füttere die Krähen, die deine Boten waren,
mit Reisbällchen und saurem Reisschleim, aber außer
dieser Fütterung solltest du keine zeremoniellen
Handlungen vornehmen, bevor dein Liebhaber
nicht wenigstens eine Nacht mit dir verbracht hat.

Wenn du seiner Liebe sicher bist, kannst du davon
sprechen, nach seinem Tode *sati*[8] zu werden. Aber die
pujas, purnapatra und anderen Opfergaben sind zu
teuer, um für einen Mann verschwendet zu werden,
dessen Liebe vielleicht inzwischen erloschen ist.

Ein Mann, der in dich verliebt ist,
hat Vertrauen zu dir; sucht, dir zu gefallen;
tut ohne Zögern alles, was du von ihm verlangst;
zweifelt nicht an deinen Motiven
und achtet nicht auf das Geld, das er für dich ausgibt.

Vatsyayana hat dieses Kapitel, „Das Leben als Gattin",
verfaßt, nachdem er verschiedene Texte aus
Dattakas[9] Werk studiert hat. Was hier nicht zu
finden ist, erfährt der Leser, wenn er sieht,
wie andere Mädchen ihre Liebhaber behandeln.

Wer wird je die Kurtisanen verstehen?
Wenn die Liebe schon in den Herzen
tugendsamer Frauen so trügerisch sein kann —
mit welcher Elle sollen wir dann messen,
ob eine Kurtisane einen Mann liebt oder nicht.

Von Natur aus ist sie verschlagen und habgierig.
Wer immer ihr den Hof macht, ist auf dem besten Weg
zum Bankrott. Findet sie ihren Liebhaber
anziehend oder abstoßend? Spielt es eine Rolle?
So oder so wird sie ihn bis aufs Blut aussaugen.

5 Die Perlenkette, die der Bräutigam seiner Braut bei der Hochzeitszeremonie um den Hals legt. Von der Braut wird erwartet, die Kette so lange zu tragen, wie der Ehemann lebt. — Vermutlich erhielt sie von jedem neuen Liebhaber neue *mangala*-Perlen.

6 Der Mond, Chandra, ist in der indischen Mythologie männlich.

7 Eine große, mit jenen Opfergaben gefüllte Schale, die einem Tempel dargebracht oder als Dank für eine gute Nachricht an die Armen verteilt wurden.

8 Der Brauch, nach dem sich eine Witwe auf einem Scheiterhaufen zusammen mit ihrem verstorbenen Gatten verbrennen ließ. Obgleich er in beiden Epen erwähnt wird, war er im alten Indien recht selten. *Sati* war fast obligatorisch für die Königinnen mehrerer Radschputen-Familien, und einige alte Paläste haben *sati*-Tore, auf denen noch heute die Handabdrücke der Frauen zu sehen sind, die sich solcherart verbrennen ließen. Das *Dschauhar* war ein Massen-*sati*, das vollzogen wurde, wenn eine belagerte Festung den Feinden nicht länger widerstehen konnte. Das Fort von Tschittorgarh erlebte drei solcher Massenopfer.

9 Siehe Glossar.

Ein Mädchen drängt sich mit zwei Dienerinnen in das Haus eines Liebhabers. Vielleicht ist sie wie die treulose Kurtisane des *Kama Sutra* gekommen, um ihn ihrer Liebe zu versichern, wobei ihre Dienerinnen sie lautstark unterstützen. Der in makelloses Weiß gekleidete Mann, der vielleicht einem Sikh-Prinzen nachgebildet ist, hört ungerührt zu. Das Gemälde mit seiner ungewöhnlichen Farbgebung und dem beredten Spiel der Hände ist sorgfältig durchkomponiert. *Basohli, frühes 18. Jahrhundert*

WIE MAN EINEN REICHEN LIEBHABER AUSNIMMT

Dein Honorar für eine Nacht sollte dem entsprechen,
was in einem Lande üblich ist[1] —
je nach der Jahreszeit, der Gegend, in der du lebst,
deiner Schönheit und deinen Fertigkeiten
und dem Honorar, das andere Mädchen fordern.

Die Weisen raten, viele Liebhaber zu nehmen,
so daß sie um deine Gunst buhlen
und einer das Angebot des anderen überbietet.
Wirf dein Netz weit aus:
Der Fang neuer Freier kann dich nur bereichern.

Vatsyayana meint, daß du stets dem Mann den Vorzug
geben solltest, der dich mit Goldmünzen bezahlt,
denn wenn Münzen einmal den Besitzer gewechselt
haben, sind sie schwer zurückzufordern,
und Gold ist das Maß aller Dinge.

Nach Münzen sind folgende Gegenstände
— in genau dieser Reihenfolge — akzeptabel:
Gold-, Silber-, Kupfer-, Bronze- und Eisenbarren,
Töpfe und andere Gefäße aus diesen Metallen, bronzene
und eiserne Werkzeuge, ein hölzernes Bettgestell.

Als nächstes kommen Steppdecken und Wolldecken,
Gewänder aus Seide und Leinen,
Sandelholzpaste, Parfüms und Heilmittel,
schwarzer Chilipfeffer, Tonkrüge,
ghee[2], Öl, Weizen, Gerste, Reis und Vieh.

Wenn du einem Freier mehr abknöpfen willst als das,
was du gewöhnlich für eine Nacht nimmst,
gibt es zwei Möglichkeiten: Du kannst entweder
akzeptieren, was er zu zahlen bereit ist,
oder ihn durch deine Koberkünste schröpfen.

Die Weisen sagen, wenn dein Liebhaber
freigebig ist
und großzügig deine Bedürfnisse befriedigt,
solltest du dich damit zufriedengeben
und nicht auf faule Tricks zurückgreifen.

Aber Vatsyayana entgegnet, wenn du soviel Geld
ohne große Anstrengung verdienen kannst,
solltest du Verstand genug haben,
den Betrag zumindest zu verdoppeln,
ohne seinen Argwohn zu erregen.

So kannst du beispielsweise deine Edelsteine verpfänden
und mit dem dafür erhaltenen Geld
Gold- und Silberschmuck, *dschalebis* und *laddus*[3],
Getreide, Seidenstoffe, Wolle und Baumwolle, Parfüms,
Blumen, *paan, supari*[4] und dergleichen kaufen.

Am Tag, an dem der Schuldschein fällig wird,
bittest du deinen Liebhaber,
dir das Geld zum Auslösen der Pfänder zu leihen.
So bekommst du deine Juwelen zurück
und kannst deine Schulden bezahlen.

Beglückwünsche ihn zu seinem Reichtum und sage ihm,
du habest ein Gelübde abgelegt, ein Opfer darzubringen,
einem Tempel Geld zu stiften, einen Garten oder Hain
anzulegen, einen Brunnen zu graben, einer Freundin
ein Geschenk zu machen oder ein Fest zu geben.

Oder geh schluchzend mit zerrissenen Kleidern in sein
Haus und sage: „Ich war auf dem Weg zu dir,
als eine Bande von Räubern
(oder auch die königliche Garde) mich überfiel
und mir meinen ganzen Schmuck raubte."

Oder sag ihm, daß dein Haus niedergebrannt sei,
daß Einbrecher ein Loch in die Wand gerissen
und den Tresor leergeräumt hätten
oder daß die Achtlosigkeit deiner „Mutter"
dich schließlich und endlich zugrunde gerichtet habe.

Wenn du ihm glaubhaft versicherst, daß die Juwelen,
die er dir zur Aufbewahrung gegeben hat,
mit allem anderen verlorengegangen seien,
wird er sie nicht wieder zurückfordern,
wenn eure Affäre eines Tages ein Ende findet.

Du solltest Schulden in seinem Namen
und zu Lasten seines Hauses machen.
Achte darauf, daß er in der Nähe ist,
wenn „Mutter" sich wieder einmal
über das viele Geld beklagt, das er dich kostet.

Wenn er dich zu einer Gesellschaft bei seinen Freunden
einlädt, bitte ihn, nicht darauf zu bestehen,
da du kein Geschenk für sie habest.
Wenn er dir anbietet, dafür aufzukommen,
erinnere ihn an die Freigebigkeit seiner Freunde.

---

1 Aus der Pali-Literatur wissen wir, daß die Kurtisane Addhakasi es sich erlauben konnte, 1000 *panas* für eine Nacht und 500 *panas* für einen Tag zu verlangen, nachdem sie Benares verlassen hatte und nach Rajagriha gegangen war. Siehe S. 174, Anm. 1.

2 Siehe S. 118, Anm. 11.

3 *Jalebis* werden zubereitet, indem man konzentrische Teigringe in sehr heißes Fett spritzt und nach dem Fritieren in Sirup taucht. *Laddus* sind runde Süßigkeiten aus Zucker und verschiedenen Aromastoffen. Siehe S. 102, Anm. 2.

4 Siehe S. 138, Anm. 6.

Eine Tänzerin des 18. Jahrhunderts aus Dschaipur, vielleicht vom Hof des Maharadscha Dschai Singh. Gegen Ende seiner Herrschaft verbrachte Dschai Singh einen großen Teil seiner Zeit damit, sich im Kreise seiner Konkubinen zu betrinken. Ein Brief, den er im betrunkenen Zustand an den Maharadscha Abai Singh von Dschodhpur schrieb, führte tatsächlich zu einem Krieg. Schließlich gab er ein Edikt mit der strikten Anweisung heraus, ihn niemals mit Regierungsgeschäften zu behelligen, wenn er getrunken hatte. Nach Dschai Singhs Tod fiel seine berühmte Bibliothek an eine Kurtisane, die die kostbaren Manuskripte unter ihren niedrig geborenen Verwandten verteilte. *Dschaipur, 18. Jahrhundert*

Sag ihm, daß du deinen Schmuck verkauft habest
und daß selbst die täglichen *pujas*[5] ein Luxus
seien, den du dir nicht mehr leisten könntest.
Gib Handwerksarbeiten in Auftrag und laß
die Rechnungen an deinen Liebhaber schicken.

Erweise einflußreichen Leuten, wie Ärzten
und königlichen Ministern, kleine Gefälligkeiten
und bitte sie, dich möglichst vielen reichen
Männern vorzustellen, die es sich erlauben können,
deinen aufwendigen Lebensstil zu finanzieren.

Wenn ein Verwandter oder Freund deines Liebhabers
in Not geraten ist,
solltest du ihm aus eigenem Antrieb
mit Geschenken und Geld unter die Arme greifen —
diese Großzügigkeit wird sich für dich auszahlen.

Sag deinem Liebhaber, daß du seine Hilfe brauchst,
um dein Haus reparieren zu lassen,
die Geburt eines Sohnes von Freunden zu feiern
oder einfach die bizarren Wünsche zu befriedigen,
die sich seit Beginn deiner Schwangerschaft in dir regen.

Du könntest vorgeben, ernstlich krank
und nicht in der Lage zu sein, den Arzt zu bezahlen,
oder dich in finanziellen Schwierigkeiten zu befinden,
aus denen du nur, wie du fürchtest,
durch seine Hilfe herauskommst.

Raff deinen Lieblingsschmuck zusammen,
deine Kupferpfannen und -töpfe
und deine seidenen Gewänder und bitte deinen Liebhaber
zu gehen, um ihn nicht durch die Ankunft
des Pfandleihers in Verlegenheit zu bringen.

Sag, daß du einen Schmied beauftragen müßtest,
größere Kochtöpfe für dich anzufertigen,
da die Dienerinnen anderer Kurtisanen
deine Dienerinnen am Brunnen beschuldigt hätten,
die Töpfe absichtlich vertauscht zu haben.

Du solltest ihm ständig für die Wohltaten danken,
die er dir bisher erwiesen hat,
während du ihn durch deine Dienerinnen wissen läßt,
wie gut die anderen Mädchen deines Gewerbes
von ihren Liebhabern versorgt werden.

Wenn du in Gesellschaft anderer Frauen
mit deinem Liebhaber zusammensitzt,
übertreibe seinen Reichtum und seine Freigebigkeit
und laß ihn spüren, daß du lügst,
um ihn vor den anderen nicht bloßzustellen.

Erwähne bei dieser Gelegenheit, daß ein früherer
Liebhaber, den du einst abgewiesen hast,
dir wieder ein großzügiges Angebot gemacht habe —
das du natürlich aus Liebe zu dem
neben dir sitzenden Herrn abgelehnt hast.

Sorge dafür, daß dein Liebhaber anwesend ist,
wenn „Mutter" in einem ihrer Wutausbrüche
darauf besteht, daß du
ihn verläßt und einen anderen Mann erhörst,
der dir gegenüber weniger knauserig ist.

Wenn offensichtlich ist, daß eure Affäre ein Ende
gefunden hat und er nicht wiederkommen wird,
solltest du schluchzen, schmollen wie ein Kind
und ihn auffordern, deine Rechnungen
zu begleichen — jetzt, da er dich verläßt.

---

5 Siehe S. 116, Anm. 3.

Diese reizende Miniatur wurde gemalt, um das *Rasikapriya* von Keschavdas zu illustrieren, ein stark vom *Kama Sutra* beeinflußtes Gedicht. Liebende betreten das Schlafzimmer, das Vatsyayana genauso beschrieben hat. Selbst die *vina* hängt an einem elfenbeinernen Haken an der Wand. Der Künstler hat einen Bogen und einen Köcher mit Pfeilen hinzugefügt. Der aus Stein gehauene Kopf des weißen Elefanten Indras, Airavata, bewacht den Eingang. *Malwa, um 1680*

DAS ENDE DER AFFÄRE

Achte ständig auf Anzeichen, wie Stirnrunzeln
oder mürrisches Maulen, die darauf hinweisen,
daß dein Liebhaber deiner überdrüssig ist.
Ein deutliches Zeichen ist, daß er nicht einen *dinar*[1]
mehr als ausgemacht für deine Dienste zahlt.

Er benimmt sich zunehmend freundlicher deinen
Rivalinnen gegenüber, tut nicht mehr das, was du willst,
sondern eher das Gegenteil. In deiner Gegenwart
spricht er nicht mehr mit Freunden und bedient
sich statt dessen geheimnisvoller Andeutungen.

Er kürzt die Ausgaben für mildtätige Werke,
die in deinem Namen begonnen wurden,
und wenn du ihn an seine Versprechen erinnerst,
stellt er sich erstaunt und sagt:
„Ich habe dir nie dergleichen versprochen."

Er hält eine Verabredung mit dir nicht ein und behauptet,
dringend etwas für einen Freund erledigen zu müssen,
aber du weißt, daß er die Nacht mit einer
anderen Frau verbracht hat, da ihre Dienerinnen
es deinen Dienerinnen gesagt haben.

Benimm dich so, als wüßtest du nicht,
daß er dich nicht mehr liebt,
und benutze die Zeit, in der er sich
deiner noch sicher glaubt, um alles von ihm
beiseite zu schaffen, was dir in die Hände fällt.

Laß sein Gold und seine Wertgegenstände mit Hilfe
eines seiner Gläubiger beschlagnahmen und
verkaufen, um deine Schulden zu bezahlen. Wenn er
wütend ihre Rückgabe verlangt, fordere ihn auf,
seinen Anspruch vor Gericht zu beweisen.

Wie man einen unerwünschten Liebhaber los wird

Sei besonders reizend zu Leuten, die er nicht ausstehen
kann; tu alles das, von dem du weißt,
daß es ihn ärgert und aufregt; zeige dich mürrisch
und übellaunig, wenn er erscheint,
und stampfe zornig mit dem Fuß auf den Boden.

Sprich ausgiebig über Themen, von denen
dein Liebhaber keine Ahnung hat,
und ignoriere jede witzige Bemerkung, die er macht.
Kritisiere ihn, wo immer es angebracht ist, und demütige
ihn dadurch, daß du mit Höhergestellten verkehrst.

Nimm jede Gelegenheit wahr, ihm zu zeigen,
wie gleichgültig er dir ist;
äußere dich voller Verachtung über einen Mann,
der dieselben Fehler hat wie er;
brüskiere ihn und hülle dich in ein eisiges Schweigen.

Wenn du im Bett mit ihm bist, stoße das *paan* und das
Parfüm weg, das er dir schenken will; verwehre ihm,
deinen Mund zu küssen und deine Schenkel zu berühren;
schimpfe wütend darüber, daß er deinen
Körper mit Nägel- und Zahnmalen verunziert hat.

Wenn er versucht, dich zu umarmen,
verschränke deine Arme über der Brust,
mach dich so steif, daß er kaum
seine Glieder bewegen kann, und lege schließlich
einen Schenkel fest über den anderen.

Wenn er sagt, daß er mit dir schlafen will,
erwidere ihm, du seist zu müde,
und wenn er darauf besteht, mach dich darüber lustig,
daß er so schnell zum Orgasmus gelangt:
„Was? Jetzt schon? So wenig Ausdauer?"

Wenn er trotz aller Bemühungen
nicht ein zweites Mal kommen kann, falte ergeben
die Hände und lobe seine Selbstbeherrschung.
Aber wenn er stark und leidenschaftlich ist,
bleib stumm und regungslos unter ihm liegen.

Wenn er am Tage mit dir schlafen will, sag ihm,
er habe den Trieb eines Esels[2]; laß ihn eine Weile
gewähren, bevor du unvermittelt aufstehst und das
Schlafzimmer mit der Bemerkung verläßt, du habest
eine Verabredung mit einem bedeutenden Mann.

Benimm dich außerhalb des Schlafzimmers ebenso
beleidigend — äußere dich abfällig über ihn,
wenn du in Gesellschaft bist, überhöre seine Scherze,
aber lache, wenn er etwas ernst meint,
und blinzle dabei deinen Dienerinnen und Musikern zu.

Höre ihm aufmerksam zu, wenn er spricht, und unterbrich
ihn mit einer banalen Bemerkung, die überhaupt nichts
mit der Sache zu tun hat, über die ihr redet; kritisiere
seine Stimme und sein Aussehen; geh ungewöhnlich
taktlos mit seinen vertraulichen Mitteilungen um.

Heiße ihn nicht mehr willkommen, wenn er dich
besucht; bitte ihn um Geschenke, die er nicht geben kann;
und wenn du es satt hast, mit ihm zu spielen,
rufe zwei starke Diener und befiehl ihnen,
ihn gewaltsam hinauszubefördern.

Diese vier einfachen Regeln werden dein Glück machen
— erkundige dich zunächst eingehend über den Mann,
dann sorg dafür, daß er sich in dich verliebt,
nimm ihn als nächstes gründlich aus und wirf ihn
schließlich hinaus, wenn er kein Geld mehr hat.

---

1 Der Gold-*dinar* der Kuschana- und frühen Gupta-Könige basierte auf dem römischen *denarius* und wog 124 Gran. Der Silber-*rupaka* der Guptas (von dem die heutige Rupie stammt) wog 32 bis 36 Gran. Die alten Silber-*panas*, die die Kurtisane Addhakasi (siehe S. 170, Anm. 1) für ihre Liebesdienste erhielt, wogen 57,8 Gran.

2 Shastri verwendet in seinem Hindi-Kommentar den köstlichen Ausdruck *kama-gardabha* (Liebes-Esel).

Eine zornige Frau verläßt ihren Geliebten, der vergeblich versucht, sie zurückzuhalten. Dieses bezaubernde Bild ist eine weitere Illustration aus dem *Amaruschataka,* den Liebesgeschichten des Dichterkönigs Amaru, der schrieb (die Übersetzung stammt von John Brough): „Sie wandte sich nicht ab, sprach auch kein böses Wort und versperrte nicht die Tür — sie sah ihn, der einst ihr Geliebter gewesen war, nur an, als ob er ein Fremder sei.“ *Malwa, um 1680*

BUCH VII
APHRODISIAKA

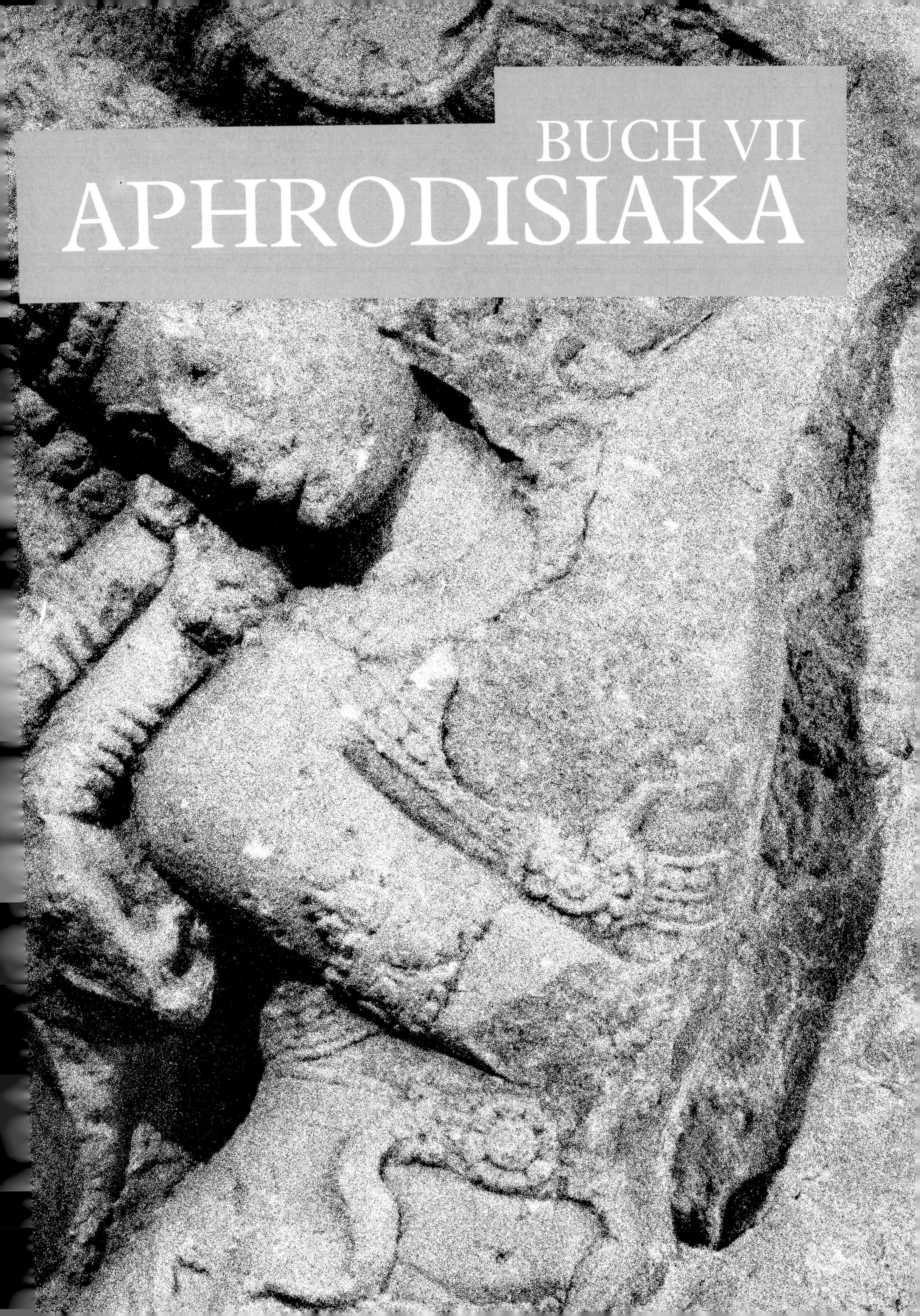

LIEBESMITTEL

Das *Kama Sutra* ist damit abgeschlossen.
Wenn seine Lehren
dir kein Glück in der Liebe bringen,
mußt du dich dem
Atharvaveda[1] und anderen magischen Texten zuwenden.

Der Mangel an Schönheit, Charme, Jugend
und Freigebigkeit — den Eigenschaften,
die einen Mann begehrenswert machen —
läßt sich oft kompensieren
durch die Formeln und Rezepte der Zauberbücher.

Sich schön machen

Eine Salbe aus den Blättern
des Oleander,
des duftenden *Costus*-Strauchs
und der Zwergpflaume
läßt dich hundertmal schöner werden.

Wenn du einen Lampendocht in die
zerstoßenen Blätter dieser Pflanzen tauchst
und ihn mit Myrobalenöl
in einem menschlichen Schädel verbrennst,
gewinnst du eine zauberkräftige Augensalbe.

Öl aus Bärenklau, Sarsaparille,
Schweinekraut, Seidenbaumblüten
und blauem Lotos — oder nur
der Kranz aus diesen Blüten —
erhöht deinen Charme.

Ein kleiner Knochen von einem Pfau
oder einer Hyäne, von einem Astrologen
in einem Amulett aus reinem Gold verschlossen
und am rechten Handgelenk getragen,
hat dieselbe geheimnisvolle Wirkung.

Ebenso eine vertrocknete,
um das Handgelenk gebundene Brustbeere
oder eine in Gold gefaßte
und mit den Dharana-Yogas[2] des *Atharvaveda*
geweihte Muschelschale.

Eine Geliebte an sich binden

Salbe deinen Penis vor dem Beischlaf
mit Honig ein, den du mit
zerstoßenem schwarzen Pfeffer,
langem Pfeffer und *datura*[3] vermischt hast —
deine Dame wird entzückt sein.

Im Fallen aufgefangene Blätter,
die zusammen mit den Knochen eines Pfaus
und Resten eines Leichentuchs zerstoßen
und auf den Penis aufgetragen werden,
verzaubern jede Frau.

Wenn du weiche Kaktusstücke mit Schwefel
und Rauschrot zu einem Pulver verarbeitest,
die Mischung siebenmal trocknest
und auf deinen Penis aufträgst, kannst du
jede noch so unersättliche Frau befriedigen.

Und wenn du diesen starken Ingredienzen
Affenkot hinzufügst,
die Mischung zerstößt
und auf den Kopf deiner arglosen Geliebten streust,
wird sie dir dein Leben lang sklavisch ergeben sein.

Wenn du, wie die Nagas[4], Splitter
aus Katschuholz in Mangoöl tauchst und unter
die Rinde eines wohlriechenden Baumes mischt,
wirst du nach sechs Monaten ein Parfüm
erhalten, das ebenso duftet wie der Baum.

Wenn du Kamelknochen in den Saft von *Eclipta prostrata*
tauchst und verbrennst, die Mischung
in einer Dose aus Kamelknochen aufbewahrst
und sie mit einem Pinsel aus Kamelhaaren auf die
Augen streichst, erstrahlen diese in neuer Schönheit.

Die Potenz steigern[5]

Mit Honig vermischte Milch,
in der die Hoden eines Widders
oder eines Ziegenbocks gekocht wurden,
ergibt einen Trank,
der einen Mann stark wie ein Bulle macht.

Mit Mandeln und Zuckerrohr
oder mit Mucunawurzeln und Bambusstreifen
zerstoßene Kürbissamen,
die in Honigmilch gerührt werden,
haben dieselbe belebende Wirkung.

Die Weisen sagen, daß Weizenmehlkuchen,
mit Honig und Zucker gebacken
und mit den zerstoßenen Samen
von Kürbis und Mucuna bestreut,
einem Mann die Kraft für tausend Frauen geben.

---

1 Siehe Glossar.

2 Yogi-Übungen, zu denen tiefe Konzentration gehört.

3 Der grüne Stechapfel. Alle Teile dieser Pflanze haben Eigenschaften wie die der tödlichen Nachtschattengewächse, steigern den Geschlechtstrieb und sind stark toxisch und narkotisch.

4 Siehe Glossar.

5 Es gibt einen *paan-wallah,* der in einem Kabuff am Chowpatti Beach in Bombay sitzt und etwas feilbietet, was er als *palang-tod* (Bett-Brecher) bezeichnet. Was er eigentlich außer einem Limonenbrei, zerstoßenen Areca-Nüssen und Gewürzen in die Blätter wickelt, ist nicht ganz klar, aber er hat mit diesen *paans* ein Vermögen gemacht.

Der Prinz und die Prinzessin lieben sich in der *Sthita*-Stellung. Hinter ihnen auf dem Bett liegt ein Kranz aus gelben Amaranten neben einer Dose mit *paan*, einigen Phiolen, die vielleicht mit Wein oder einem Liebestrank gefüllt sind, und einer chinesischen Vase, die möglicherweise Sandelholzpaste enthält. Opiumhaltige Liebesmittel wurden in Rajasthan häufig benutzt. Der Pfau war ein Liebessymbol; seine Knochen fanden bei verschiedenen Zauberriten Verwendung.
Rajasthani, 18. Jahrhundert (Ausschnitt)

Das Dotter eines Sperlingseis,
in einen mit Sahne,
wildem Honig und *ghee*[6]
angereicherten Reispudding gerührt,
hat dieselbe stimulierende Wirkung.

Enthülste schwarze Sesamsamen,
in das Dotter eines Sperlingseis getaucht,
mit Wassernuß, Cypergras, Mucuna,
Weizen und Pferdebohnen zerstoßen und in einem
Milch-Honig-Brei verrührt, sind äußerst wirksam.

Wenn du je zwei Unzen *ghee*,
Honig, Zucker und *mahwa*[7]-Blüten
mit einer viertel Unze Süßholz
und einem Liter Milch vermischt,
gewinnst du das Nektar der Yogis.

Maßnahmen gegen Impotenz

Ein Mann, der zu schnell zum Höhepunkt gelangt,
sollte seine Dame erregen,
indem er ihre Klitoris mit dem Finger streichelt
und den Brunnen ihrer *yoni* überschwemmt,
bevor er in sie eindringt.

Wenn seine Erektion während des Liebesspiels
nachlaßt, weil er alt
oder einfach erschöpft ist,
sollte er die oralen Techniken anwenden,
die in einem früheren Kapitel beschrieben wurden.

Ein Mann, der nicht imstande ist,
überhaupt zu eregieren,
sollte seine Frau mit einem
aus Gold, Silber, Kupfer, Eisen, Elfenbein
oder Horn gefertigten Phallus erfreuen.

Die Anhänger Babhravyas werden dir sagen,
daß Phalli aus Blei und Zinn
am glattesten, kühlsten und angenehmsten sind;
aber Vatsyayana empfiehlt dir, es selbst herauszufinden:
Möglicherweise befriedigt sie sogar ein Phallus aus Holz.

Der künstliche Phallus sollte
deinen Proportionen nachgestaltet sein.
Es ist für die Dame noch erregender,
wenn die Außenseite mit vielen
großen, glatten Knoten besetzt ist.

Phalli, die aus zwei ineinandergreifenden Ringen
gefertigt sind, sind am leichtesten an- und abzulegen;
einige bestehen sogar aus drei einzelnen Teilen —
vermutlich für Männer
mit unterschiedlichen Proportionen.

Die einfachste Vorrichtung ist ein Streifen aus Blei,
der fest um den Schaft des Penis gewickelt wird.
Am kompliziertesten ist eine Vorrichtung,
die um die Hüfte geschnallt wird
und Platz für die Hoden bietet.

Wenn ein von Handwerkern angefertigter Phallus
dir zu teuer ist, glätte die Oberfläche
einer Schlangengurke oder höhle ein Bambusrohr aus,
tauche diese Phalli in antiseptische Öle
und befestige sie mit einem Lederriemen an deiner Hüfte.

Große rund Kerne oder hölzerne Perlen
lassen sich ebenfalls glätten —
auf einen Lederriemen gefädelt, eingeölt
und um den Penis geschlungen,
können sie als Phallusersatz verwendet werden.

Durchbohren des Penis[8]

Genau wie die Einwohner unserer nördlichen Länder
die Ohrläppchen ihrer Töchter
durchbohren lassen,
ist es bei den Einwohnern des Südens Brauch,
die Penis ihrer Söhne zu durchstechen.

Ein erwachsener Mann, der diese Operation
selbst an sich ausführen will, nimmt eine scharfe Nadel,
zieht die Vorhaut nach vorn und durchsticht sie
in einem schrägen Winkel, wobei er darauf achtet,
keine Ader zu treffen.

Solange die Wunde blutet,
kühlt er sie in kaltem Wasser;
aber wenn er die Löcher vergrößern möchte,
sollte er mehrmals in der Nacht
mit seiner Geliebten verkehren.

Fünf Tage lang badet er täglich
die Wunden in einem Antiseptikum
aus Nabelkraut, Purgierkassie, Oleander, Muschelkraut
und Arabischem Jasmin —
den fünf reinigenden Essenzen.

---

6 Siehe S. 118, Anm. 11.

7 *Madhuca longfolkia macbride*, allgemein bekannt als Mowra-Butter-Baum. Die wilden Gebirgsstämme der Westlichen Ghats bereiten einen Likör aus *mahwa*-Blüten, indem sie sie mit wildem Honig und Mangorinde in vulkanischen Felshöhlen unter einer Mischung aus Stroh, Lehm und Kuhdung sechs Monate lang gären lassen. Das daraus entstehende Gebräu soll angenehm duften und köstlich schmecken.

8 Vatsyayana selbst läßt keinen Zweifel daran, daß dieser Brauch in Nordindien, wo er lebte, nicht üblich war. Vermutlich berichtete er nur, was er von Hörensagen kannte. Die Operation, wie sie hier beschrieben wird, hört sich recht gefährlich an.

Eine Dame des Gazellentyps reibt eine Salbe ein, die ihr helfen wird, ihren ungeduldig wartenden Liebhaber in sich aufzunehmen. Das ölig aromatische Harz des *sal*-Baumes wird noch heute als Aphrodisiakum verwendet und in 20-Gran-Dosen auf einen halben Liter Milch verabreicht. In der ayurvedischen Medizin wird das pulverisierte Harz benutzt, um die zarten Schleimhäute der Kehle und der weiblichen Geschlechtsorgane geschmeidiger zu machen. Die Wurzel des indischen Krapp dient dazu, Verstopfungen des Harntrakts zu beseitigen und Entzündungen und Schwellungen zu beheben. *Mewar, um 1760*

Er vergrößert die Löcher allmählich,
indem er zunächst dünne, dann dickere Rohrstiele
verwendet und schließlich kräftige Bleiwülste
durch die Löcher zieht
und sie zu festen Ringen zusammenbiegt.

Zwischendurch reinigt er die Wunden
und unterstützt ihre Heilung,
indem er sie täglich mit einer Mischung
aus Honig und Süßholzpulver bestreicht
und sie häufig in Kaschuöl badet.

Wenn die Löcher völlig geöffnet und verheilt sind
und nicht mehr schmerzen,
legt der Mann Penisringe aus Knochen,
Ton, Stein oder Holz an —
wobei ihm eine reiche Auswahl zur Verfügung steht:

Lang, rund, an jedem Ende abgeflacht;
wie Stößel, Blumen, Vogelkrallen,
Gurken, Elefantenrüssel geformt;
achteckig, radförmig, dreieckig;
glatt oder rauh: Es gibt unendlich viele Möglichkeiten[9].

Vergrößerung des Penis oder der Yoni

Reib zunächst deinen Penis mit Wespenstacheln ein
und massiere ihn mit süßem Öl.
Wenn er anschwillt, laß ihn zehn Nächte lang
durch ein Loch in deinem Bett baumeln,
während du auf dem Bauch schläfst.

Danach verwende eine kühlende Salbe,
um die Schwellung und den Schmerz abklingen zu lassen.
Auf diese Weise vergrößern Männer wie die *vitas*[10],
die unersättlich in ihren sexuellen Gelüsten sind,
ihren Penis ein ganzes Leben lang.

Winterkirsche, eine Wurzel des Lodh-Baumes,
Beeren der Tollkirsche und eine Qualle,
in Büffelbutter, Kaktusmilch oder dem Saft der
großblättrigen Buntwurz zerstoßen, lassen den Penis
eines Mannes einen Monat lang anschwellen.

Um die Schwellung sechs Monate lang anhalten
zu lassen, reibe deinen Penis mit Öl ein,
das sehr langsam aus den Samen der Wassermelone
und des Granatapfels, des *khus-khus*-Grases[11]
und der Tollkirsche extrahiert worden ist.

Wenn sie eine Salbe
aus zerstoßenen Barleriablättern auf ihre *yoni* streicht,
kann eine Elefantenfrau
mindestens eine Nacht lang das Gefühl genießen,
eine Gazelle zu sein.

Gleichermaßen kann eine Gazellenfrau
eine Mischung aus Honig und den zerstoßenen Wurzeln
des Lotos, der Krappflanze, des *sal*[12],
des blauen Lotos und der Mungopflanze verwenden,
um für eine Nacht einen Hengst in sich aufzunehmen.

Verschiedene Rezepte und Zaubersprüche

Um einen Mann abzuschrecken, kann eine Dame
eine Salbe aus *babtschi*-Samen[13], Früchten des
Lorbeerbaumes, schwarzen Pflaumen, Purgierkassie,
Eclipta prostrata, Kakteen und Eisenspänen verwenden —
nichts läßt einen Penis schneller zusammenschrumpfen.

Ein Mittel, um rote Lippen
leichenblaß werden zu lassen, besteht darin,
sie mit einem Lack zu färben,
der siebenmal in den Hodenschweiß
eines weißen Hengstes getaucht wurde.

Ein Saft, der aus schwarzer Nieswurz,
der Rinde einer Zierkirsche,
Henna, der Frucht des Schmetterlingsstrauches
oder der Betelnuß bereitet wurde,
läßt die Lippen schnell wieder rot werden.

Eine Rohrflöte, die mit einer Salbe
aus *Costus speciosus,* Oleander, Minze und Weißtanne,
Wolfsmilch und Falscher Zeder bestrichen wurde,
bewirkt, daß jedes Mädchen, das sie hört,
die Sklavin des Flötenspielers wird.

Zaubersprüche, um Schönheit zu erlangen, die Potenz
zu steigern oder eine Frau zu befriedigen,
sind im *Atharvaveda* und den Tantras[14] zu finden;
aber laß dich zuerst von einem Brahmanen beraten,
der den *Veda* und diese magischen Texte kennt.

Verwende keine Rezepte, die deinem Körper schaden,
die verlangen, daß du einen Vogel oder ein anderes Tier
tötest, oder unreine, ekelerregende Substanzen enthalten.
Verwende nur solche Rezepte, die Brahmanen
oder vertrauenswürdige Freunde dir empfehlen.

---

9 Ein Reisender aus dem 15. Jahrhundert, Nicolo de Conti, berichtete, daß alte Frauen kleine Gold-, Silber- und Kupferglöckchen verkauften, die an die Vorhaut genäht wurden. Einige junge Männer hatten bis zu einem Dutzend von ihnen, und das Geräusch, das sie beim Gehen erzeugten, galt als Auszeichnung.

10 Siehe S. 32, einschließlich Anm. 14.

11 Siehe S. 110, Anm. 4.

12 Siehe S. 46, Anm. 3

13 *Psoralea corylifolia.* Zumindest den Samen wird eine aphrodisiakische Wirkung zugeschrieben.

14 Siehe Glossar.

Der Klang von Krischnas Flöte lockt Radha immer tiefer in den Wald. Er gebrauchte das Instrument auch, um Bauernmädchen zu betören, die er zum Tanz auf vom Mond beschienene Lichtungen führte, während ihre Männer schliefen. Das auf der gegenüberliegenden Seite empfohlene Rezept bezieht sich zweifellos auf diese Legenden. Das Motiv der Zauberflöte taucht wieder in der mittelalterlichen Erzählung von Sohini und Mahinwal auf, einem beliebten Thema der indischen Malerei. Mahinwal wird stets als Flötenspieler am anderen Ufer eines Flusses gezeigt, den Sohini, von der Musik verzaubert, mit Hilfe eines umgedrehten Tontopfes durchschwimmt. *Basohli, um 1710*

VATSYAYANAS SEGEN

Nach dem Zusammentragen und dem Studium der Werke
der großen Lehrer über die Liebe
und nach sorgfältiger Prüfung ihres Inhalts
ist dieses *Kama Sutra* als gedrängte
Zusammenfassung der Liebeslehren entstanden.

Wenn du den Sinn dieses Werkes begriffen hast,
wirst du nie mehr zulassen, daß Wollust
und deine Gefühle dich davon abhalten,
Dharma, Artha und *Kama*, deinem eigenen Gewissen
und den Gesetzen der Gesellschaft zu folgen.

Das *Kama Sutra* führt alle sexuellen Praktiken auf
— die natürlichen ebenso wie die verderbten —,
aber jedes Sutra muß in seinem Zusammenhang
verstanden werden: Der Autor hat sich bemüht,
darauf hinzuweisen, welche Techniken zu verurteilen sind.

Ein Werk wie dieses soll Männern und Frauen
aus den verschiedensten Ländern der Erde nützen.
Nicht jede Technik ist gleichermaßen für jeden geeignet:
Wende daher nur diejenigen an,
die in deinem Lande üblich sind.

Nachdem er die umfangreichen Lehrbücher
der sieben Schüler Babhravyas und alle sonstigen
Schriften über diesen Gegenstand studiert hat,
hat Vatsyayana diese Sutras[1] zusammengestellt, um das
Studium der Liebe zu einer Wissenschaft zu erheben.

Vatsyayana hat dieses *Kama Sutra* verfaßt,
während er enthaltsam als Yogi lebte
und bereits die Stufe des *samadhi*[2] erreicht hatte —
nicht aus unreinen Motiven, sondern um den Menschen
auf ihrer Pilgerfahrt den Weg zu weisen.

Nur wenn du den Sinn des *Kama Sutra* verstanden hast
und jedes Tun im *Dharma* gründest,
kannst du die Früchte des *Artha* und *Kama* genießen,
friedlich mit anderen zusammenleben und schließlich
lernen, die Sinne zu beruhigen und Friede zu finden.

Wenn du weise bist und dieses *Kama Sutra* so benutzt,
daß du *Dharma* und *Artha* nie aus den Augen verlierst,
dich weder von Leidenschaft noch von Wollust
beherrschen läßt, wirst du zu vollkommenem Glück
gelangen — das ist mein Versprechen.

---

1 Der aphoristische Stil der Sutras wird in der Einführung näher erläutert.

2 Das achte und letzte Stadium des Yoga in Patanyalis *Yoga Sutra* ist Erleuchtung — das Höchste, das ein Hindu erreichen kann.

Vischnu der Erhalter ruht auf der Schlange Schescha, dem Symbol der Ewigkeit. Vischnu verkörpert *Dharma*, die aus sich selbst bestehende, alles durchdringende Kraft, die das Universum erhält und stützt. Er wird bewacht von seiner Gattin Lakschmi, der Göttin des Reichtums und der Quelle des *Artha*. Am Kopfende steht Schiva der Zerstörer, der als *lingam* sowohl das *Kama* als auch dessen Beherrschung verkörpert. Oben rechts ist Brahma der Schöpfer zu sehen, die höchste Wirklichkeit, in dem die drei Ziele zum Einklang gelangen und im *Moksha*, der Erlösung, transzendieren — dem Stadium, das der erleuchtete Yogi, hier durch den betenden Brahmanen unten links personifiziert, durch vollkommene Ausgeglichenheit und Selbstbeherrschung erreicht. *Rajasthani, 18. Jahrhundert*

GLOSSAR

Abhira König von Kotta im heutigen Gudscharat. Er wurde von einem Wäscher getötet, der von Vasumitras empörtem Bruder dazu angestiftet wurde.

Ahalya Gattin des Weisen Gotama, den sie mit dem Gott Indra betrog, der in Gestalt Gotamas zu ihr kam. Gotama verwandelte sie in eine Steinsäule.

Ambapali Die berühmte Kurtisane von Vaischali. Als der Buddha auf seiner letzten Reise durch die Stadt kam, lehnte er die höfliche Einladung der Stadtältesten ab, um mit ihr ein Abendmahl einzunehmen.

Ananga Ranga Dieser Liebestext wurde von dem Dichter Kalyana Malla für einen Prinzen aus der Lodi-Familie geschrieben. Wahrscheinlich 16. Jahrhundert.

Andhra Das heutige Andhra Pradesch, praktisch identisch mit dem früheren Reich des Nisam von Haiderabad. Zu Vatsyayanas Zeit wurde es von der Schatavahana-Dynastie regiert.

Anga Ein kleines Königreich, das an Bengalen grenzt. Seine Hauptstadt Champa am Ganges war ein bedeutender Hafen.

Aparantaka Eine Region im nördlichen Konkan, etwa dem heutigen Goa entsprechend. Im 1. Jahrhundert n. Chr. lebten an seiner Küste Piraten, die die mit Gold, Gewürzen und Elfenbein beladenen Schiffe auf ihrem Weg nach Rom plünderten.

Arjuna Held des *Mahabharata* und der *Bhagavad Gita.* Er entführte Subhadra, die Prinzessin von Dwaraka, in seinem Streitwagen. Sie brachte ihn als sein Wagenlenker sicher durch die Truppen ihres Vaters.

Arier Die indo-europäischen Stämme, die etwa im 15. Jahrhundert v. Chr. die zentralasiatischen Steppen verließen, um Nordindien und Persien zu besiedeln. Zu Vatsyayanas Zeit hatten sie sich fast überall in Nord- und Zentralindien niedergelassen.

Aswinen Zwillingsgötter, die den griechischen Dioskuren entsprechen. Sie begleiteten den Sonnengott in seinem feurigen, dreirädrigen Streitwagen und dienten den Göttern in Indras Himmel als Ärzte. Zu ihren guten Taten gehörten die Rettung von Schiffbrüchigen, die Versorgung Verstümmelter mit künstlichen Gliedern und die Vermittlung von Ehemännern für alte Jungfern.

Atharvaveda Das vierte der heiligen Bücher der Arier. Es enthält vor allem Zaubersprüche und in Verse gebundene Beschwörungen und ist später entstanden als der *Rigveda* und der *Yejns Veda.*

Auddalaki Der Vatername Svetaketus.

Babhravya Im 5. Jahrhundert v. Chr. oder früher faßte dieser gelehrte Weise Svetaketus Liebeslehren in 150 Kapiteln zusammen und schuf in Anlehnung an die Struktur des *Rigveda* die vierundsechzigfache Einteilung der Liebestechniken.

Babhravyakarika Der Titel des großen siebenteiligen Werkes Babhravyas. Es war noch bis ins Mittelalter hinein überliefert, denn Yaschodhara zitiert einzelne Stellen daraus.

Bali Ein Dämon, der durch Opfer und Buße so viel Macht erlangte, daß er die Götter aus ihren Reichen vertreiben konnte. Es gelang Vischnu, sie ihm wieder abzulisten, indem er die Gestalt eines Zwerges annahm und ihn um soviel Boden bat, wie er mit drei Schritten abschreiten konnte. Die ersten beiden Schritte Vischnus umspannten Himmel und Erde. Die niederen Regionen durfte Bali behalten.

Balkh Eine Provinz im Norden Afghanistans, zwischen den Bergen des Hindukusch und dem Fluß Oxus gelegen. Zu Vatsyayanas Zeit wurd Balkh von den Kuschanas beherrscht, die die Arier für Barbaren hielten.

Banga Die reichen Länder des heutigen Bangladesch, die an das Gupta-Reich grenzten. Sie wurden von Samudragupta annektiert.

Brahma Einer der drei Götter des späteren Hinduismus, der mit Prajapati, dem Schöpfer, identifiziert wurde. Der einzige bedeutende Brahma-Tempel, der heute noch existiert, ist der von Puschkar bei Ajmir.

Brihaspati Er begann seine Laufbahn als vedischer Gott, wurde aber später zu einem Heiligen deklassiert, der die Aufgaben eines Hohepriesters in Indras Himmel versah. Er soll die Quelle der *Artha*-Lehren sein und ist damit ein Vorläufer Kautilyas.

Buddha Gautama, um 563 v. Chr. als Prinz des Sakya-Stammes geboren. Er lebte bis zum Alter von 26 Jahren in Luxus, bis er, entsetzt über die Armut in seiner Umgebung, der Welt entsagte. Sechs Jahre später soll er Erleuchtung erlangt haben. Zu Vatsyayanas Zeit war der Buddhismus in Indien im Verfall begriffen.

Charayana Der mauryische Weise, der den ersten Abschnitt des siebenteiligen Werks von Babhravya erläuterte. Er wird im *Arthaschastra* von Kautilya erwähnt.

Charvaka Ein Begründer der atheistischen, materialistischen Lehren, die als Lokayatas bekannt sind. Ihre Philosophie läßt sich in dem Vers zusammenfassen: „Solange ein Mensch lebt, sollte er glücklich leben und *ghee* trinken; denn wenn der Körper zu Asche wird, wie kann er wieder auferstehen?"

Damayanti Eine legendäre Prinzessin, deren Geschichte im *Mahabharata* erzählt wird. Sie wählte selbst ihren Gatten, König Nala, der sowohl sie als auch sein Königreich später bei einem Turnier verlor. Nach vielen Jahren der Trennung wurden sie wieder vereint und erhielten ihren Thron zurück.

Dandakya König der Bhodschas, deren Land im Süden der Vindhja-Berge lag. Bei einem Jagdausflug erblickte er ein Brahmanen-Mädchen im Wald und vergewaltigte sie. Ihr Vater belegte ihn mit einem Fluch und vernichtete ihn, seine Familie und jede lebende Kreatur in seinem Reich durch einen dichten Staubregen.

Dattaka Ein Gelehrter, der von Virasena, der obersten Kurtisane Pataliputras, gebeten wurde, ihr und ihren Berufsgenossinnen Unterricht über den sechsten Teil des Werkes Babhravyas zu erteilen. Nachdem er ein Gesetz Schivas verletzt und Verkehr mit beiden Geschlechtern getrieben hatte, wurde er angeblich in eine Frau verwandelt. Fragmente seines Werkes sind kürzlich wieder ausgegraben worden.

Draupadi Die Heldin des *Mahabharata* und polyandrische Gattin der fünf Pandava-Brüder. Arjuna gewann sie bei einem Wettkampf im Bogenschießen, bei dem er alle indischen Könige und Prinzen besiegte. Während der Verbannung der Pandavas wurde sie von Kichaka beleidigt.

Duschyanta Der König, der sich bei einer Jagd in Schakuntala, die Tochter des Weisen Kanva, verliebte und sie nach dem *Gandharva*-Ritus heiratete. Die Geschichte ihrer Liebe ist Thema des größten Schauspiels Kalidasas, des *Abhijnana Schakuntala.*

Ganescha Einer der beliebtesten Hindu-Götter. Er ist der Beseitiger von Hindernissen und wird gewöhnlich als kleiner, dickbäuchiger Mann mit vier Armen und einem Elefantenkopf dargestellt. Sein Fest wird mit besonderer Begeisterung in Bombay gefeiert, dessen Straßenverkehr praktisch zum Erliegen kommt, wenn Scharen seiner Anhänger den Lastwagen folgen, die riesige tönerne Abbilder des Gottes zum Choupatti-Strand fahren, wo sie ans Meer getragen und untergetaucht werden.

Gauda Ein Königreich, dessen Grenzen grob denen des heutigen Murschirabad-Distrikts in Westbengalen entsprechen. Seine Bewohner waren große Seefahrer.

Ghotakamukha Ein mauryischer Weiser, der auch in Kautilyas *Arthaschastra* erwähnt wird. Er lehrte den dritten Abschnitt des Werks Babhravyas.

Gonardiya Er schrieb den vierten Abschnitt des *Babhravyakarika*. Er wird im *Mahabhaschya* erwähnt, Patanyalis Kommentar der Sutras des Grammatikers Panini.

Gonikaputra Er erläuterte den fünften Abschnitt des Werks Babhravyas und wird auch in Patanyalis *Mahabhaschja* erwähnt.

Gotama Ein Weiser, der von dem *rischi* Angirases abstammt, dessen Gattin Ahalya von Indra verführt wurde. Er soll der Autor des *Rigveda,* I: 74f-93, sein.

Himalaya Wörtlich „Heimat des Eises". Die Bergreiche von Kaschmir und des heutigen Himatschal Pradesch standen zu Vatsyayanas Zeit unter der Herrschaft baktrischer Griechen.

Indra Der König des vedischen Pantheon. Er schwingt einen Donnerkeil und ist ebenso dem berauschenden *soma*-Saft wie schönen Frauen verfallen, besonders, wie es scheint, wenn sie mit heiligen Weisen verheiratet waren. Er reitet den weißen Elefanten Airavata.

Indrani Gattin des Gottes Indra und wollüstige Tochter des Dämonen Puloman, den Indra erschlug.

Kalinga Ein Land, das den größten Teil des heutigen Orissa einnahm. Im Jahre 261 v. Chr. war es der Schauplatz des größten Sieges des mauryischen Herrschers Aschoka. Die Schlacht, die Kalinga seiner Verteidiger beraubte, endete in einem solchen Gemetzel, daß selbst Aschoka von Abscheu ergriffen wurde und sich zum Buddhismus bekehrte, der Staatsreligion des maurjischen Reiches.

Kalyana Malla Der Autor des *Ananga Ranga.*

Kama Der Hindu-Gott der Liebe. Nach einigen Lehren ist er der älteste Gott überhaupt, der die Schöpfung mit Leben erfüllte. Im späteren Hinduismus ist er ein leichtsinniger junger Mann, der auf einem Papagei reitet und einen mit summenden Bienen gespannten Bogen aus Zuckerrohr mit sich trägt. Fünf seiner Pfeile sind an der Spitze mit Lotosblüten bestückt.

Kaschi Das heutige Benares (amtlich Varanasi), die Stadt Schivas, die bereits in vedischer Zeit erwähnt wurde. Damodara Gupta nannte sie „den Schmuck der ganzen Erde" und verglich sie mit Indras Stadt Amaravati. Zu Zeiten der Guptas war sie das Zentrum vedischer Gelehrsamkeit, und es ist sehr gut möglich, daß sie der Ort war, an dem das *Kama Sutra* geschrieben wurde. Sie ist die heiligste Stadt der Hindus, und die Menschenmengen, die sich zum Bad an den *ghats* des Ganges drängen, werden jedes Jahr größer.

Kaulas Eine tantrische Sekte, die den Geschlechtsverkehr als Teil ihres Gottesdienstes ritualisierte. Zu den Vorbereitungen auf diesen Ritus gehörten Meditationen, Praktiken des Mantra-Yantra- und Hatha-Yogas sowie Atemübungen. Die Kaulas hüllten sich in den Schleier des Geheimnisvollen und schreckten Neugierige durch Verse wie den folgenden ab, den Tarkalamkara in seinem Kommentar zum *Mahanirvana Tantra* zitiert: »Wer seinen Penis in den Schoß seiner Mutter stößt, ihre Brüste streichelt und den Fuß auf den Kopf seines Gurus setzt, wird nicht wiedergeboren werden.«

Kharvata Eine alte Stadt, deren Lage nicht mehr bekannt ist.

Kichaka Der Heerführer des Königs Virata, an dessen Hof die verkleideten Pandavas während ihrer Verbannung Zuflucht suchten. Seine legendäre Körperkraft wurde nur durch seine Arroganz übertroffen. Als Draupadi seine Anträge zurückwies, stieß er vor dem versammelten Hof mit den Füßen nach ihr. Wegen dieser Beleidigung wurde er vom Bhima getötet und sein Leichnam in eine formlose Masse verwandelt.

Kotta Das Königreich Abhira, Teil des heutigen Gudscharat.

Krischna Der am meisten geliebte indische Gott und die achte Inkarnation Vischnus. Im *Mahabharata* dient er Ardyuna als Wagenlenker und hält die Schlachtpredigt, die später die *Bhagavad Gita* wurde. Zentrum seines Kults ist Vrindawan am Ufer des Jamuna, wo er sich damit vergnügte, die Flöte zu spielen und mit den Dorfmädchen im Mondlicht zu tanzen. Seine Liebesgeschichte mit Radha ist Thema der *Gita Govinda* und anderer berühmter Gedichte.

Kurangi Die Liebesgeschichte zwischen dieser Prinzessin und einem Unberührbaren, der sich später als Prinz entpuppt, ist das Grundthema des *Avimaraka,* eines frühen Sanskrit-Schauspiels, das vielleicht von Bhasa verfaßt wurde. In dem Stück kommt der Weise Narada selbst vom Himmel, um das Paar zu segnen und nach dem *Ghandarva*-Ritus zu trauen.

Kuchumara Der letzte der sieben Schüler Babhravyas. Sein Werk, das sich mit Liebesmitteln, Aphrodisiaka, Zaubersprüchen und Mantras befaßt, war als *Kuchumaratantra* bekannt.

Lakschmi Ursprünglich die Tochter des Weisen Bhrigu. Als Göttin ist sie die Gattin Vischnus und wurde sowohl als Sita wie als Radha wiedergeboren. Sie ist die Göttin des Reichtums und des Glücks, aber um ihrer selbst willen verehrt, wird sie die Mutter aller Dinge, das *Schakti* oder die göttliche weibliche Energie.

Lat Eine Region des heutigen Gudscharat. Zu Vatsyayanas Zeit stand Lat wahrscheinlich unter der Herrschaft der indo-skythischen Schakas.

Mahabharata Das erste der großen Hindu-Epen. Es wurde von Vyasa verfaßt, der es Ganescha diktierte, und erzählt die Geschichte der sich befehdenden Pandava- und Kaurava-Vettern und ihrer letzten Abrechnung in der Schlacht von Kurukschetra, die zwischen 1400 und 1000 v. Chr. stattgefunden haben soll. Die 100 000 Verspaare des jetzigen Texts erlangten ihre endgültige Form nicht vor 400 v. Chr.

Mallanaga Der Autor des *Kama Sutra.* Vatsyayana war der Name seines Clans.

Manu Der erste Mensch, der in der Hindu-Mythologie die Rolle Adams mit der Noahs verbindet. Auch er baute eine Arche, um einer großen Flut zu entgehen, und landete auf einem Berggipfel. Er soll der erste menschliche Lehrer der *Dharma*-Weisheit gewesen sein, aber das *Dharmaschastra,* das seinen Namen trägt, erlangte seine endgültige Form nicht vor dem 3. Jahrhundert v. Chr.

Muladeva Eine schemenhafte Gestalt, angeblich der erste Lehrer der Zauberei, der Taschenspielertricks und der Täuschung. Er erscheint manchmal als Meisterdieb, manchmal als großer Zauberer und gelegentlich als Glücksspieler. Wie der jainistische Chronist Devendra berichtet, schrieb er auch eine Abhandlung über die Kunst des Diebstahls, das *Steyaschastra,* das verlorengegangen ist.

Nagara Ein Name, der manchmal für Pataliputra, die Hauptstadt der Guptas, gebraucht wird. Hier bezieht er sich wahrscheinlich auf eine andere Stadt, denn wenn Vatsyayana Pataliputra meint, nennt er die Stadt unzweideutig bei Namen (siehe S. 18).

Nagas Eine Gruppe von Bergstämmen, die die Region zwischen Assam und Burma bewohnten. Sie waren den Ariern gegenüber feindlich eingestellt und bewahrten ihre Unabhängigkeit bis ins 19. Jahrhundert.

Nandi Der weiße Stier, der Schiva als Reittier diente. In der Mythologie war er Schivas Torwächter, und selbst heute noch bewacht ein aus weißem Marmor gehauener Stier jeden Schiva-Tempel.

Orissa Ein östlicher Staat des heutigen Indien und ein jahrhundertealtes Zentrum der erotischen Kunst. Der aus dem 13. Jahrhundert stammende Sonnentempel von Konarak und die Tempel von Bhubaneschvar sind mit Liebespaaren übersät, die so erlesen gestaltet sind, daß der Stein zu atmen scheint. Die Region ist eine Keimzelle des Tantrismus; hier entstanden in großer Zahl die sogenannten „Brautbücher“ erotische Palmblattmanuskripte.

Panchala Das Gebiet des heutigen Pandschab. Draupadi, die Heldin des *Mahabharata,* war eine Panchala-Prinzessin. Die ältesten Überlieferungen weisen diese Region als Ursprung der alten Liebeslehren aus. Der erste menschliche Lehrer des *Kama,* Svetaketu, kam aus Panchala.

Panchasayaka Wörtlich „Die Fünf Pfeile“, ein Text über die Liebe, der bereits im 14. Jahrhundert von Jyotirischvara Kavischekhara verfaßt wurde.

Pandya Das südlichste der alten drawidischen Königreiche, das sich im Norden bis *Kanyakumari* (Kap Comorin) erstreckt. Die Hauptstadt war das bezaubernde Madurai.

Paschupati Schiva, als „Herr der Tiere“ verehrt. Basham meint, daß der gehörnte, ithyphallische Gott der Industal-Kultur ein früher Prototyp gewesen sei.

Pataliputra Das heutige Patna. Im 5. Jahrhundert v. Chr. von Ajataschatru von Magadha gegründet, war es die Hauptstadt sowohl des Maurya- wie des Gupta-Reiches. Der griechische Botschafter Megasthenes, der mehrere Jahre am Hof von Chandragupta Maurja verbrachte, schrieb, daß „selbst Susa und Ekbatana es an Schönheit und Glanz nicht mit Pataliputra aufnehmen können“. Der chinesische Reisende Fa Hsien, der die Stadt sieben Jahrhunderte später zur Regierungszeit des Gupta-Herrschers Chandragupta II. besuchte, sagte: „Der Königspalast und die Hallen, die Mauern und Tore mit ihren Skulpturen scheinen das Werk übermenschlicher Geister zu sein.“ Die Stadt wurde um 600 n. Chr. durch Feuer völlig zerstört.

Pattana Eine alte Stadt, deren Lage heute nicht mehr bekannt ist.

Prachya Eine allgemeine Bezeichnung für die östlichen Länder, zu denen Anga, Banga, Gauda und Kalinga gehörten. Die Regionen, die Vatsyayana am heftigsten kritisierte, lagen in der Regel an der Grenze der arischen Welt.

Prajapati Der Schöpfer, später mit Brahma identifiziert. Als er in den Wassermassen, die ursprünglich die Welt bildeten, erwachte, begann er über seine Einsamkeit zu weinen und schuf so aus seinen Tränen die Luft, die Erde und den Himmel. Eine herrliche Hymne im *Rigveda* (X: 90) wartet mit einer anderen Version auf, nach der Prajapati sich selbst als erstes Opfer darbietet; aus seinem zerstückelten Körper entstanden dann wilde Tiere, Hymnen und Gesänge, heilige Zaubersprüche, Pferde, Vieh, Ziegen und Schafe, Priester, Krieger, Kaufleute und Leibeigene.

Ramayana Das zweite der großen Hindu-Epen, das dem Weisen Valmiki zugeschrieben wird und wahrscheinlich um 300 v. Chr. vollendet wurde. Es berichtet von der Verbannung Ramas und Sitas, der Entführung Sitas durch den *rakschasa*-König Ravana und dem Krieg, in dem Rama, von dem Affengott Hanuman unterstützt, sie zurückgewann.

Ratikallolini Ein obskurer Liebestext, der von einem gewissen Dikschita Samaradscha verfaßt wurde. Der Name bedeutet „Fluß der Liebe“. Es scheint sich um ein spätes Werk zu handeln.

Ratimanjari Ein Liebestext von nur sechzig Versen, zwischen dem 14. und dem 16. Jahrhundert verfaßt von Jayadeva. Er wurde aus dem *Smaradipika* zusammengezogen.

Ratirahasya Nach dem *Kama Sutra* die bekannteste Liebeslehre, vielleicht bereits im 11. Jahrhundert verfaßt von Pandit Kokkoka und oft als *Koka Schastra,* „Kokas Buch“, bezeichnet. Es lehnt sich eng an das *Kama Sutra* an, aber die Abschnitte über *sattvas,* die Charaktere der Frauen, sind ein Plagiat aus *Natyaschastra.* Ursprünglich sollten diese Kurzbeschreibungen Schauspielerinnen helfen, verschiedene Arten von Frauen darzustellen.

Ratiratnapradipika Ein Liebestext, der angeblich von Maharadscha Praudha Devaraya von Vijayanagara (Regierungszeit 1422—66) verfaßt wurde. Er enthält die einzige vollständige Beschreibung von Kunnilingus-Techniken und weist einen starken tantrischen Einfluß auf.

Ravana Der Dämonenkönig, der im *Ramayana* den Bösewicht darstellt. Er besitzt zehn Köpfe und zwanzig Arme, von denen jeder ein Schwert, eine Streitkeule oder eine andere Waffe hält.

Rigveda Dieses bedeutendste Werk der Veden ist das älteste heilige Buch der Welt, das heute noch benutzt wird. Die Sammlung von 1028 Hymnen entstand zwischen 1500 und 1200 v. Chr., als die arischen Stämme in Indien eindrangen. Es wird als äußerst wichtig angesehen, daß nicht eine Silbe dieser *sruti*-Schrift *(sruti* = mündlich) verlorengeht, und Brahmanen-Jungen in ganz Indien lernen noch heute den ganzen Text auswendig, wobei sie sich ein kompliziertes System von Klängen, Betonungen und Metren zu eigen machen, um sicherzugehen, daß jede Stelle richtig ausgesprochen wird. So klingt der Text heute noch genauso wie vor tausend Jahren.

Sarasvati Eine Göttin, die als Gemahlin Brahmas und als Schutzherrin der Musik, der Künste und der Literatur verehrt wird. Ihr wird die Erfindung der Sanskrit-Sprache und der *Devanagari*-Schrift zugeschrieben.

Sauraschtra Die blattförmige Halbinsel, die von Gudscharat aus ins Arabische Meer vorspringt. Zu Vatsyayanas Lebzeiten wurde sie wahrscheinlich von den Schakas beherrscht, aber Chandragupta II. verleibte sie dem Gupta-Reich ein.

Schakas Die Errichtung der Großen Mauer in China durch Ch'in Shih Huang Ti führte zu einer Völkerwanderung, die eine Reihe skythischer Stämme nach Baktrien und später in die griechischen Königreiche im nordwestlichen Indien drängte. Um die Mitte des 1. Jahrhunderts v. Chr. beherrschten sie Malwa, Gudscharat und Mathura im Osten. Die Arier nannten sie Schakas. Um 388 v. Chr. wurde ihre Hauptstadt Udschain eingenommen und ihr Land von Chandragupta II. annektiert.

Schakuntala Tochter des Weisen Kanva. Siehe **Duschyanta**

Schatkarni Der Schatavahana-König, der um 130 n. Chr. die Schakas aus Andhra vertrieb. Die Erwähnung seines Namens gibt einen Hinweis für die frühest mögliche Datierung des *Kama Sutra.*

Schiva Einer der drei großen Götter Indiens. Er wird gewöhnlich als ein mit Asche beschmierter Yogi dargestellt; ein Halbmond schmückt das aufgesteckte Haar. Er ist zugleich Zerstörer und Heilbringer, Asket und sinnenfroher Genießer. Als Gemahl der großen Göttin Durga oder Kali ist er das aufgerichtete *lingam* und spielt eine bedeutende Rolle im Tantrismus. Musik, Yoga, Tanz, das Drama und die Liebeslehren finden in ihm ihre Wurzel.

Sieben Rischis Die Seher, die als Sterne im Großen Bär an den Himmel versetzt wurden, sind Kaschjapa, Atri, Vasischta, Vischvamitra, Gotama, Dschamadagni und Bharadvadscha.

Sind Eine Provinz im heutigen Pakistan. Zu Vatsyayanas Zeit war Sind Teil des Sassaniden-Reichs, jedoch von Hindu-Fürsten beherrscht, die dem persischen Herrscher lehnspflichtig waren.

Sita Die Tochter des Königs Dschanaka von Videha und Heldin des *Ramayana.* Sie ist das Hindu-Vorbild der treuen Gattin.

Smaradipika Ein Liebestext, der zwischen dem 13. und 15. Jahrhundert von einem gewissen Sri Minanath verfaßt wurde, der behauptete, auf „viele *Kamaschastras*" zurückgegriffen zu haben. Das Vorbild für das *Ratimanjari.*

Srngararasaprabandhadipika „Das Licht der Liebe", verfaßt von Harihara, führt vierundsechzig Liebesstellungen auf, aber die Beschreibungen enden mit *Garuda,* der sechsunddreißigsten. Die Entstehungszeit ist ungewiß.

Strirajya Der Name bedeutet „Königreich der Frauen". Es war ein matriarchalischer Staat im nordwestlichen Himalaya und wird auch im *Markandeya Purana* (LVIII: 39) und *Mahabharata* (III: 54 und XII: 4) erwähnt. Megasthenes, Polyänus und Solinus bestätigen Berichte über einen Frauenstaat in Indien. Seine Bewohner waren wahrscheinlich Angehörige von Stämmen, die möglicherweise mit den hellhäutigen Madras des *Mahabharata* identisch sind, von denen Karna sagt: „Es sind Nicht-Arier, geboren in einem öden Land, die die heiligen Gesetze nicht kennen."

Subhadra Die Schwester Krischnas und Tochter des Königs Vasadeva von Dvaraka. Siehe **Ardyuna**

Suvarnanabha Der mauryische Weise, der den zweiten Teil des langen Textes von Babhravya erläuterte. Sein Werk wurde wahrscheinlich *Ratirnirnaya* („Eine Untersuchung der fleischlichen Liebe") genannt.

Svetaketu Auddalaki Ein vedischer Weise, Sohn des Uddalaka Aruni und der erste menschliche Lehrer der *Kama*-Weisheit. Er wird in den ältesten Upanischaden als emand erwähnt, der die Geheimnisse der Liebe von einem Gelehrten namens Pravahana Jaivali gelernt haben soll.

Tantras Wörtlich „Webstühle". Eine Reihe von Texten, einige schivaistisch, andere vischnuistisch und der Rest bestimmten schaktischen Lehren verpflichtet. Siehe **Kaulas**. Im Schaktismus verband sich die Verehrung Schivas mit dem vor-arischen Muttergöttin-Kult, und diese Lehre ist es, die heute mit dem Wort Tantra in Zusammenhang gebracht wird, obgleich sie sich nur auf die Hälfte der offiziellen Texte stützt. In der Praxis verwenden alle Tantras Samen-Mantras und -Yantras, d. h. mystische Diagramme, zur Meditation und ihr letztes Ziel ist identisch mit dem des Yoga — Erleuchtung und Erlösung von der Wiedergeburt.

Tschola Ein drawidisches Königreich im heutigen Madras. Händler aus dieser Region waren für die Ausbreitung des Hinduismus auf die indonesischen Inseln verantwortlich.

Uddalaki Aruni Ein vedischer Weise, der in der *Chandogya Upanischad* seinen Sohn das berühmte *„tat twam asi"* („Das bist du") lehrt.

Vatsagulmaka Ein Staat im heutigen Akola-Distrikt, zwischen den Indhjadhri-Bergen und dem Godavari-Fluß gelegen. Vatsyayana bezeichnet ihn als „südlichen" Staat, womit er meint, daß er am südlichen Rand des arischen Indien, im nördlichen Dekkan, lag. Da Vatsagulmaka erst nach 320 n. Chr. ein unabhängiges Königreich wurde, bieten Vatsyayanas Anspielungen auf den Königspalast des Landes einen Anhaltspunkt, die Entstehungszeit des *Kama Sutra* zu bestimmen.

Vatsyayana Autor des *Kama Sutra.* Sein eigentlicher Name war Mallanaga. Seine Lebensdaten sind unbekannt, und wir wissen wenig über ihn (siehe Einführung). Bandhu behauptet, er sei ein Kaschmiri-Brahmane aus Kischtavar gewesen, der mit elf Jahren von zu Hause weglief, seine Ausbildung in Varanasi und Pataliputra erhielt und das Land der Länge und Breite nach durchwanderte, um praktische Erfahrungen über den Gegenstand zu sammeln, über den er später schreiben sollte. Die Geschichte klingt unglaubwürdig und ist möglicherweise mit der des Kaschmiri Pandit Kokkoka verwechselt worden, der das *Ratirahasya* schrieb und dessen Hunger nach Frauen unersättlich war. Die erste literarische Erwähnung Vatsyayanas findet sich im 5. Jahrhundert in Subandhus *Vasavadutta:* „[Der Berg] war so reich an Elefanten und duftenden Wäldern wie Mallanagas *Kama Sutra* an Arten, Frauen zu beglücken und zu genießen."

Veden Eine Sammlung von Hymnen und Opferversen, die um 1500 v. Chr. entstanden. Der *Rigveda* enthält nur Hymnen; der *Yajur Veda* enthält Mantras und rituelle Anweisungen; der *Samaveda* ist eine Zusammenstellung von Gesängen, die auf die *Rigveda*-Hymnen zurückgehen; und der *Atharvaveda* enthält Hymnen, Zaubersprüche und Beschwörungen. Jeder Veda besaß — und besitzt noch — eine eigene Priesterschaft. Sie sind die heiligsten Texte der Hindus.

Vidarbha Ein Königreich, das im Süden der Vindhja-Berge im nördlichen Dekkan lag. Es war die Heimat der Prinzessin Damayanti.

Yakschas Die Geister, die Kubera, dem Zwergengott des Reichtums, dienten und alle Schätze bewachten, die in der Erde und in Baumwurzeln vergraben lagen. Der Held des *Meghaduta* von Kalidasa ist ein Yakscha, der aus Kuberas Himalaya-Reich Alaka verbannt worden war.

BIBLIOGRAPHIE

Sanskrittexte

PRAUDHA DEVARAYA. *Ratiratnapradipika.* Herausgegeben von Dhundiraj Shastri. Chaukamba Sanskrit Series, Varanasi, 1967

HARIHARA. *Srngararasapràbandhadipikamanjari.* Herausgegeben von Dhundiraj Shastri. Chaukamba Sanskrit Series, Varanasi. 1967

JAYADEVA. *Ratimanjari.* Herausgegeben von Dhundiraj Shastri. Chaukamba Sanskrit Series, Varanasi, 1967

Ratimanjari. Mit Hindi-Übersetzung, herausgegeben von R. Dvivedi. Chaukamba Sanskrit Series, Varanasi. 1976

JYOTIRISHVARA KAVISHEKHARA. *Panchasayakam.* Herausgegeben von Dhundiraj Shastri. Chaukamba Sanskrit Series, Varanasi. 1967

KOKKOKA. *Ratirahasyam.* Herausgegeben von Jivanand Sharma. Bombay Sanskrit Series. 1925

KALYANA MALLA. *Ananga Ranga.* Herausgegeben von V. P. Bhandari. Chaukamba Sanskrit Series, Varanasi. 1923

Ananga Ranga. Mit Hindi-Übersetzung, herausgegeben von Pandit Ramchandra Jha. Chaukamba Sanskrit Series, Varanasi. 1973

SRI MINANATHA. *Smaradipika.* Herausgegeben von Dhundiraj Shastri. Chaukamba Sanskrit Series, Varanasi. 1967

MATHURA PRASAD. *Ratikelikutuhalam.* Gopal Brothers, Delhi. 1954

NARAYANA PRASAD. (Hrsg.). *Kokasaravaidyaka.* Khemraj Srikrishnadas, Bombay. 1960

DIKSHITA SAMARAJA. *Ratikallolini.* Herausgegeben von Dhundiraj Shastri. Chaukamba Sanskrit Series, Varanasi. 1967

THAKUR V. B. SINGH (Hrsg.). *Kamakalasara.* Hindi Sahitya Kutira, Varanesi. 1954

VATSYAYANA. *Kamasutram.* Professor am Oriental Institute, Baroda. 17. Jahrhundert

Kamasutram. Mit Hindi-Übersetzung und Kommentar herausgegeben von Devadutta Shastri. Chaukamba Sanskrit Series, Varanasi. 1964

Übersetzungen

V. C. BANDHU. *Kama Sutra.* Universal, New Delhi, 1973

J. BROUGH. *Poems from the Sanskrit.* Penguin, London. 1968

SIR RICHARD BURTON. *The Ananga Ranga of Kalyana Malla.* William Kimber, London. 1963

The Kama Sutra of Vatsyayana. Mit Vorwort herausgegeben von W. G. Archer. George Allen & Unwin, London. 1963

Kama Sutra. Panther Books, London. 1963

ALEX COMFORT. *The Koka Shastra.* George Allen & Unwin, London. 1964

P. Y. DESHPANDE. *Patanjali's Yoga Sutra.* Hutchinson/Rider, London. 1978

ROMESH C. DUTT. *Ramayana.* Orient, Bombay. Ohne Datum

GEORGE KEYT. *Gita Govinda, Song of Love.* Hind, Delhi. Ohne Datum

R. E. LATHAM. *De Rerum Natura of Lucretius.* Penguin, London. 1951

MAHARISHI MAHESH YOGI. *Bhagavad Gita.* Penguin, London. 1969

J. MASCARO. *Bhagavad Gita.* Penguin, London. 1962

J. L. MASSON und D. D. KOSAMBY. *Avimaraka.* Motilal Banarsidas, Delhi. 1970

R. P. OLIVER. *The Little Clay Cart.* Herausgegeben von H. W. Wells. Asia Publishing House, New York. 1964

R. S. PANDIT. *Ritusamhara of Kalidasa.* Chetana, Bombay. 1947

C. RAJAGOPALACHARI. *Mahabharata.* Bharatiya Vidhya Bhavan, Bombay. 1966

A. SHEARER und P. RUSSELL. *The Upanishads.* Wildwood House, London. 1978

S. C. UPADHYAYA. *Vatsyayana's Kama Sutra.* Taraporevala, Bombay. 1961

R. C. ZAEHNER. *Hindu Scriptures.* J. M. Dent, London. 1966

Geschichte und Literaturgeschichte

A. L. BASHAM. *The Wonder That Was India.* Sidgwick & Jackson, London. 1954

N. N. BHATTACHARYA. *History of Indian Erotic Literature.* Munshiram Manoharlal, New Delhi. 1975

S. K. DE. *Ancient Indian Erotics and Erotic Literature.* Firma K. L. Mukhopadhyay, Kalkutta. 1969

J. J. MEYER. *Sexual Life in Ancient India.* 2 Bände. Motilal Banarsidas, Delhi. 1971

J. TOD. *Annals and Antiquities of Rajasthan.* 2 Bände. M. N. Publishers, New Delhi. 1968

Yoga und Tantra

B. K. S. IYENGAR. *Light on Yoga.* George Allen & Unwin, London. 1966

R. LANNOY und H. BAINES. *The Eye of Love.* Hutchinson/Rider, London. 1976

N. P. PANDIT. *Lights on the Tantra.* Ganesh & Co, Madras. 1971

PHILIP RAWSON. *The Art of Tantra.* Thames & Hudson, London. 1973

MALCOLM STRUTT. *Living Yoga.* Centre Community Publications, London. 1976

GUISEPPE TUCCI. *Rati Lila.* Nagel, Genf. 1969

ERNEST WOOD. *Yoga.* Penguin, London. 1959

Allgemeines

JOHN ALLEGRO. *The Sacred Mushroom and the Cross.* Hodder & Stoughton, London. 1970

A. DANIELOU. *The Ragas of Northern Indian Music.* Barrie & Cresset, London. 1968

H. DAVENPORT. *Udaipur.* Maharana of Mewar Foundation, Udaipur. 1975

JAWAHARLAL NEHRU. *The Discovery of India.* Anchor, New York. 1960

S. D. PUNEKAR and KAMALA RAO. *A Study of Prostitutes in Bombay.* Lalvani, Bombay. 1962

RADHAKRISHNAN *The Hindu View of Life.* Unwin, London. 1927

IDRIES SHAH. *Oriental Magic.* Rider, London. 1956

P. THOMAS. *Kama Katha.* Taraporevala, Bombay. 1969

Nachschlagewerke

V. S. APTE. *Sanskrit-English Dictionary.* Motilal Banarsidas, Delhi. 1968

S. C. BANERJI. *Aspects of Ancient Indian Life from Sanskrit Sources.* Punthi Pustaka, Kalkutta. 1972

J. F. DASTUR. *Medicinal Plants of India and Pakistan.* Taraporevala, Bombay. 1962

Useful Plants of India and Pakistan. Taraporevala, Bombay. 1964

Encyclopaedia Britannica. Chicago. Ausgabe 1979

V. IONS. *Indian Mythology.* Hamlyn, London. 1967

H. E. L. MELLERSH. *Chronology of the Ancient World.* Barrie & Jenkins, London. 1976

SIR MONIER MONIER-WILLIAMS. *Sanskrit-English Dictionary.* Oxford. Ausgabe 1964

A. M. SHASTRI. *India as seen in the Kuttani-Mata of Damodara Gupta.* Motilal Banarsidas, Delhi. 1975

A. REEJSINGHANI. *Delights from Maharashtra.* Ein Kochbuch. Jaico, Bombay. 1975

Malerei und Skulptur

F. S. AIJAZUDDIN. *Pahari Paintings and Sikh Portraits.* Philip Wilson, London. 1977

MULK RAJ ANAND (Hrsg.). *Konarak.* Marg Publications, Bombay. 1968

D. BARRETT und B. GRAY. *Indian Painting.* Macmillan, London. 1978

J. BHRIJBHUSHAN. *The World of Indian Miniatures.* Kodansha, Tokio. 1979

M. BUSSAGLI. *Indian Miniatures.* Macmillan, London. 1976

TOBY FALK. *Indian Painting.* Colnaghi, London. 1978

TOBY FALK und SIMON DIGBY. *Paintings from Mughal India.* Colnaghi, London. 1979

O. C. GANGULY. *Critical Catalogue of Miniature Paintings in the Baroda Museum.* Mankad, Baroda. 1961

A. GAUR. *Writing Materials of the East.* British Library, London. 1979

AJIT MOOKERJEE. *Yoga Art.* Thames & Hudson, London. 1975

N. S. RANDHAWA. *Kangra Valley Paintings.* Government of India, New Delhi. 1954

Basohli Painting. Government of India, New Delhi. 1959

Kangra Paintings on Love. National Museum, New Delhi. 1962

Kangra Ragamala Paintings. National Museum, New Delhi. 1971

PHILIP RAWSON. *Erotic Art of India.* Thames & Hudson, London. 1977

R. REIFF. *Oriental Miniatures.* Souvenir Press, London. 1965

B. W. ROBINSON. *Persian and Mughal Art.* Colnaghi, London. 1976

L. SHIVESHWARKAR. *Chaurapanchasika.* National Museum, New Delhi. 1967

A. WATTS. *Erotic Spirituality, a vision of Konarak.* Collier, London. 1971

S. C. WELCH. *Imperial Mughal Painting.* Chatto & Windus, London. 1978

DANKSAGUNGEN

Zunächst möchte ich meiner Frau, Vickie, danken, die die Dokumentation der Bilder übernommen hat und mich in jedem Stadium der Arbeit unterstützte. Zusammen möchten wir den folgenden Personen und Institutionen für ihre Hilfe bei der Vorbereitung dieses Buches danken: Professor Suresh Upadhyaya, Bharatiya Vidhya Bhavan, Bombay, für die Interpretation schwieriger Passagen in Watsjajanas Text; meinem Vater, Captain Bhagvati Prasad Sinha, für seine Gastfreundschaft während unserer Recherchen in Indien sowie für seine wertvollen Kommentare zur Yoga-Philosophie und zur *Bhagavad Gita;* und meiner Mutter, Mrs. Liz Phare-Sinha, die uns viele Türen in Indien geöffnet und wertvolle Informationen zu den Fußnoten beigetragen hat.

Dr. Mulk Raj Anand, Shirrin Anand und Dolly Sahiar vom Marg-Magazin halfen uns sehr durch ihren Rat und machten uns mit Kunstexperten in Bombay und anderen Orten bekannt. Mr. Vincent Phillips, Lonawla, lieferte uns wertvolle Informationen über Stammesbräuche in Maharaschthra. C. L. Bharani, H. S. Hiran, der Dichter Ram Charan Sharma „Vyakul", Dschaipur, der Udaipur-Maler Bhrij Mohan Mundra und andere erläuterten uns ihre herrlichen Bilder und gestatteten uns, sie zu photographieren. Wir danken Sharad Apte für seine Photoaufnahmen im Prince of Wales Museum, Bombay, und Shri Bhupendra Ratansi, Bombay, für seine kenntnisreichen Hinweise zu Bharatas *Natyaschastra.* Unser Dank gilt auch Shri S. V. Gorakshkar und Shridhar Andhare vom Prince of Wales Museum of Western India, Bombay; Shri S. K. Bhowmik und Shri M. N. Gandhi vom Baroda Museum; Professor A. L. Jani und dem Mitarbeiterstab des Oriental Institute, Baroda; Dr. Asko Kumar Das vom Maharaja Sawai Man Singh II Museum, Dschaipur; und Shri O. P. Sharma vom National Museum New Delhi, die uns alle ihre Zeit opferten und uns ihre fachkundigen Kenntnisse zukommen ließen.

Der Mitarbeiterstab des Victoria and Albert Museum, London, und Colnaghi Ltd., London, waren uns sehr hilfreich. Ich bin den Mitarbeitern des British Library's Oriental Reading Room, die mehrere obskure Texte für mich heraussuchten, und Shreeram Vidhyarthi, London, der mir manche unbekannte Quelle erschloß, zu tiefem Dank verpflichtet.

Ebenfalls danke ich Sidgwick & Jackson Ltd., London, für ihre Genehmigung, aus A. L. Bashams *The Wonder That Was India* zu zitieren; Penguin Books Ltd., Harmondsworth, England, für ihre Genehmigung, einen Vers aus Professor John Broughs *Poems From The Sanskrit* zu zitieren; und Jamila Bhrijbhushan, dessen hervorragendem und brillantem Buch *The World of Indian Miniatures* ich einen guten Teil der in der Einführung verwendeten Informationen entnahm.

Unserer besonderer Dank gilt Victor Lownes, der uns erlaubte, sein Haus zu durchstöbern und viele Gemälde aus seiner einmaligen Sammlung zu reproduzieren.

Schließlich gilt unser Dank Lance Dane, der uns großzügig seine gewaltige Sammlung von Gemälden und Photos zur Verfügung stellte, obgleich er selbst an einer illustrierten Ausgabe von Burtons *Kama Sutra* arbeitete. Lances dreißigjährige Erfahrung als Photograph indischer Kunst haben ihm ermöglicht, sein Buch mit einer Fülle von Bildern zu illustrieren, das auf diese Weise praktisch zu einer Enzyklopädie der erotischen Kunst Indiens geworden ist.

Ob es üblich ist oder nicht, möchte ich auch Rosalie Vicars-Harris und Diana Mansour, London Editions, danken, die die schwierige und keineswegs beneidenswerte Aufgabe hatten, diese Materialmassen zu bearbeiten und den Anforderungen eines oft allzu anspruchsvollen Autors zu entsprechen.

QUELLENNACHWEIS DER ABBILDUNGEN

Ich möchte den folgenden Personen und Institutionen für die freundliche Genehmigung danken, ihre Bilder zu verwenden:

S. 19, 21, 23 und 25 Lance Dane, Bombay; S. 27 Trustees of the Prince of Wales Museum of Western India, Bombay; S. 29 National Museum, New Delhi; S. 31 ein Privatsammler, Udaipur; S. 33 und 35 Victoria and Albert Museum, London; S. 49 Lance Dane, Bombay; S. 37 Victoria and Albert Museum, London; S. 39 ein Privatsammler, Udaipur; S. 43 und 45 Victor Lownes, London; S. 47 Victoria und Albert Museum, London; S. 51 Victor Lownes, London; S. 53 Lance Dane, Bombay; S. 55 Victor Lownes, London; S. 57 Lance Dane, Bombay; S. 59 und 61 Victor Lownes, London; S. 63 Lance Dane, Bombay; S. 65, 67, 69, 71, 73 und 75 Victor Lownes, London; S. 77 Lance Dane, Bombay; S. 79 Victor Lownes, London; S. 81 Lance Dane, Bombay; S. 83 Victor Lownes, London; S. 85 Lance Dane, Bombay; S. 87 Victor Lownes, London (Photo von Cooper-Bridgeman); S. 89 Victoria and Albert Museum, London; S. 91 Trustees of the Prince of Wales Museum of Western India, Bombay; S. 95 und 97 Colnaghi, 14 Old Bond Street, London W 1; S. 99, 101, 103 und 105 Victoria and Albert Museum, London; S. 107 Trustees of the Prince of Wales Museum of Western India, Bombay; S. 109 Victoria and Albert Museum, London; S. 111 Trustees of the Prince of Wales Museum of Western India, Bombay; S. 113, 117 und 119 Victoria and Albert Museum, London; S. 121 Lance Dane, Bombay; S. 123 Victoria and Albert Museum, London; S. 125 Lance Dane, Bombay; S. 127 Trustees of the Prince of Wales Museum of Western India, Bombay; S. 129, 131 und 133 Victoria and Albert Museum, London; S. 137 Lance Dane, Bombay; S. 139 und 141 Victoria and Albert Museum, London; S. 143 Lance Dane, Bombay; S. 145 Trustees of the Prince of Wales Museum of Western India, Bombay; S. 147 Victor Lownes, London; S. 149 Victoria and Albert Museum, London; S. 151 School of Oriental and African Studies, London; S. 153 und 155 Trustees of the Prince of Wales Museum of Western India, Bombay; S. 159 Victor Lownes, London; S. 161 Trustees of the Prince of Wales Museum of Western India, Bombay; S. 163 Colnaghi, 14 Old Bond Street, London W 1; S. 165 National Museum, New Delhi; S. 167 Victoria and Albert Museum, London; S. 169 National Museum, New Delhi; S. 171 Trustees of the Prince of Wales Museum of Western India, Bombay; S. 173 Victoria and Albert Museum, London; S. 175 Trustees of the Prince of Wales Museum of Western India, Bombay; S. 179 Victor Lownes, London; S. 181 Victor Lownes, London (Photo von Cooper-Bridgeman); S. 183 Victoria and Albert Museum, London; S. 185 Lance Dane, Bombay.

Schwarzweißphotos: S. 16—17, 114—115, 132—133, 156—157 und 176—177 Werner Forman Archive; S. 40—41 Jeff Teale/Gulbenkian Museum of Oriental Art; S. 92—93 Alan Hutchison.

Sanskrit-Schreibweise

Die gängigsten Sanskrit-Begriffe sind eingedeutscht. Alle übrigen Begriffe sind in der international gültigen Schreibweise, die der des englischen Originals entspricht, belassen.

PRINTED IN BELGIUM BY proost INTERNATIONAL BOOK PRODUCTION